臺灣史研究名家論集

（三編）

尹章義　林滿紅　林翠鳳

武之璋　孟祥瀚　洪健榮

張崑振　張勝彥　戚嘉林

許世融　連心豪　葉乃齊

趙祐志　賴志彰　闞正宗

蘭臺出版社

作者簡介（依姓氏筆劃排序）

尹章義　社團法人臺灣史研究會理事長、財團法人福祿基金會董事、財團法人兩岸關係文教基金會執行長。中國文化大學民國 106 年退休教授，輔仁大學民國 94 年退休教授，東吳、臺大兼課。出版專書 42 種（含地方志 16 種）論文 358 篇（含英文 54 篇），屢獲佳評凡四百餘則。

　　　　赫哲人，世居武昌小東門外營盤（駐防），六歲隨父母自海南島轉進來臺，住臺中水湳，空小肄業，四民國校、省二中、市一中畢業，輔仁大學學士，臺灣大學碩士，住臺北新店。

林滿紅　專攻歷史學，國立臺灣大學歷史學系學士與碩士、國立臺灣師範大學歷史研究所博士、美國哈佛大學歷史與東亞語文研究所博士；1990 年之後擔任中央研究院近代史研究所研究員與國立臺灣師範大學歷史學系教授，2008-2010 年間曾任中華民國國史館館長，2015 年迄今擔任中央研究院與陽明醫學大學合開人文講座課程兼任教授，2021 年轉任中央研究院近代史研究所兼任研究員；研究課題包括：近代中國或臺灣的口岸貿易與腹地變遷、晚清的鴉片觀與國內供應、十九世紀中國與世界的白銀牽繫、亞太商貿網絡與臺灣商人（1860—1961）、亞太歷史與條約：臺海，東海與南海等。

林翠鳳　臺灣彰化人。國立中山大學中文研究所博士，國立臺中科技大學應用中文系教授。曾任國立臺中科技大學應用中文系主任。主要研究方向：臺灣文學、民俗信仰等。著作：《陳肇興及其陶村詩稿之研究》《黃金川集》《鄭坤五及其文學研究》《施梅樵及其漢詩研究》等專書。主編《臺灣旅遊文學論文集》《宗教皈依科儀彙編》等十餘種。擔任《田中鎮志》《大里市史》《媽祖文化志》《登瀛書院簡史》等史志單元編纂。已發表期刊論文數百篇。

武之璋　河南孟縣（現孟州市）人，1942 年生，1949 年七歲隨父母赴台，淡江大學外文系畢業，曾經營紡織、營造業多年，從商期間自修經濟學，常發表財經論文，為當局重視，曾擔任台北市界貿易中心常務董事、行政院經濟改革委員會務顧問，多次參與台灣財經政策討論，後從商場退休，專心治學，範圍遍及中國近代史、台灣史及儒家學說，曾經出版《二二八真相解密》、《策馬入林》、《中庸研究》、《解剖民進黨》、《台灣光復日產接收研究》、《二二八真相與謊言》、《原來李敖騙了你》、《武之璋論史》、《外省人的故事》等書，近年

致力兩岸和平統一，強力反對民進黨文化台獨，並組織「藍天行動聯盟」，從文化、思想各方面與民進黨展激烈戰鬥。

孟祥瀚　國立中興大學歷史學系兼任副教授，國立臺灣師範大學歷史系博士，曾任臺灣古文書學會理事長。研究領域為臺灣區域史、臺灣原住民史、台灣方志學與台灣古文書研究等。主要關注議題在於清代與日治時期國家力量對於地方與族群發展的影響，如清末至日治初期，國家政策對於東台灣發展的形塑，清代封山禁令下番界政策對於中台灣東側番界開發的影響等。方志與古文書的研究，則是企圖透過在地生活的豐富紀錄，以思考與探討台灣基層社會運作的實際面貌。本書所收各篇，大致回應了上述的學思歷程。

洪健榮　臺灣臺南市人，籍貫澎湖縣。省立臺南一中畢業，輔仁大學歷史學系學士、清華大學歷史碩士、臺灣師範大學歷史博士。曾任僑生大學先修班、臺師大歷史學系、明志科大通識教育中心、中央大學歷史研究所、臺北科大通識教育中心、輔大歷史學系兼任教師、國立故宮博物院圖書文獻處助理研究員，現職國立臺北大學歷史學系教授兼海山學研究中心主任。主要研究領域為臺灣社會文化史、臺灣方志學、臺灣區域史、臺灣族群史，著有《龍渡滄海：清代臺灣社會的風水習俗》、《西學與儒學的交融：晚明士紳熊人霖《地緯》中的世界地理書寫》，發表相關學術論文五十餘篇，另曾主編《五股志》、《延平鄉志》、《新屋鄉志》、《續修五股鄉志》、《續修新竹縣志卷九‧人物志》。

張崑振　1970 年生於台北木柵，成大建築系畢業，成大建築博士，現任北科大建築系副教授，兼文化部、台北市及地方政府文資委員。曾擔任北科大創意設計學士班創班主任 2005-2008、北科大建築系主任 2016-2019。專長為建築史與理論、傳統建築與風土、遺產與都市保存，二十多年來一直從事台灣文化資產的保存、修復研究工作，主持六十餘件古蹟、聚落、文化景觀、產業遺產、遺址等類型文化資產調查研究計畫，近年也擔任古蹟修復設計及再利用策展工作。近年著有 2020《再尋冷戰軌跡-臺糖南北平行預備線文化資產價值研究》、2016《找尋曾經艱困的時代輪廓》、2015《傳家—新埔宗祠的故事》、2015《關渡宮—宮廟與文化景觀》等書。

張勝彥　臺灣大學歷史學學士、碩士，日本京都大學博士。先後任東海大學歷史系教授、日本京都大學文學部外國人招聘教授、中央大學歷史研究所教授兼所長、日本私立關西大學經濟學部外國人招聘教授、臺北大學歷史系教授兼民俗藝術研究所所長、及人文學院院長等教職。此外曾任臺灣歷史學會會長、內政部古蹟評鑑小組委員、臺中

縣志總編纂、續修臺中縣志總編纂、續修臺北縣志總編纂等職。現為臺北大學兼任教授、續修新竹縣志總編纂。已出版之學術著作有《南投開拓史》、《清代臺灣廳縣制度之研究》、《認識臺灣（歷史篇）》、《臺灣開發史》、《台中市史》、《臺灣史》等著作。

戚嘉林　Dr. Chi Chia-lin，中國統一聯盟前主席，1951 年生於台灣（原籍湖北沔陽/仙桃），輔仁大學商學士、中國文化大學經濟研究所碩士、南非首都比勒陀利亞大學（University of Pretoria）國際關係學博士。台灣外事人員特考及格，任職駐外單位、退休后曾任中國統一聯盟主席、並在世新大學授課。現為《祖國》雜誌發行人兼社長，社團法人台灣史研究會理事長，著有《台灣史》《台灣二二八大揭秘》《李登輝兩岸政策十二年》《台灣史問與答》《謝南光-從台灣民眾黨到中國共產黨》，及主編《坎坷復興路》等書。

許世融　雲林縣口湖鄉人，1966 年生，臺灣師範大學歷史學系博士，現任臺中教育大學區域與社會發展學系副教授兼系主任。先後於嘉義農專、國空大、建國科大、清華大學歷史研究所擔任兼任講師、助理教授；陸續進行過科技部諸多專題研究案。2011-2013 年並參與京都大學經濟學部堀和生教授主持的「東アジア高度成長の史的研究—連論から東アジア論へ—」跨國研究計畫。主要學術專長：臺灣經濟史、社會史、族群史等。博士論文〈關稅與兩岸貿易（1895-1945）〉曾獲得彭明敏文教基金會臺灣研究最佳博士論文獎。

連心豪　福建省仙遊縣人，1954 年 3 月生於安溪縣文廟廖厝館，旋移居泉州市區。廈門大學歷史學碩士，歷任廈門大學歷史學系教授，廈門大學中國海關史研究中心主任，福建省連橫文化研究院院長，福建省文史研究館研究館員，中國海關博物館顧問。專攻中國近代海關史，兼治閩臺關係史、閩南民間信仰與譜牒學。著有《近代中國的走私與海關緝私》、《水客走水》、《中國海關與對外貿易》，主編《閩南民間信仰》、《福建連氏志》、《仙遊鳳阿阿頭連氏譜牒》等書。

葉乃齊　1960 年出生於嘉義。1982 年自文化大學建築系畢業，1987-1989 年曾就讀於台灣大學土木研究所交通乙組，1989 年曾於文化大學造園景觀系兼任執教，1990-1993 年服務於行政院文建會，從事古蹟保存業務。1993 年就讀台灣大學建築與城鄉研究所博士班，2002 年 7 月獲台大城鄉所博士學位，曾擔任南亞技術學院建築系專任助理教授及華梵大學建築學系專任助理教授。2005 年 8 月接任華梵大學建築學系主任、所長，於 2008 年 1 月卸任。曾參與王鴻楷教授主持之研究案有《澎湖天后宮之彩繪》等五案。及夏鑄九教授主

持之研究案有《新竹縣三級古蹟新埔褒忠亭整修計畫》等七案。專業研究規劃案有近二十五本著作，個人代表著作有博士論文《台灣傳統營造技術的變遷初探--清代至日本殖民時期》，碩論《古蹟保存論述之形成─光復後台灣古蹟保存運動》及近百篇論文與著述。

趙佑志　1968 年，臺北人，臺灣師範大學歷史系學士、碩士、博士。現任新北高中教師兼任學務主任、清華大學歷史研究所兼任助理教授、真理大學人文與資訊學系兼任助理教授、淡江大學師培中心兼任助理教授，曾參與《沙鹿鎮志》、《梧棲鎮志》、《桃園市志》、《續修臺北縣志》、《高中歷史教科書》的編纂。著有：《日據時期臺灣商工會的發展(1895—1937)》、《日人在臺企業菁英的社會網絡(1895—1945)》、《續修臺北縣志》卷八文教志、〈躍上國際舞臺—清季中國參加萬國博覽會之研究〉等近百篇論文。

賴志彰　臺灣彰化人，逢甲建築系學士，國立臺灣大學建築與城鄉研究所碩、博士，長期參與文化資產保存工作，從最早的內政部到目前幾個市縣的文化資產諮詢委員，深入研究霧峰林家的歷史與建築，研究臺灣地方民居（包括新北、桃園、苗栗、臺中縣、彰化、嘉義市等），碩博士論文攢研臺中市的都市歷史，研究過新莊迴龍樂生療養院、臺灣古地圖、佳冬蕭宅、彰化縣志的公共藝術與工藝篇等。目前服務於國立臺南大學文化與自然資源學系臺灣文化碩士班，担任副教授，指導超過 180 篇以上的碩士論文。

闞正宗　1961 年出生於臺灣嘉義，成功大學歷史學博士。1985 年起年從事新聞編採工作，進而主持佛教出版社、雜誌社。長年從事佛教寺院及文物的田野調查，二十餘年間完成有關佛寺、人物田野調查專著、合著十餘冊。1996 年起先後出版《臺灣佛寺導遊》九冊、《臺灣佛教一百年》、《臺灣佛寺的信仰與文化》、《重讀臺灣佛教——戰後臺灣佛教（正續編）》、《臺灣佛教史論》、《中國佛教會在臺灣——漢傳佛教的延續與開展》、《臺灣日治時期佛教發展與皇民化運動——「皇國佛教」的歷史進程（1895-1945）》、《臺灣佛教的殖民與後殖民》、《臺灣觀音信仰的「本土」與「外來」》等學術著作。除臺灣佛教史研究之外，研究領域尚延伸至臺灣宗教、中、臺、日三邊佛教交涉、日本文化等研究領域。曾任法鼓佛教學院、玄奘大學宗教研究所兼任助理教授，現任佛光大學佛教學系副教授。

《臺灣史研究名家論集》——總序

　　《臺灣史研究名家論集》即將印行，忝為這套叢刊的主編，依出書慣例不得不說幾句應景話兒。

　　這十幾年我個人習慣於每學期末，打完成績上網登錄後，抱著輕鬆心情前往探訪學長杜潔祥兄，一則敘敘舊，問問半年近況，二則聊聊兩岸出版情況，三則學界動態及學思心得。聊著聊著，不覺日沉西下，興盡而歸，期待半年後再見。大約三年前的見面閒聊，偶然談出了一個新企劃。潔祥兄自從離開佛光大學教職後，「我從江湖來，重回江湖去」（潔祥自況），創辦花木蘭出版社，專門將臺灣近六十年的博碩士論文，有計畫的分類出版，洋洋灑灑已有數十套，近年出書量及速度，幾乎平均一日一本，全年高達三百本以上，煞是驚人。而其選書之嚴謹，校對之仔細，書刊之精美，更是博得學界、業界的稱讚，而海峽對岸也稱許他為「出版家」，而不是「出版商」。這一大套叢刊中有一套《臺灣歷史文化叢刊》，是我當初建議提出的構想，不料獲得彼首肯，出版以來，反應不惡。但是出書者均是時下的年輕一輩博、碩士生，而他們的老師，老一輩的名師呢？是否也該蒐集整理編輯出版？

　　看似偶然的想法，卻也是必然要去做的一件出版大事。臺灣史研究的發展過程，套句許雪姬教授的名言「由鮮學經顯學到險學」，她擔心的理由有三：一、大陸學界有關臺灣史的任務性研究，都有步步進逼本地臺灣史研究的趨勢，加上廈大培養一大批三年即可拿到博士學位的臺灣學生，人數眾多，會導致臺灣本土訓練的學生找工作更加雪上加霜；二、學門上歷史系有被社會科學、文學瓜分，入侵之虞；三、在研究上被跨界研究擠壓下，史家最重要的技藝——史料的考訂，最後受到影響，變成以理代証，被跨學科的專史研究壓迫得難以喘氣。另外，中研院臺史所林玉茹也有同樣憂慮，提出五大問題：一、是臺灣史研究受到統獨思想的影響；二、學術成熟度仍不夠，一批缺乏專業性的人可以跨行教授臺灣史，或是隨時轉戰研究臺灣史；三、是研究人力不足，尤其地方文史工作者，大多學術訓練不足，基礎條件有限，甚至有偽造史料或創

造歷史的情形，他們研究成果未受到學術檢驗，卻廣為流通；四、史料收集整理問題，文獻資料躍居成「市場商品」，竟成天價；五、方法問題，研究者對於田野訪查或口述歷史必須心存警覺和批判性。

　　十數年過去了，這些現象與憂慮仍然存在，臺灣史學界仍然充滿「焦慮與自信」，這些焦慮不是上文引用的表面問題，骨子裡頭真正怕的是生存危機、價值危機、信仰危機，除此外，還有一種「高平庸化」的危機。平心而論，臺灣史的研究，不論就主題、架構、觀點、書寫、理論、方法等等。整體而言，已達國際級高水準，整個研究已是爛熟，不免凝固形成一僵硬範式，很難創新突破而造成「高平庸化」的危機現象。而「高平庸化」的結果又導致格局小、瑣碎化、重複化的現象，君不見近十年博碩士論文題目多半類似，其中固然也有因不同學門有所創見者，也不乏有精闢的論述成果，但遺憾的是多數內容雷同，資料重複，學生作品如此；學者的著述也高明不到哪裡，調研案雖多，題材同，資料同，析論也大同小異。於是乎只有盡量挖掘更多史料，出版更多古文書，做為研究創新之新材料，不過似新實舊，對臺灣史學研究的深入化反而轉成格局小、理論重複、結論重疊，只是堆砌層累的套語陳腔，好友臺師大潘朝陽教授，曾諷喻地說：「早晚會出現一本研究羅斯福路水溝蓋的博士論文」，誠哉斯言，其言雖苛，卻是一句對這現象極佳註腳。至於受統獨意識形態影響下的著作，更不值得一提。這種種現狀，實在令人沮喪、悲觀，此即焦慮之由來。

　　職是之故，面對臺灣史這一「高平庸化」的瓶頸，要如何掙脫困境呢？個人的想法有二：一是嚴守學術規範予以審查評價，不必考慮史學之外的政治立場、意識形態、身分認同等；二是返回原點，重尋典範。於是個人動了念頭，很想將老一輩的著作重新整理，出版成套書，此一構想，獲得潔祥兄的支持，兩人初步商談，訂下幾條原則，一、收入此套叢書者以五十歲（含）以上為主；二、是史家、行家、專家，不必限制為學者，或在大專院校、研究機構者；三、論文集由個人自選代表作，求舊作不排除新作；四、此套書為長期計畫，篩選四、五十位名家代表

作，分成數輯分年出版，每輯以二十位為原則；五、每本書字數以二十萬字為原則，書刊排列起來，也整齊美觀。商談一有結論，我迅即初步擬定名單，一一聯絡邀稿，卻不料潔祥兄卻因某些原因而放棄出版，變成我極尷尬之局面，已向人約稿了，卻不出版了。之後拿著企劃書向兩家出版社商談，均被婉拒，在已絕望之下，幸得蘭臺出版社盧瑞琴女史遞出橄欖枝，願意出版，才解決困局。但又因財力、人力、市場的考慮，只能每輯以十人為主，這下又出現新困擾，已約的二十幾位名家如何交代如何篩選？兩人多次商討之下，盧女史不計盈虧，終於同意擴大為十五位，並不篩選，以來稿先後及編排作業為原則，後來者編入續輯。

我個人深信史學畢竟是一門成果和經驗累積的學科，只有不斷累積掌握前賢的著作，溫故知新，才可以引發更新的問題意識，拓展更新的方法、理論，才能使歷史有更寬宏更深入的研究。面對已成書的樣稿，我內心實有感發，充滿欣喜、熟悉、親切、遺憾、失落種種複雜感想。我個人只是斗膽出面邀請同道之師長友朋，共襄盛舉，任憑諸位自行選擇其可傳世、可存者，編輯成書，公諸同好。總之，這套叢書是名家半生著述精華所在，精彩可期，將是臺灣史研究的一座豐功碑及里程碑，可以藏諸名山，垂範後世，開啓門徑，臺灣史的未來新方向即孕育在這套叢書中。展視書稿，披卷流連，略綴數語以說明叢刊的成書經過，及對臺灣史的一些想法、期待與焦慮。

卓克華

2016.2.22 元宵　於三書樓

《臺灣史研究名家論集》——推薦序

《臺灣史研究名家論集》這套書本身就是一種臺灣史研究。其性質與意義，可以我擬編的另一套書來做說明。

相對於大陸，臺灣學界個性勝於群性，好處是彰顯個人興趣、自由精神；缺點是不夠關注該學科的整體發展，很少人去寫年鑑、綜述、概括、該學科的資料彙編或大型學人論著總集。

所以我們很容易掌握大陸各學科的研究發展狀況，對臺灣則不然。比如哲學、文學、社會學、政治學都各有哪些學派、名家、主要著作，研究史又如何等等，個中人也常弄不清楚，僅熟悉自己身邊幾個學校、機構或團體而已。

本來名家最該做這種事，但誰也不願意做綜述、概括這等沒甚創見的勞動；編名家論集嘛，既抬舉了別人，又掛一漏萬得罪人，何必呢？

我在學生書局時，編過一些學科綜述，頗嘗甘苦。到大陸以後，也曾想在人文與社會學科中，每學科選二十位名家，做成論文集，以整體呈現臺灣二十世紀下半葉的學術成果，遷延至今，終於未成。所以我看卓克華兄編成的這套《臺灣史研究名家論集》特有會心、特深感慨。

正如他所說，現在許多學科都面臨大陸同行的參與，事實上也是巨大的壓力。大陸人數眾多，自成脈絡。臺灣如果併入其數量統計中去，當然立刻被淹沒了。他們在許多研究成果綜述中，被視野和資料所限，也常不會特別關注臺灣。因此我們自己的當代學術史梳理就特別重要、格外迫切。

《臺灣史研究名家論集》從這個意義上說，本身就是一種臺灣學術史的建構。所選諸名家、各篇代表作，足以呈現臺灣史這個學科的具體內容與發展軌跡。

這些名家，與我同時代，其文章寫作之因緣和發表時之情境，讀來歷歷在目，尤深感慨。

因為「臺灣史」這個學科在臺灣頗有特殊性。

很多人說戒嚴時期如何如何打壓臺灣史研究，故臺灣史尟有人問津；

後來又如何如何以臺灣史、臺灣文學史為突破口，讓臺灣史研究變成了顯學。克華總序中提到有人說臺灣史從「鮮學變成顯學」，然後又受政治影響，成了險學，就是這個意思。

但其實，說早年打壓臺灣史，不是政治觀點影響下的說詞嗎？卷帙浩繁的《臺灣風物月刊》、《臺北文獻季刊》、《臺灣文獻季刊》、臺灣銀行《臺灣文獻叢刊》等等是什麼？《臺灣文獻季刊》底下，十六種縣市文獻，總計就有四億多字，怎麼顯示五十年代到八十年代中期政府打壓了臺灣史的資料與研究？我就讀的淡江大學，就有臺灣史課程，圖書館也有專門臺灣史料室，我們大學生每年參加臺灣史蹟源流會的夏令營，更是十分熱門。我大學以後參與鄉土調查、縣誌編撰、族譜研究，所感受的暖心與熱情，實在不能跟批評戒嚴時期如何如何打壓臺灣史研究的說詞對應起來。

反之，對於高談本土性、愛臺灣、反殖民的朋友所揭櫫的臺灣史研究，我卻常看到壓迫和不寬容。所以，他們談臺灣文學時，我發現他們想建立的只是「我們的文學史」。我辦大學時，要申辦任何一個系所都千難萬難，得提前一兩年準備師資課程資料及方向計畫去送審；可是教育部長卻一紙公文下來，大開後門，讓各校趕快開辦臺灣史系所。我們辦客家研討會，客家委員會甚至會直接告訴我某教授觀點與他們不合，不能讓他上臺。同樣，教師在報端發表了他們不喜歡的言論，各機關也常來文關切……。這時，我才知道有一個幽靈，在監看著臺灣史研究群體。

說這些，是要提醒本叢刊的讀者：無論臺灣史有沒有被政治化，克華所選的這些名家，大抵都表現了政治泥沼中難得的學術品格，勤懇平實地在做研究。論文中七邑不驚，而實際上外邊風雨交加。史學名家之所以是名家，原因正要由此體會。

但也由於如此，故其論文多以資料梳理、史實考證見長。從目前的史學潮流來看，這不免有點「古意盎然」。他們這一輩人，對現時臺灣史研究新風氣的不滿或擔憂，例如跨學科、理論麾指史料、臺灣史不盡

為史學系師生所從事之領域等等，其實就由於他們古意了。

　　古意，當然有過時的含義；但在臺灣，此語與老實、實在同意。用於臺灣史研究，更應做後者理解。實證性史學，在很多地方都顯得老舊，理論根基也已動搖，但在臺灣史這個研究典範還有待建立，假史料、亂解讀，政治干擾又無所不在的地方，卻還是基本功或學術底線。老一輩的名家論述，之所以常讀常新，仍值得後進取法，亦由於此，特予鄭重推薦。

　　　　　　　　　　　　　　　　　　　龔鵬程

《臺灣史研究名家論集》——推薦序

臺灣，在許多大陸人看來是一個地域相對狹小、自然資源有限、物產不夠豐富、人口不夠眾多且孤懸於海外的一個島嶼之地。對於這座寶島的歷史文化、社會風貌、民間風俗以及人文地貌等方面的情況知之甚少。然而，當你靜下心來耐心地閱讀由臺灣蘭臺出版社出版的《臺灣史研究名家論集》（已出版三編）之後，你一定會改變你對臺灣這個神奇島嶼的認知。

《臺灣史研究名家論集》到目前為止，已經輯錄了近五十名研究臺灣史的專家近千萬字的有關臺灣史的研究成果。這些研究成果大都以臺灣這塊獨特的地域空間為載體，以發生在這塊神奇土地上的歷史事件、人物故事、社會變遷、宗教信仰、民間習俗、行政建制、地方史志、家族姓氏、外族入侵、殖民統治、風水習俗以及建築歷史等等為研究內容，幾乎囊括了臺灣的自然與社會生活的方方面面。例如，尹章義的《臺灣移民開發史上與客家人相關的幾個謎題》，林滿紅的《清末臺灣與我國大陸之貿易型態比較（1860-1894）》，林翠鳳教授的《臺灣傳統書院的興衰歷程》，武之璋先生的《從純史學的角度重新檢視二二八》，洪健榮的《明鄭治臺前後風水習俗在臺灣社會的傳佈》，張崑振的《清代臺灣地方誌所載官祀建築之時代意義》，張勝彥的《臺灣古名考》，戚嘉林的《荷人據台殖民真相及其本質之探討》，許世融的《日治時期彰化地區的港口變化與商貿網絡》，連心豪的《日本據臺時期對中國的毒品禍害》，葉乃齊的《臺灣古蹟保存技術發展的一個梗概》，趙佑志的《日治時期臺灣的商工會與商業經營手法的革新（1895—1937）》，賴志彰的《台灣客家研究概論—建築篇》，闞正宗的《清代治臺初期的佛教（1685-1717）——以《蓉洲詩文稿選集》、《東寧政事集》為中心……

上述各類具體的臺灣史研究，給讀者全面、深刻、細緻、準確地瞭解臺灣、認知臺灣、理解臺灣、並關注臺灣未來的發展，提供了「法國年鑒學派」所說的「全面的歷史」資料和「完整的歷史」座標。這套叢書給世人描摹出一幅幅臺灣社會、文化、經濟、生態以及島民心態變遷

的風俗畫。它們既是臺灣社會的編年史、也是臺灣的時代變遷史，還是臺灣社會風俗與政治文化的演變史。

《臺灣史研究名家論集》在史學研究方法上借鑒了法國年鑑學派以及其他現代史學流派的諸多新的研究方法，給讀者提供了新的研究視角，使得史學研究能夠從更加廣闊、更加豐富的空間與視角上獲取歷史對人類的啟示。《臺灣史研究名家論集》的許多研究成果，印證了中國大陸著名歷史學家章開沅先生對史學研究價值的一種「詩意化」的論斷，章開沅先生曾經說過，「**從某種意義上說，史學應當是一個沉思著的作者在追撫今夕、感慨人生時的心靈獨白。史學研究的學術的價值不僅在於它能夠舒緩地展示每一個民族精神的文化源流，還在於它達到一定境界時，能夠闡揚人類生存的終極意義，並超越時代、維繫人類精神與不墮……**」

閱讀《臺灣史研究名家論集》，能夠讓讀者深切感受到任何一個有限的物理空間都能夠創造出無限的精神世界，只要這塊空間上的主人永遠懷揣著不斷創造的理想與激情。我記得一位名叫唐諾（謝材俊）的臺灣作家曾經說過，由於中國近代歷史的風雲際會，使得臺灣成為一個十分獨特的歷史位置。「**在很長一段時間裡，臺灣是把一個大國的靈魂藏在臺灣這個小小的身體裡面……**」，的確，近代以來的臺灣，在某種程度上來講成就驚人。它誕生過許多一流的人文學者、一流的史學家、一流的詩人、一流的電影家、一流的科學家。它曾經是「亞洲四小龍」之一。

臺灣之所以能夠取得如此驚人的文化成就，離不開諸如《臺灣史研究名家論集》裡的這些史學研究名家和**臺灣蘭臺出版社**這樣的文化機構以及**一大批「睜眼看世界」的仁人志士們**持之以恆的辛勤耕耘和不畏艱辛的探索。是這些勇敢的探尋者**在看得見的地域有限物理空間拓展並創造出了豐富多彩的浩瀚精神宇宙。**

為此，我真誠地向廣大讀者推薦《臺灣史研究名家論集》這套叢書。

王國華　2021 年 6 月 7 日於北京

《臺灣史研究名家論集》——編後記

　　我在〈二編後記〉中曾慨嘆道，編此《論集》有三難：邀稿難、交稿難、成書難。在《三編》成書過程中依然如此，甚且更加嚴重，意外狀況頻頻發生，先是新冠肺炎疫情耽誤了近一年，而若干作者交稿、校稿拖拖拉拉，也有作者電腦檔案錯亂的種種問題，也有作者三校不足，而四校，五校，每次校對又增補一些資料，大費周章，一再重新整理，諸如此類狀況，整個編輯作業延誤了近一年，不得已情商《四編》的作者，將其著作提前補入《三編》出版，承蒙這些作者的同意，才解決部分問題。

　　如今面對著《三編》的清樣，心中無限感慨，原計畫在我個人退休前將《臺灣史研究名家論集》四輯編輯出版完成，而我將於今年（2021）七月底退休，才勉強出版了《三編》，看來又要耗費二年歲月才能出版《四編》，前後至少花了十年才能夠完成心願，十年，人生有多少個十年？！也只能自我安慰，至少我為臺灣史學界整理了乙套名家鉅作，留下一套經典。

卓克華　　于三書樓

2021.6.7

連心豪

臺灣史研究名家論集

蘭臺出版社

目　錄

顏思齊登陸墾拓臺灣笨港鉤沉

——新港奉天宮與北港朝天宮的視角

沈光文〈東吟社序〉云：「閩之海外有臺灣……初為顏思齊問津，繼為荷蘭人竊據……」「故明天啟間，海寇顏思齊入巢於此，始有漢人從而至者。後為荷蘭所據……」[1]首任諸羅縣令季麒光〈條陳臺灣事宜〉亦云：「臺灣，海中小島……明隆、萬間，廣東鉅盜顏思齊掠而據之，茸草以居。臺灣之有中國民，自思齊始。思齊死，歸於紅彝。[2]」顏思齊於明天啟年間招徠漳泉移民，渡臺墾殖，是組織大規模開發臺灣的第一人，故被稱為「開臺王」。顏思齊據稱乃海滄青礁顏氏開基祖顏慥第二十世孫，海滄青礁原屬漳州府海澄縣三都，「亦商亦盜」的顏思齊繼承了月港時代沖風突浪開拓海洋的品格。

對最早大規模開發臺灣的顏思齊、鄭芝龍及相關者李旦進行系統研究，主要有日本學者岩生成一和中國學者徐健竹、黃阿有等人。[3]徐健竹對三者之間的相互關係作了較好的梳理。然而由於早期文獻的匱乏，對顏思齊登陸、墾拓臺灣的據點及事蹟都留下了諸多疑問。本文試圖循著新港奉天宮和北港朝天宮的發展軌蹟進行鉤沉稽考。

一、問題之提出：笨港還是魍港？

連橫《臺灣通史》記載：「北港一名魍港，即今之笨港，地在雲林縣西」[4]。連橫混淆了魍港與笨港，認為顏思齊登陸、墾拓臺灣據點是

---

[1] [清]楊文魁，〈臺灣紀略碑文〉，高拱乾，康熙三十三年《臺灣府誌》卷十，〈藝文誌〉。

[2] [清]康熙《臺灣縣誌》卷下，〈藝文誌〉。

[3] [日]岩生成一，〈明末僑寓日本支那人甲必丹李旦考〉，《東洋學報》第 23 卷第 3 號（1939年）；徐健竹，〈李旦、顏思齊、鄭芝龍的關係及其臺灣開發考〉，《明史研究論叢》第三輯，江蘇古籍出版社 1985 年版；黃阿有，〈顏思齊鄭芝龍入墾臺灣之研究〉，《臺灣文獻》第 54 卷第 4 期（2003 年 3 月）。

[4] 連橫，《臺灣通史》卷一，〈開闢記〉。

笨港（今雲林北港）。有人認為，荷蘭人繪製的古地圖很清楚地將 Poonkan（笨港）及 Wanckan（魍港）分別標示，因此笨港絕非魍港（今嘉義縣布袋鎮好美里）[5]。布袋鎮好美里至今流傳顏思齊在此上岸的故事[6]。《讀史方輿紀要》提到北港在澎湖東南，但是笨港在澎湖東邊，魍港才在東南方。笨港是清乾隆年間才改稱北港。笨港是荷西殖民臺灣時期引進漢人新開發的聚落；魍港從 16 世紀中葉起就一直是海盜的巢穴，荷蘭統治時已是漢人的大聚落。進而推斷，顏思齊登陸臺灣的據點應在魍港[7]。

魍港是臺灣原住民挖鑿獨木作舟的名稱，又記作蟒港、蚊港，是流經笨港和安平之間的八掌溪下游的港灣，又是明萬曆末年東西貿易關係文獻所記的 Vankang。[8]在安平至笨港沿海地帶，港邊為泥沙淤積而騰上，稱為 Pun-，俗或寫作「汾」，故笨港也有人寫作汾港。但這當作「坌」字，如「坌起來」、「坌淺」等語都是，指港道泥沙堆積的意思。笨港當為坌港，笨港是坌港的誤寫俗稱。[9]

二、顏思齊開臺「十寨」

據清人吳震方《花村談往》與江日昇《臺灣外記》等記載，顏思齊確曾在笨港溪流域建寨墾拓。

顏思齊十寨位置分佈表

十寨＼今地名	小地名	所屬鄉鎮	村　里	備　註
主　寨	顏厝寮	水林鄉	水北村	大本營
左　寨	王厝寮	水林鄉	土厝村	左翼營

[5] 黃阿有，〈顏思齊、鄭芝龍入墾臺灣之研究〉，《臺灣文獻》第 54 卷第 4 期（2003 年 3 月），頁 111。

[6] 黃阿有，〈顏思齊、鄭芝龍入墾臺灣之研究〉，《臺灣文獻》第 54 卷第 4 期（2003 年 3 月），頁 112。

[7] 黃阿有，〈顏思齊、鄭芝龍入墾臺灣之研究〉，《臺灣文獻》第 54 卷第 4 期（2003 年 3 月），頁 115。

[8] 參見李獻璋著，鄭彭年譯，《媽祖信仰研究》，澳門海事博物館 1995 年版，頁 191。

[9] 參見李獻璋著，鄭彭年譯，《媽祖信仰研究》，澳門海事博物館 1995 年版，頁 203、275。

右　寨	陳厝寮	水林鄉	土厝村	右翼營
糧草寨	土間厝	水林鄉	土厝村	屯糧處
海防寨	後寮埔	水林鄉	後寮村	海口鎮守營
哨船寨	船頭埔	北港鎮	樹腳里	掌理團隊
前　寨	興化店	北港鎮	溪洪沖毀	先鋒營
後　寨	考試潭	北港鎮[10]	他遷散莊	集訓營
撫番寨	府　番	北港鎮	府番里	安撫番人區
北　寨	大北門	北港鎮	大北里	後衛營

引自蔡相煇編撰，《北港朝天宮》，北港朝天宮董事會 1989 年印行，頁 56。

　　其中主寨、左寨、右寨、海防寨、糧草寨設於今水林村一帶，哨船寨、撫番寨、北寨則於今北港一帶，前寨位置已被溪流沖毀，後寨位置現已無人居住。有人認為，當年顏思齊十寨中，包括本寨在內的六寨在水林，四寨在北港，足以說明水林的重要性，也證明水林的開發早於北港。從古地圖看，水林鄉濱海，顏思齊船隊的登陸處自然在水林，經對照文獻及耆老口述，登陸處應該是今天的後寮村。有相反意見認為，古地圖顯示水林在明朝仍是笨港潟湖內海，並不適合紮營，所以顏思齊及多數部將應該住在北港。

　　鄭芝龍繼顏思齊領有其眾，經營臺灣，外九莊與顏思齊的「十寨」有一定的關係。

鄭芝龍外九莊分佈表

今地名　外九莊	所屬鄉鎮	村　里
大小榔榔莊	樸子市	大鄉、大葛、仁和
龜仔港莊	樸子市	順安里
大坵田莊	樸子市	崁後、竹村
南勢竹莊	義竹鄉	南竹里
鹿仔草莊	鹿草鄉	鹿草、西井、鹿東村
龜佛山莊	鹿草鄉	竹山里
井水港莊	鹽水區	井水里
土獅子莊	六腳鄉	塗獅村
北新莊	太保市	水虞厝北新村
文獻出處	清康熙《諸羅縣誌》卷二，〈規制誌·莊〉。	

引自蔡相煇編撰，《北港朝天宮》，北港朝天宮董事會 1989 年印行，頁 56。

---

[10] 水林鄉鄉長洪茂仁，〈顏思齊和水燦林顏厝寮關係之探討〉將「後寨」所在地更改為水林鄉水北後莊。見廈門市姓氏源流研究會顏子文化分會編印，《兩岸顏思齊開臺研討文集》，頁 68，2012 年。

明崇禎五年壬申（1632），青礁顏氏第二十二世孫顏世賢渡臺，其後裔至今定居嘉義縣下營鄉紅毛厝。當地現存顏氏家廟楹聯稱：「從青礁發源祖德宗功在昔創垂昭百代，分茅港聚族子姓孫支於今俎豆耀千秋」；「開化安仁里宗傳魯邑，紅毛紹箕裘派衍臺疆」，播遷軌蹟一目了然。

三、笨港的發展軌蹟

「笨港街，商賈輳集，臺屬近海市鎮，此為最大」[11]。

「笨港街，距縣三十里，南屬打貓保，北屬大槺榔保。港分南北，中隔一溪。曰南街，曰北街。舟車輻輳，百貨駢闐，俗稱小臺灣」[12]。

至清康熙三十九年（1700），笨港居民鳩資合建「天妃廟」。香火鼎盛，神譽遍及全臺。嘉慶元年（1796），颱風襲臺，烏水氾濫，沖毀笨港街天妃宮。笨南港居民東遷後，神像文物暫置肇慶堂土地公廟。嘉慶十六年（1811），奉天宮建廟落成後，遂將「開臺媽祖」等文物遷入至今。[13]

笨港市鎮，原由漳州人聚居南岸而起。後來泉州人進入笨港溪流域墾殖，因籍貫不同，只好在北岸另闢一地住下。漳、泉的對立，加以生存競爭激烈，渡臺者又多桀驁強悍之徒，偶有利害衝突，動輒糾黨械鬥。乾隆四十七年十月發生漳泉拚，起釁由笨港之北港糾搶南港。滋事兇民和乘機搶殺而被捕剿處死者達數百人。笨南港街素多殷富鉅賈，成為械鬥搶殺之對象。

至嘉慶初年，南街又因烏水氾濫，竟沖毀殆盡。笨港南街被沖陷後，有小部分商民留在街的南隅後來移建水仙宮的地點。大部分疏遷到東方十里的蔴園寮去，另行拓建村鎮。前者叫舊南港街，後者叫笨新南港，略稱新南港或新港。於是笨港北街取代了南街的地位，以北港的名稱走

---

[11] [清]康熙《諸羅縣誌》卷二，〈規制誌‧街市〉。
[12] [清]余文儀，《重修臺灣府誌》卷二，〈規制誌‧街市〉。
[13] 新港奉天宮，《新港奉天宮2010國際媽祖文化節成果專輯》，頁4。

上發展的路程。

笨港街原指今雲林、嘉義二縣交界的北港溪北岸北港鎮（雲林縣管轄）與南岸新港鄉南港村（嘉義縣管轄）一帶。相傳為閩人顏思齊、鄭芝龍入臺開墾首站。……清乾隆年間，因街肆太大，將笨港街分成笨港南街、笨港北街，分屬打貓西堡、大槺榔東堡，但二者仍歸諸羅縣（後改名嘉義縣）管轄。直至臺灣建省，光緒十四年在彰化、嘉義間另成立雲林縣，笨南港、笨北港始分屬二縣。[14]

光緒《雲林縣採訪冊》北港條記載：

> 北港，即笨港，在線西南四十五里，源通洋海。金、廈、南澳、澎湖、安邊等處，商船常川來往。帆檣林立，商賈輻輳。因水淺沙凝，洋船不能進口，故每次海防，均無夷患。

光緒《雲林縣採訪冊》街市條記載：

> 北港街，即笨港。因在港之北，故名北港。東、西、南、北共分八街，煙戶七千餘家。郊行林立，廛市毗連。金、廈、南澳、安邊、澎湖商船，常由內地載運布疋、洋油、雜貨、花金等項，來港銷售。轉販米石、芝麻、青糖、白豆出口。又有竹筏為洋商載運樟腦，前赴安平轉載輪船，運往香港等處。百物駢集，六時成市，貿易之盛，為雲邑冠。俗人呼為小臺灣。

笨港媽祖廟的創建緣起，清代未見記錄。至日據時期，臺灣舊慣調查會才向民間採訪傳說。據明治四十年（1907）三月，該會所刊報告書附錄《北港朝天宮由來》（附錄於明治四十年三月刊的《臨時臺灣舊慣調查會報告書》）一文說：

> 北港朝天宮，前係笨港天后宮。自康熙三十三年三月，僧樹壁，奉湄洲朝天閣天后聖母到此。因外九莊係泉、彰（漳）之人雜處，素感神靈，無從瞻拜，故見僧人奉神像來，議留主持香火，立祠祀焉。僅茅屋數椽，而祈禱報賽無虛日。雍正中，神光屢現。荷

---

[14] 蔡相煇，〈從歷史文獻看北港朝天宮與笨港天妃廟〉，北港朝天宮董事會、臺灣省文獻會編印，《媽祖信仰國際學術研討會論文集》，1997 年。

庇佑者，厄材鳩資，改竹為木，改茅為瓦，草草成一小廟。乾隆間，笨港分縣因航海來臺，感戴神庥，始捐俸倡修。命貢生陳瑞玉、監生蔡大成等鳩資補助，廣大其地，廟廡益增巍峨。以神由湄洲朝天閣來，故顏其額曰朝天宮。

伊能嘉矩《臺灣文化誌》第七篇第三章天妃信仰條記，「據傳說，僧樹壁奉媽祖分靈航海，途中遇颶，漂到下湖口，乃上陸構叢祠於市中。」僧樹壁為何奉神航海？李獻璋認為樹壁是在船中專司奉祀媽祖香火的。閩南一帶，出海商漁船上一般都設有神龕艙，設置「司香」一職，專司祭祀天妃等舟神。[15]船上奉祀的媽祖被稱作「船仔媽」或「船頭媽」。笨港的媽祖祠祀，或者照例仍是起始於舟人的「船仔媽」。而後祠祀發展，才被附會為朝天宮首代住持僧。

新南港的奉天宮所祀媽祖的神像，是以祖媽為中心，共有四街祖媽、二媽、三媽和五媽以及布郊媽、米舖媽等幾尊。祖媽可能是古來所祀，於笨南街被沖毀時，由僧景端所遷出蔴園寮者。而四街祖媽似是遷出蔴園寮後，新建四條街時代的住民所奉戴的。五媽素稱「船仔媽」，也稱「太平媽」，因有一段神奇故事，甚為顯赫。

相傳奉天宮所供奉的媽祖，是明天啟二年（1622）船戶為求能平安橫渡險惡的黑水溝（即臺灣海峽），奉請湄洲五媽祖金身，奉祀船上，渡海來臺，航經笨港時，媽祖突然顯靈，指示要永駐此地，保護臺疆。十寨居民如獲至寶，輪流奉祀媽祖。這尊開基媽祖，由於乘船而來，故稱為「船仔媽」，因為庇佑先民開墾笨港，所以尊稱「開臺媽祖」。相傳嘉義縣水上鄉璿宿上天宮現在供奉的媽祖神像乃顏思齊當年率眾來臺時船上的「船仔媽」之一。

康、雍之交，笨港日漸發展。文獻記載雍正二年（1724），「批允天后宮僧人設渡濟人，為媽祖香燈。」乾隆四十年十二月，分知諸羅縣笨港事薛肇燉撰〈重修諸羅縣笨港北港天后宮碑記〉：「諸羅縣笨港天后宮，建自雍正庚戌歲（八年），修於乾隆辛未年（十六年，1751），迄今

---

[15] [明]張燮，《東西洋考》卷九，〈舟師考·祭祀〉。

廿六載。」所謂笨港天后宮建自雍正八年，不是說媽祖祠祀的起始之時，而是改建為略具規模的年代。因笨港市鎮的繁榮，多賴出入船隻之貿易，自然該媽祖廟也就吸取了有關業者和遠近居民的信仰。泉州籍移民信仰媽祖比漳州籍移民更加虔誠熱烈。但笨港是由先入該地的南街漳州人所建，北街的泉州人當難以對等資格參預其事。[16]

乾隆四年，北街的泉州人便建立了奉祀水仙王的水仙宮，和另一間不知創建年代之關帝廟，仍然都建在南港街；可知那時北港的泉州人還沒有獨立建廟的經濟基礎。南街在笨港所佔相對的力量之大，由此可想而知。然而兩廟於嘉慶初被洪水沖毀時，不像媽祖廟要跟漳州人遷往蔴園寮，而由三郊合力移建新南港街；其為南北街的共同祠祀，甚為明顯。因而香火之盛，亦當不亞於媽祖廟。

笨港天后宮於乾隆十六年修葺後，到乾隆四十年又在分知縣丞提倡之下，由貢生陳瑞玉等董事募捐修葺一次。至乾隆五十一年（1786）秋七月，彰化天地會林爽文起義，次年十月為運軍火必仰神庥，上諭修葺近海廟宇。十一月十八日又謂福康安與其兵船穩渡海峽為神佑。起義被鎮壓後，便依福康安之奏請，賜匾媽祖「顯神助順」。受了這樣重大影響和平亂後的實際需要，笨港媽祖廟似曾重修一次。現存留奉天宮的王得祿虔書一對柱聯，右上有「甲寅年重修」。甲寅年乃乾隆五十九年（1794），就是當年重修時所敬獻的。

笨港天后宮於嘉慶初年連同南街被烏水氾濫所陷沒，致該地媽祖祠中斷了一個時期。遷往蔴園寮的南街住民於嘉慶十七年在蔴園寮重建祠廟，才把它恢復起來。嘉慶壬申（十七年）桐月所立的〈景端碑記〉載稱：

> ……溯自我天后聖母在笨之宮，因烏水氾濫，橫遭沖毀。我笨亦幾乎至蕩然無存，毀於一旦，何其虐乎。斯時也，拙義無反顧，毅然與笨眾敬遷我諸神聖像於笨之東蔴園寮肇慶堂。於此，洪泛雖可遠避，然舊日巍巍廟宇已不復存。思念及此，臥寐難安，於是商諸我笨諸耆宿。太子少保子爵軍門王，捐俸倡建於前，諸紳

16　參見李獻璋著，鄭彭年譯，《媽祖信仰研究》，澳門海事博物館1995年版，頁279。

商鼎力虔誠捐獻於後。不數載，竟再建聖母之宮於此地。其規模
之宏，侖奐之美，有過原廟而無不及。軍門王，廟成之日，必奏
請聖天子御賜宮號「奉天宮」。美矣哉！此非神德之盛，何以致之。
嗚呼！逝者已矣。拙與我神諸聖像，東遷於此垂十餘載，而莫敢
知有此日。……

自笨南街被水沖陷，商民疏遷近郊後，北街以地理便利的條件，漸
漸發達為代表笨港的市街。北港創立新媽祖廟，從祠祀的村落史背景來
想，便是它取代南港的表示。關於兩者的交替，雖然沒有直接資料，但
仍得由種種旁證推論北港廟成立的約略年代。

第一，朝天宮現存的住持位牌，除了「開山第一代圓寂比丘上樹下
壁欽公蓮座」和三代能澤的蓮座外，最古老而有信憑性的為生於乾隆乙
酉年九月初一日丑時，卒於道光甲申年六月十七日卯時的「臨濟正宗比
丘上浣下衷常公蓮座」。估計他的年歲，可能是廟宇以前管理祀事的僧
人。由此推定，在南街的笨港天后宮崩壞後，最晚至新南港街再建媽祖
廟時，北港也已開始獨自的祠祀。

第二，嘉慶十九年來任笨港縣丞的龐周，曾於嘉慶二十年獻「恩流
海嶠」匾予新南港奉天宮。嘉慶丙子（二十一年，1816）獻「日月爭光」
橫匾予南港水仙宮。又於丁丑（二十二年）和新縣丞陳鴻寶共獻「山海
咸寧」匾予阪頭厝長天宮。唯未曾獻匾予北港朝天宮，可知至其離任的
二十二年為止，北港朝天宮似尚未建立。

第三，現存朝天宮的匾聯，以道光丁酉（十七年，1837）王得祿所
獻「海天靈貺」匾為最古文物。王為近郊地方出身之顯宦，一生事業與
媽祖多有關聯；又傳於建立時曾為奉天宮、朝天宮的祭神紛爭，出任調
解之役；廟宇落成，必即獻匾。據此推想，朝天宮當在距離道光十七年
不遠的年代才建立。

朝天宮的廟名，可能是受了奉天宮的影響。由於對抗意識，才援用
湄洲媽祖廟在康熙年建立的朝天閣的名稱，藉此表示它直接傳自媽祖祖
廟的權威。於是笨港的媽祖廟便一分為二：一為遷祀舊天后宮的新南港
奉天宮；一為北港在舊址溪仔底重建的朝天宮。

　　笨北港的新媽祖廟建立前後，臺灣發生許多騷亂，王得祿獲得「以助剿臺灣逆匪，加在籍提督王得祿太子太保」的光榮。《宣宗實錄》道光十三年正月丁丑（初五）條記：

> 諭軍機大臣等：奉日據劉廷斌由四百里奏報一摺，所辦甚合機宜。……其所稱該逆每至城濠，見城上竟有紅面及婦女持刀拋石，近城匪賊一見生畏。二十日，西門內堆口浮起大炮一尊；自是神助。其紅面及婦女究竟係何神像？亦著程祖洛查明覆奏。

　　關於此神像的覆奏，沒有找到記錄。但其靈顯既是女性，兼有紅面的在一起；以在臺灣的民間信仰想來，應該是媽祖與其脅侍千里眼和順風耳。所以，北港朝天宮的興建，很可能受王得祿參戰這一靈驗所促成。

　　道光十六年，又有嘉義下茄苳的沈知等數百人，因兼豎旗，焚搶糧館事件。《宣宗實錄》道光十八年夏四月癸亥（二十一日）條記道：「以剿辦臺灣嘉義縣匪徒出力，加在籍前任提督王得祿太子太保。」可知王得祿曾協助戡亂，他於道光十七年勘平反亂後，獻匾予朝天宮。這次仍以得到媽祖靈祐。經過這些危機的證明與宣傳，北港媽祖於是顯赫起來。

　　北港朝天宮確立其決定性地位，是在同治初年。至晚在道光年間，已有南北數千信眾到北港進香。道光以後，北港朝天宮日漸成為全臺之冠，成為全臺媽祖信仰的中心。

　　朝天宮是由北港住民曾經崇奉過的笨港媽祖廟它遷後，在其浮出舊蹟重建起來的，當然要到奉天宮來割香謁祖。但是乾隆五十一年林爽文起義，引起北港的泉州人與新南港的漳州人械鬥；因為林爽文及其黨羽多為漳州人，泉州移民犧牲甚多。同治初年，戴萬春起事，北港人不但藉朝天宮媽祖顯靈佑護，擊退亂黨；並出助解放南港的危機。有此神、人的榮耀功績以後，北港便不願意到新南港媽祖廟來割香了。它曾改向鹿港舊祖宮去，然而媽祖降箕，說她並非鹿港媽祖廟的分靈，不必到那裡去割香。迫不得已，北港廟方於是不得不於每年三月十九日把媽祖鑾駕擡到新港頂、下菜園和南壇，在那恰當兩街中間的南壇來遙拜祖廟而返。這便是「割半路香」的起源。

　　笨港街對岸的笨北港，自笨港的中心——南街遷出後，作為笨港唯一的港口街市發達起來，瞬間笨北港的名聲取代了笨港。笨港的媽祖廟被烏水沖潰後，笨北港的街民大部分是向來熱心信仰媽祖的泉州人，相傳道光十二年九月嘉義發生張丙、陳辨事件以及十六年嘉義下茄苳發生的沈知謀反事件中媽祖顯靈，使媽祖信仰一舉發達起來。於是北港天后宮的聲威日益提高，最後成了臺灣全島的媽祖信仰中心。[17]

　　明崇禎年間，顏思齊等率眾來臺，是在笨港溪登陸的，並在古笨港流域安營紮寨，拓荒墾殖。漳、泉移民入墾笨港及其發展，笨港分為笨南港與笨北港。隨著笨北港的崛起以及北港朝天宮成為臺灣全島媽祖信仰的中心，逐漸取代了原來笨港的地位。由於顏思齊、鄭芝龍墾拓時代文獻之缺乏，後來居上的北港自然而然成為笨港的代表。時至今日，已不可能也不必再糾纏於具體的地點，北港與新港應當攜手紀念顏思齊、鄭芝龍等先賢拓墾之豐功偉績，共同重振笨港時代的繁榮。

---

[17] 參見李獻璋著，鄭彭年譯，《媽祖信仰研究》，澳門海事博物館 1995 年版，頁 281-289。

鄭氏海上商業活動芻議

安平商人以能貿善賈著稱於世，安海人重視商業的民俗風情流傳至今。鄭氏海商集團作為安平商人的傑出代表，在歷史上留下了輝煌的一頁，被晉江安海人引為自豪和驕傲。茲就鄭氏海上商業活動側陳芻議，以期拋磚引玉。

一、鄭氏海商集團與安平商業文化的傳承關係

宋元時期，泉州為東方第一大港。在泉州港「三灣十二港」中，後渚為泉州北港，安海為泉州南港，兩港遙相輝映，而安海為聯絡海外的重點港口[1]。「石井鎮，在晉江縣東南六十里修仁里安海市。客舟自海至，州遣吏榷稅於此，號石井津。[2]」安海早在宋元時期就是泉州港一個重要的海外貿易關津口岸。世代相傳，舉族為業的經商傳統，養成了安海人勇於向外開拓、積極拼搏進取的性格，也構成了安平商業文化的顯著特徵。明代安平商人成為與徽州商人匹敵的著名商幫。「吾郡安平鎮之為俗，大類徽州，其地少而人稠，則衣食四方者，十家而七。故今兩京、臨清、蘇杭間，多徽州、安平之人。[3]」「安平一鎮在郡東南陬，瀕於海上，人戶且十餘萬，詩書冠紳等一大邑。其民嗇，力耕織，多服賈兩京都、齊、汴、吳、越、嶺以外，航海貿諸夷，致其財力，相生泉一郡人。[4]」

優越的地理環境，為安海人發展海上貿易提供了十分有利的條件，「瀕海之民，多以漁鹽為生。而射贏牟息，轉貿四方。罟師估人，高帆健櫓，疾榜擊汰，出沒於霧濤風浪中，習而安之不懼也。[5]」「安平一鎮，

---

[1] 參見莊為璣，〈安海港在閩南金三角的歷史地位〉，《安海港史研究》，福建教育出版社1989年版。

[2] [明]萬曆《泉州府誌》卷二十四，〈雜誌〉。

[3] [明]何喬遠，《鏡山全集》卷四十八，〈壽顏母序〉。

[4] [明]何喬遠，《鏡山全集》卷五十二，〈楊郡丞安平鎮海汛碑〉。

[5] [清]乾隆《泉州府誌》卷二十，〈風俗〉。

盡海頭，經商行賈，力於徽歙，入海而貿夷，差強貲用。[6]」「民無所征貴賤，惟濱海為島夷之販，安平鎮其最著矣。[7]」「安平之俗好行賈，自呂宋交易之路通，浮大海趨利，十家而九。[8]」「安平人喜賈，賈吳越以錦歸，賈大洋以金歸。[9]」安平商人不僅興販大江南北，而且梯航海外，遠貿東西兩洋，足蹟遍佈日本、琉球、呂宋、滿刺迦、暹羅、安南、占城等地。安平商人將國內貿易與國外貿易緊密地結合起來，形成自己的商業特色，尤以海外貿易為世人所稱道。

安海港位於圍頭灣內，安海、水頭兩鎮之間有安平橋相連。「……桂林以至東石，拒海門之東。……以石井拒海門之西，則是東石、石井之處，實安平之二巨螯也。[10]」雖然安平、東石與石井、水頭在行政區劃上分屬晉江、南安二縣，但在經濟、文化等歷史淵源上，尤其是在交通貿易方面實在是密不可分的。古代安海港是包括石井、東石、水頭等港澳的一個完整港群，而安平鎮是安海港群區域的經濟中心。「鄭芝龍，南安縣石井人，少落魄，與弟芝虎、芝豹遊廣東。其母舅黃程行賈香山澳，遇芝龍留之。已而為程販貨至日本，遂與顏思齊等相習。思齊之逃入臺灣也，芝龍兄弟與之偕。及思齊死，眾無所歸，乃推芝龍為魁。[11]」從鄭芝龍發蹟的經歷顯而易見，深受安平商人世代習賈、舉族經商傳統習俗的薰陶影響。而鄭成功又承襲了安平商人兼營國內外貿易、側重海外貿易的商業傳統特色，分設海陸兩路「五商十行」。仁、義、禮、智、信「五常商行」設於廈門及附近港澳，集各地外貿貨物轉販海外各地；金、木、水、火、土「五行商行」分設京都、蘇、杭、津、魯等地，採購各地土產貨物以供「五常商行」貿易海外。之所以稱鄭氏海商集團為安平商人的傑出代表，正因為安平商業文化孕育、造就了鄭芝龍、鄭成

6　[明]何喬遠，《閩書》卷三十八，〈風俗〉。
7　[明]李光縉，《景璧集》卷十二。
8　[明]李光縉，《景璧集》卷十四，〈二烈傳〉。
9　[明]李光縉，《景璧集》卷三，〈贈隱君擢吾陳先生壽序〉。
10　《莆田礐溪黃氏宗譜·金墩黃氏祠堂圖記》，轉見傅衣凌，〈明代泉州安平商人論略〉，《安海港史研究》。
11　[清]道光《福建通誌》卷二六七，〈明外記〉。

功這樣的豪傑人物。鄭芝龍就撫明朝後於安平置第開府築城，經父子兩代數十年慘澹經營，安平成為鄭氏海商集團的大本營，也是鄭成功抗清復明的根據地。鄭成功收復臺灣後，即將熱蘭遮城（Zeelandia）更名為安平城，以寄託對第二故鄉的眷戀之情，足見鄭氏對安平商業文化的認同情結。

二、鄭氏海商商業活動的性質

明初厲行海禁，「寸板不許下海」[12]，「敢私下諸番互利者，必置重法」[13]。在代表海上私人商業資本利益的官商士紳的不斷鬥爭籲請下，終於隆慶年間開禁，「準販東西兩洋」。於海澄月港設置稅璫餉館，徵收引稅和水餉、陸餉、加增餉[14]。開放與閉關相對而言，終明一代，海禁時嚴時弛，仍屬有限的對外開放。國內商貿一般不在禁止之列，出海興販則有一定的限制。無論沿海貿易或者海外貿易，均須經官憲許可，請領文引。「於時商引俱海防官管給，每引徵稅有差，名曰引稅。」「東西洋賈舶題定數額」，對航行地點和船隻數量都有具體的規定[15]。因此，在隆慶開禁後的海上貿易中，仍存在合法與非法的問題。

已往論著對鄭氏海上商業活動中的資本主義萌芽性質多有論及。如豢養義子從事海外貿易，這種封建宗法制度掩蓋下的商業性奴隸，實質上是變相的雇傭剝削。替鄭成功掌管對外貿易的戶官鄭泰，原先就是鄭芝龍恩養的義男。而借貸資本在鄭氏海上商業活動中也很常見。鄭成功為了發展海外貿易，在戶官之下專門設立裕國庫和利民庫，向海商提供資金，收取利息。如海商曾定老就曾多次向戶官、管庫借貸銀兩出海貿易[16]。本文討論鄭氏海上商業活動的性質，問題不在於其中是否具有資本主義生產方式的萌芽，而在於鄭氏海上商業活動是否合法，即是否屬

---

[12] 《明史》卷二〇五，〈朱紈傳〉。
[13] 《明實錄》洪武二十七年。
[14] [明]張燮，《東西洋考》卷七，〈餉稅考〉。
[15] [明]張燮，《東西洋考》卷七，〈餉稅考〉。
[16] 參見林仁川，《明末清初私人海上貿易》，華東師範大學出版社 1987 年版，頁 345、349。

於走私販私範疇。

雖然海上貿易比陸路貿易風險較大，但是利潤也豐厚得多，尤其是海外貿易。於是，沿海商民不惜違法犯禁，鑽營沿海貿易與海外貿易不易區分管理的空子，乘機走私海外牟利。「泉漳二郡商人，販東西兩洋，代農賈之利，比比然也。自紅夷肆掠，洋船不通，海禁日嚴，民生憔悴。一夥豪右奸民，倚藉勢官，結納游總官兵，或假給引東粵高州、閩省福州及蘇杭買貨文引，載貨物出外海，逕往交阯、日本、呂宋等夷買賣覓利。[17]」「泉之安海，向雖通番，猶有避忌。邇年番舶連翩逕至，地近裝卸，貨物皆有所倚也。[18]」假給文引頂冒出外海貿夷，或是無所避忌，公然與番舶互市，均屬違反明朝廷對外貿易管制法令的違法走私販私行為。隆慶開禁，準販東西兩洋，「惟日本倭奴，素為中國患者，仍舊禁絕。[19]」「而特嚴禁販倭奴者，比於通番接濟之例。[20]」鄭氏海商集團以日本長崎為其主要海外貿易地，對日貿易在鄭氏海上商業活動中佔有十分重要的地位，無疑屬於走私販私。當時，臺灣是荷蘭人對中國大陸與日本、巴達維亞等地進行轉口貿易的仲介地，荷蘭人在臺灣的轉口貿易主要是依靠中國沿海的大商人提供大宗出口貨物，而鄭芝龍在其中起了十分關鍵的作用。正如普特曼斯在《巴城日記》中所報告的，「從前秘密貿易只不過是由一官在安海進行」[21]。鄭芝龍就撫後取得了明朝官商的地位，從而獨專東南海上之利。其間，鄭芝龍憑藉其制海權大肆經營對日、對臺等海外貿易，同時允許商人從事與竊據臺灣的荷蘭人貿易，但尚須自福州軍門、海道或京師處取得對臺自由貿易之許可證。[22]嚴格地說，鄭芝龍就撫後毫不受約束的海上商業活動，多半仍屬打著官府旗號的走私販私行為。從這一點看來，鄭芝龍就撫前後的海上商業活動並

---

17 [明]沈鈇，〈上南撫臺暨巡海公祖請建澎湖城堡置將屯兵永為重鎮書〉，顧炎武，《天下郡國利病書》卷九十六。

18 [明]胡宗憲，《籌海圖編》卷四，〈福建事宜〉。

19 [明]許孚遠，〈疏通海禁疏〉，載《明經世文編》卷四〇〇。

20 [明]張燮，《東西洋考》卷七，〈餉稅考〉。

21 轉引自楊彥傑，《荷據時代臺灣史》，江西人民出版社1992年版，頁123。

22 參見楊緒賢，〈鄭芝龍與荷蘭之關係〉，《臺灣文獻》第27卷第3期。

無本質上的區別。

　　「成功以海外島嶼，養兵十餘萬。甲胄戈矢，罔不堅利，戰艦以數千計。又交通內地，遍買人心，而財用不匱乏者，以有通洋之利也。本（清）朝嚴禁通洋，片板不得入海。而商賈壟斷，厚賂守口官兵，潛通鄭氏，以達廈門，然後通販各國。凡中國各貨，海外皆仰資鄭氏，於是通洋之利，惟鄭氏獨操之，財用益饒。[23]」鄭成功的抗清鬥爭以對外貿易為主要財政來源，鄭氏海上商業活動對清廷而言，當然屬於走私販私。

三、鄭氏海上商業活動評價

　　毋庸諱言，鄭氏海上商業活動多半屬於違法的走私販私範疇。問題的關鍵在於，如何對這種走私販私行為進行評價。評判歷史事件、歷史人物，必須以是否符合歷史發展規律、有利於社會生產力的發展為客觀衡量標準，而不應該以主觀情感好惡與道德觀念是非為轉移。「有力者往往就海為阡陌，倚帆檣為耒耜。……蓋富家以貲，貧人以傭。[24]」「富家征貨，固得稇載歸來；貧者為傭，亦博升米自給。[25]」東南沿海社會經濟的發展和海上私人商業資本的崛起，必然要衝破封建閉關鎖國海禁政策的束縛，東南沿海海上私人商業集團就是資本主義新型生產方式的代表。資本主義固然比封建主義進步，但明末清初私人海上貿易是否因為具有資本主義萌芽的因素，就是值得肯定的？我們認為應當具體問題具體分析。資本主義取代封建主義是人類社會發展的必然規律，但本質上是以一種新的剝削制度來取代舊的剝削制度。馬克思曾經指出，殖民戰爭、販賣奴隸、掠奪性貿易、鴉片貿易、殺人越貨的殖民海盜、走私活動與圈地運動、公債、關稅政策等等，同樣是資本原始積累的重要方式，他並對資本原始積累的殘暴性進行了無情的譴責：「資本來到世間，

---

[23] [清]郁永河，《偽鄭逸事》。

[24] [清]乾隆《海澄縣誌》卷十五，〈風俗〉。

[25] [明]張燮，《東西洋考》卷七，〈餉稅考〉。

從頭到腳，每個毛孔都滴著血和骯髒的東西。[26]」亦商亦盜，以經商行劫為生，正是中世紀商人的本色。隆慶開放海禁是以東南沿海人民付出慘重犧牲為代價的。以倭寇形式出現於東南沿海各地的海盜騷擾寇亂，對社會生產力造成了極大破壞，從而使資本的原始積累過程帶有更濃厚的血腥味。因此，決不能因為資本主義萌芽，便為這幫殺人越貨、雙手沾滿中國人民鮮血的漢奸海盜商人大唱讚歌。[27]

　　傅衣凌先生曾經指出，泉州海商李旦是個和平從事海上貿易的自由商人典型，不同於早期的汪直、洪迪珍等。[28]鄭芝龍與李旦、顏思齊有著直接的傳承關係。鄭芝龍「不攻城邑，不殺官吏」[29]，所到地方，「但今取水，而未嘗殺人。有徹貧者，且以錢米與之」[30]，「遇諸生則餽以贐，遇貧民則給以錢，重償以招接濟，厚糈以餌間諜。使鬼神通，人人樂為之用。[31]」鄭芝龍雖曾與其他海商集團火拼，或有劫掠海上商貨以壯大自己經濟實力情事，但從未引倭入寇、危害地方，顯然與勾結倭寇、出賣中華民族利益的汪直、洪迪珍之流有著本質的差別。二者不可同日而語、等量齊觀。我們發現，在東南沿海寇患中，引倭入寇、荼毒地方者，幾乎全部出自江浙閩粵海商集團，其中以漳州、潮州府屬為最，而泉州府屬則難得一見。[32]這種以倭寇形式出現的中國海盜籍貫分佈，是個值得注意的現象，恐怕與作為泉州民俗風情重要代表的安平商業文化不無關係。泉州夙稱海濱鄒魯，「晉江人文甲於諸邑，石湖、安平番舶去處，大半市易上國及諸島夷。稍習機利，不能如山谷淳樸矣。然好禮相先，輕財能施，曷可少也。[33]」「閩中諸郡，惟漳為悍剽」[34]。而漳州龍溪縣

---

[26] [德]馬克思，《資本論》第 24 章，《馬克思恩格斯選集》，人民出版社 1972 年版，頁 219-265。

[27] 參見拙作〈有關倭寇研究的幾個問題〉，《泉南文化》1994 年第 1 期。

[28] 傅衣凌，《明清時代商人及商業資本》，人民出版社 1956 年版，頁 128。

[29] [明]溫睿臨，《南疆逸史》卷六十三，〈鄭芝龍傳〉。

[30] [明]曹履泰，《靖海紀略》卷一。

[31] [明]董應舉，《崇相集》第二冊，〈福海事〉。

[32] 參見林仁川，《明末清初私人海上貿易》，華東師範大學出版社 1987 年版，頁 85-123。

[33] [明]萬曆《泉州府誌》卷三，〈風俗〉。

[34] [明]何喬遠，《閩書》卷三十八，〈風俗〉。

民風「悍強難治，輕死易發」[35]。同安「瀕海之民，鄰於漳界，有漳之風焉。[36]」據明隆慶《泉州府誌》云，「同安瀕海漁民，西鄰於漳者性多勁悍好鬥」[37]。泉州晉江一帶，崇尚詩書禮義，民情不如漳州剽悍好鬥。安平「詩書冠紳等一大邑」，乃「文物衣冠之所都」[38]安平人好商善賈，安平商人中既不乏棄儒就賈的儒商，也有不少捨賈歸儒者。常言「無商不奸，無奸不商」，而安平商人「大多是持重守信的正當商人」，「執義、取仁、崇信的優良商業作風和識時、明智、任勇的自我奮鬥精神，是明代安平商人的另一特點」[39]。作為安平商人突出代表的鄭氏海商集團，必然深受安平商業文化中這種儒家正統觀念的影響和約束。因此，鄭氏海商集團表現出對封建政權和鄉族勢力相當嚴重的依賴性。竊以為鄭芝龍就撫，其實是以武力對抗迫使明朝廷承認其官商合法地位，並謀取經營海上貿易的特權。鄭芝龍降清和鄭成功抗清復明，根本目的同樣是為了維護鄭氏海商集團的合法地位和海上商業權益，只不過手段方法不同而已。他們都想通過與封建王朝政權相結合，將其違法走私販私的海上商業活動納入官方合法的軌道。選擇與封建政權相結合的道路，正是鄭氏海商集團與其他引倭入寇的海商集團之根本區別所在。

至於對走私販私的評價，也應該根據歷史背景、社會作用進行具體分析，切不可一概而論。走私並非都是禍國殃民的罪惡行徑，如辛亥革命期間，孫中山先生為推翻清朝封建專制統治，發動和領導了多次武裝起義，革命黨人曾經從海外走私運進槍支彈藥。無獨有偶，共產黨為了以武裝的革命反抗武裝的反革命，也曾走私武器、藥品入境。不言而喻，都是革命鬥爭、正義事業的需要，因此都是無可非議的。如前所述，鄭氏海上商業活動具有資本主義萌芽和資本原始積累的性質，又顯然有別於倭寇海盜的騷擾寇亂，雖屬走私販私，但促進了東南沿海地區的對外貿易，有利於社會經濟的發展進步，值得肯定。「海濱之民，惟利是視，

---

[35] [明]崇禎《漳州府誌》卷二十六，〈風俗誌〉。

[36] [明]何喬遠，《閩書》卷三十八，〈風俗〉。

[37] [清]乾隆《泉州府誌》卷二十，〈風俗〉。

[38] [明]林希元，《林次崖文集》卷十，〈安平城記〉。

[39] 參見鄭夢星，〈安海港歷史概述〉，《安海港史研究》。

走死地如鶩，往往至島外甌脫之地，曰臺灣者，與紅毛互市。[40]」由於顏思齊、鄭芝龍之輩的走私販私雞籠、淡水之間，進而以臺灣作為走私巢穴，大陸的生活用品用具和較先進的生產工具、生產方法由以不斷輸入臺灣。正因為有長期走私販私、私自渡臺的經驗，鄭芝龍才有可能於崇禎年間組織大批福建沿海饑民向臺灣移殖。可以說，鄭芝龍的走私販私海上商業活動客觀上促進了祖國大陸與臺灣的經濟聯繫，在臺灣早期開發史上發揮了無法替代的先驅作用，也為鄭成功後來收復臺灣和進一步大規模開發臺灣奠定了基礎，符合中華民族和國家的利益，尤其值得稱道。

---

[40] [明]傅元初，〈請開洋禁疏〉，[明]顧炎武，《天下郡國利病書》卷九十六。

石原道博著《鄭成功》評介

——兼評《國姓爺合戰》之日本型華夷意識

筆者訪學日本創價大學期間，在東京大學附近的文生書院淘到一本石原道博所著《鄭成功》。該書品相完好，然價格不菲。未見中文譯本，茲簡要評介，以饗同好。

一、東洋文化叢刊本《鄭成功》

石原道博著《鄭成功》，三省堂昭和 17 年（1942）版，精裝 32 開本（B6）。全書共 255 頁碼，加序文 4 頁碼；書前附圖 4 頁碼，書後附地圖 1 幅。該書作為東洋文化叢刊，由加藤繁[1]、和田清[2]、石田幹之助[3]監修。該書目錄如下：

---

[1] 加藤繁（カトウ シゲル／シゲシ，1880-1946），歷任法政大學講師、慶應大學教授、東京大學教授。明治至昭和前期著名東洋史學家，著有《支那經濟史考證》（東洋文庫 1953 年版）等。

[2] 和田清（ワダ セイ，1890-1963），東京大學教授、日本大學教授及日本學士院會員。以專務理事參與東洋文庫運作，與加藤繁等人共同確立新東洋史學的中心地位。後曾與石原道博合作譯註中國正史日本傳。

[3] 石田幹之助（イシダ ミキノスケ，1891-1974），國學院大學教授、日本大學教授。頗為東洋文庫發展盡力。

　　《鄭成功》作者石原道博[4]，時任法政大學講師，這位初出道的年輕學者之所以能夠得到三位日本東洋史學大家的青睞提攜，在 30 年代日本鄭成功研究熱潮中脫穎而出，成為當時日本鄭成功研究的代表作，絕非偶然。由於石原道博對鄭成功研究有素，1939 年春，石田幹之助曾將石原道博有關鄭成功的論文抽印本若干轉贈給法國著名學者裴化行（R.P. Henri Bernard）教授[5]，並推薦石原道博為《廣東》雜誌（*Canton*）

---

[4] 石原道博（イシハラ ミチヒロ，1910-2010），歷任法政大學講師、東京大學教授，茨城大學榮譽教授、圖書館長。

[5] 石原道博序文誤作「雯化行」，亦譯亨利·貝爾納（1897-1940）。著有《天主教十六世紀在華傳教誌》（*Auxportes de le China Les Missionnaires du XVIth Siecle, 1514-1518. 1933*）、《中國學識與基督教之間歷史關係的研究》（*Sagesse chinoise et philosophie chretienne: essai sur leurs relations Historiques. 1935*）、《利瑪竇對中國的科學貢獻》（*L'aport scientifique du Pere Matthieu Ricci a la Chine. 1935*。1936 年倭訥（E. C. Werner）英譯本名為：*Matteo Ricci's Scientific Contribution to China.*）、《利瑪竇與當時的中國社會（1552-1610）》（*Le Pere Matthieu Ricci et la Societe Chinoise de son Temps, 1552-1610*，1937）等。

執筆撰寫有關鄭成功的稿件。據作者自序，《鄭成功》第二章「鄭成功之日本請援」，第三章「鄭成功之南京攻略」，第四章「鄭成功之糧餉問題」，分別根據〈鄭芝龍父子之日本請援〉(《歷史學研究》七之四)、〈國姓爺之南京攻略〉(《歷史教育》十三之一、二、四)、〈國姓爺之南支經略與糧餉問題〉(《東洋》四二之一) 等專論；第五章「鄭成功雜考」，也是根據發表在《歷史學研究》、《史潮》、《史學雜誌》及《朝日週刊》、《東京朝日》、《東京日日》等報刊上的文章。全書以第二章和第三章為主幹，在不足 250 頁碼的正文中，分別佔 1/3 強和近 1/3，其餘三章佔 1/3。

石原道博特地選擇「昭和十七年七月七日、支那事變五 5 週年記念の日」這個特殊的日子，為該書作序。他在「東洋文化叢刊刊行之辭」中開宗明義地說，「滿洲事變、支那事變、大東亞戰爭，時局發展如圓石滾落千仞之谷，不知何時停止。如果要理解這相繼而起的複雜事實，把握貫穿其中心的歷史意義，必須更加吸收有關東洋的知識。為了正確理解變幻無窮的東亞風雲，必須傾聽專業學者的歷史研究。發行本叢刊之根本理由正在於此。」他最後希望，夢想學業精進，在 20 年後的鄭成功忌辰三百週年祭，完成《國姓爺研究》和《鄭成功傳及其時代》。石原道博果不其然，出版了多部專著論集，從而奠定了日本鄭成功研究首屈一指的權威地位。茲按出版先後順序簡介如下：

1.《東亞史集考》，東京：生活社，昭和 19 年（1944）版。本書共 309 頁碼，附錄「東亞史關係邦書目錄」。本書雖非鄭成功研究專論，然其中有關海南島文章若干，實為日軍大舉「南進」、建設「大東亞共榮圈」服務。

2.《明末清初日本乞師研究》，東京：富山房，昭和 20 年（1945）版。本書共 542 頁，是作者所撰有關明末清初中國人乞師日本的多篇論文結集而成，分為正篇、別篇及附篇三部分。「正篇」以乞師日本之研究為中心，加上九篇向琉球、臺灣、南海、羅馬諸地求援、招諭、貿易等問題的文章，內容主要是關係明將周鶴芝、馮京等及鄭芝龍父子之日本乞師，其失敗之原因，明末清初請援琉球、南海、羅馬始末，鄭氏招

諭呂宋始末，鄭芝龍之日本南海貿易等。「別篇」包括與「正篇」諸問題相關的背景及概論性文章共六篇：「明之興亡與東亞諸國」、「日本民族之活躍與東亞政局」、「國姓爺北征始末」、「明末清初之南北經營」、「中興實錄與中興偉略」、「朱舜水與向陵」。「附篇」收錄論文四篇：「關於元寇敗因之一考察」、「清初源流海南島始末」、「蘆溝橋事變以來發表的日中關係之諸研究」、「日本乞師關係史料」。書末附有「著作年表」。

3.《國姓爺》，東京：吉川弘文館，昭和 34 年（1959）初版。本書是敘述鄭成功一生事蹟的傳記，全書共 121 頁碼。據作者「序」云，書名《國姓爺》，因欲區別作者前此所撰《鄭成功》（三省堂 1942 年版）一書而已。全書分六章，「福松誕生」、「抗清復明」、「日本乞師」、「南京攻略」及「臺灣解放」等五章以記敘史事為主，第六章「國姓爺論」則評價鄭成功的歷史地位、影響等，並比較日本、中國、西洋三方面對鄭成功的看法。書末附世系圖、簡略年譜、參考文獻等。學界認為日本的鄭成功研究，「石原道博的《國姓爺》，就是一本很有名的著作。[6]」

4.《朱舜水》，東京：吉川弘文館，昭和 36 年（1961）版。本書是明儒朱舜水（1600-1682）的傳記，10+301 頁碼。全書分為三部分：第一部「中國時代」敘述他的早年生活、海外經營、安南之役、北征從軍及投赴日本的事蹟；第二部「日本時代」敘述他流寓長崎、東上、定居江戶至逝世時為止的事蹟。第三部「朱舜水論」分析其學問思想、生活與知友門生的交遊、中日兩國有關的記錄、研究的經緯和考證等。書末附簡略世系圖、年譜及參考文獻。日人研究朱舜水，多側重於朱舜水與日本的關係，本書第一部頗能補前人不足，第二部亦能綜合有關研究成果。石原道博一人就撰寫了 35 篇（本）以上的朱舜水研究論著，是朱舜水研究的大家。

5.《倭寇》，東京：吉川弘文館，昭和 39 年（1964）4 月版。本書出版時間稍有超出，亦非鄭成功研究專著，然有相當關係。山根幸夫評價戰後日本的倭寇研究，認為除了石原道博著《倭寇》和田中健夫著《倭

---

[6] 張炎憲，《十七世紀的臺灣》，http://www.yantan.org/bbs/viewthread.php？tid=72906。

寇與勘合貿易》（至文堂 1961 年版）兩書，乏善可陳[7]。

　　據石原道博的研究，日本的鄭成功研究與《國姓爺合戰》的演出盛況經歷了近世、「日清戰爭」（甲午戰爭）期間和 1930 年代等三個時期。[8]較早用日文敘述鄭成功史事的著作，如稻垣其外（稻垣孫兵衛）著《鄭成功》，臺北：臺灣經世新報社 1929 年版。共十章，634 頁碼。依次為：「明之乞援與日本政府」、「鄭成功之奮起與日本關係」、「鄭成功之最盛時期」、「鄭氏以前之臺灣與日本」、「臺灣與荷蘭及西班牙」、「鄭成功之領有臺灣」、「臺灣王鄭成功之末期」、「第二世鄭經之初期」、「鄭經在南中國之活躍期」及「鄭家三世之末期」。

　　東洋文化叢刊本《鄭成功》帶有強烈的時代背景特點。該書雖非石原道博的學術代表作，卻是他出道成名之作。石原道博更以譯註中國歷代正史中的日本傳見長[9]，並在此基礎上進而研究中國人的日本觀。20世紀 50 年代，石原道博承擔日本文部省研究專案「中國的日本觀之展開」，從《茨城大學文理學部紀要（人文科學）》第一期開始，在該刊上連續發表系列論文。自從石原道博與和田清合作譯註《魏誌·倭人傳》，中國正史中有關日本的記載紛紛被譯成日文，開了風氣之先[10]。他通過分析以明代為中心的七種《日本刀歌》，認為在日本刀問題上反映了中國人的日本觀[11]。從東洋文化叢刊石原道博著《鄭成功》，亦可透視日本侵華戰爭期間之中國觀。

　　石原道博別有用心地以「國姓爺文學」收篇。他列舉了近松門左衛門[12]及其後取材於鄭成功的文學通俗作品[13]：

---

[7] [日]山根幸夫，〈戰後日本的明史研究介紹〉，http://www.qqxq.net/viewthread.php。

[8] 參見日本大學綿貫哲郎 S tere inenggi，http://manju.livedoor.biz/archives/cat_10026244.html。

[9] [日]石原道博，《譯註中國正史日本傳》，國書刊行會 1975 年。

[10] [日]和田清、石原道博譯註，《舊唐書倭國日本傳· 宋史日本傳· 元史日本傳》，岩波書店 1956 年。

[11] [日]石原道博，〈日本刀歌七種：中國人日本觀的一側面〉，《茨城大學文理學部紀要》第 11 號（1960 年）。

[12] 近松門左衛門（チカマツ モンザエモン，1653-1724），原名杉森信盛，通稱平馬，別號平安堂、巢林子、不移散人，近松門左衛門乃其筆名。

[13] [日]石原道博，《鄭成功》，三省堂 1942 年版，頁 240-241。

近松 門左衛門	國姓爺合戰	正德五年（1715）
	國姓爺後日合戰	享保二年（1717）
	唐船嘶今國姓爺	享保七年（1722）
紀 海音	傾城國姓爺	享保元年（1716）
	國姓爺御前軍談	同 年
自 笑	傾城野群談	享保二年（1717）
其 磧	國姓爺民朝太平記	同 年
閑 樂 子	今和藤內唐土船	同 年
石田 玉 山	國姓爺忠義傳	文化元年（1804）
東西庵 南 北	國姓爺倭話	文化十二年（1815）
種 彥	唐人髷今國姓爺	文政八年（1825）
墨川 亭 雪	國姓爺合戰	天保五年（1834）
鹿島 櫻 巷	國姓爺後日物語	大正三年（1914）

作為歷史學者，石原道博當然十分清楚根據傳聞創作的文學作品
《國性爺合戰》與史實的差異分歧，因此他並沒有多費筆墨進行煩瑣的
考辨，只是簡要一筆帶過。石原道博對風靡日本、膾炙人口的《國性爺
合戰》讚賞有加，並暫且將其稱作「國姓爺文學」。

石原道博卻對鄭成功研究引發了一通感慨，如果沒有鄭成功驅逐雄
據臺灣近四十年的荷蘭人，使之退據爪哇巴達維亞，現在的臺灣恐怕某
一天將會作為荷屬東印度的一部分，與海南島一起成為所謂的「東洋地
中海上的雙眼」。招諭呂宋的西班牙人由於鄭成功之死挫折而不得不停
止，在其子鄭經、其孫鄭克塽時代熱心繼續。特別希望喚起對豐臣秀吉
於天正十九年（1591）、松倉重政於寬永七年（1630）、德川家光於寬永
十四年（1637）三次遠征呂宋的雄圖。如今，皇軍攻克呂宋，戡定荷屬
東印度。鄭成功英靈地下有知，應當笑慰。[14]

石原道博此說，指豐臣秀吉在「征伐」朝鮮、明朝的同時，威逼琉
球、呂宋、暹羅等國稱臣入貢事。松倉重政（マツクラ シゲマサ，1574？
-1630）任九州肥前國島原藩大名期間，殘酷鎮壓迫害天主教徒和苛征

---

[14] [日]石原道博，《鄭成功》，三省堂 1942 年版，頁 243-244。

暴政，引發「天草之亂」。他主要依靠發展對外貿易來解決島原藩的財政問題。據說他在幕府將軍德川家光的暗示和默許下準備遠征呂宋，但在行動前死去。德川家光（トクガワ　イエミツ，1604-1651），元和 9 年（1623），德川家光就任第三代幕府將軍，下令鎖國、「攘擊外夷」。除開放長崎、堺作為對外港口外，只允許荷蘭和中國少數商船到長崎貿易。禁止外國人來日本，也禁止日本人遠渡海外。

　　石原道博接著說，北方文化有稍微落後於南方文化的傾向。但從日本人的立場說，對南方的興趣關心決不會不如於北方。日本人的南洋發展史雄辯地說明了這一點。今天，我們回憶豐臣秀吉的雄圖，和山田長政、濱田彌兵衛等人的生涯，研究鄭成功也決不是沒有意義的事。[15]請看石原道博所憧憬的山田長政、濱田彌兵衛是何許人：

　　山田長政（ヤマダナガマサ，又名仁右衛門，？-1628）。日本戰國時代末期武士，1605 年，山田長政以衛士身份跟隨德川幕府派出的「朱印船」前往中國，之後獨自赴暹羅遊歷，因染熱病滯留在大城（今泰國清邁府阿瑜陀耶），成為流亡武士首領。長政將武士中的精銳編制成軍，效忠暹王帕拉素東。1621 年緬甸入侵暹羅，長政率日本雇傭軍苦戰擊破十倍於己的緬軍，因功成為大城太守。之後改行經商，幾乎壟斷暹羅對外貿易。1628 年，暹羅南部洛坤府（今也拉府）穆斯林叛亂，長政率軍平叛受傷，病重而死。暹王驅逐大城日人，日人被迫流亡馬尼拉。第三代將軍德川家光大怒，遂下令斷絕與暹羅一切貿易往來。

　　濱田彌兵衛（ハマダ　ヤヒョウエ，17 世紀上半葉人，生歿年不詳）事件是一起發生於臺灣的荷蘭與日本之間的貿易衝突事件。荷蘭人佔據臺灣前，漢人與日本人已在臺灣從事走私貿易。荷蘭人佔據臺灣後，日本與荷蘭在臺灣競逐漢人貨物，存在相當大的利害衝突。1625 年起，荷蘭統治當局開始向來臺灣的日商課征一成的貨物輸出稅。因日本人比荷蘭人早來臺貿易，且此時荷蘭貨物輸入日本免稅，因此日本人拒絕向荷蘭人納稅。同年，日人購得一批生絲，因拒絕納稅遭荷蘭當局沒收。

---

[15] [日]石原道博，《鄭成功》，三省堂 1942 年版，頁 244。

　　1626 年，日人濱田彌兵衛帶領船隻到臺灣購買生絲，並欲向荷蘭當局借用帆船到福建運回貨物，遭拒絕。濱田得悉新港社原住民不堪荷蘭當局虐待，心生不滿，於 1627 年引誘該社 16 名原住民回到日本，準備鼓勵江戶幕府採取反荷作為。1628 年春，濱田再度來臺，同行者共 470 名（包含先前 16 名原住民）。荷蘭長官彼得・奴易茲（Pieter Nuyts）事先獲密報日船載有士兵及大砲、刀槍等武器，派員登船搜檢，全數扣留，軟禁濱田近一週，並將 16 名原住民下獄。之後，濱田提出發還武器、釋放 16 名原住民、提供船隻赴福建取貨、準其回日本等要求，均遭拒絕。濱田遂率領數十名日人闖入彼得・奴易茲住處，挾持彼得・奴易茲及其兒子。經雙方協商，以彼得・奴易茲之子為人質，隨同濱田返抵日本。

　　濱田返抵日本，江戶幕府將彼得・奴易茲之子及荷蘭船員下獄，並封閉荷蘭在平戶的商館。荷蘭數度交涉恢復通商事宜，均未成功。巴達維亞方面感到事態嚴重，於 1629 年將彼得・奴易茲撤職，並判處兩年徒刑。1632 年，荷蘭將彼得・奴易茲引渡至日本監禁，荷蘭在日本的貿易方獲恢復。1895 年日本佔據臺灣後，在今安平立一石碑頌揚濱田彌兵衛事蹟。

　　最後，石原道博發人深醒地呼應序文：「我們的祖先在二百餘年前創作了富有異國情調的《國姓爺合戰》，並鑒賞它。我們的父祖在數十年前，由於日清戰爭前後臺灣的實際情況再次回憶它。我們今天以支那事變、大東亞戰爭為契機，應當如何第三次回憶它？[16]」

二、從《國性爺合戰》到《國姓爺合戰》

　　「自十八世紀以來，鄭成功在日本的通俗戲劇與民間記憶裡，往往因其所具母系的日本血緣，而被刻畫成一位英武勇壯，揚威異域的日本英雄。[17]」留日學生所辦革命刊物《漢聲》雜誌錄有日人「虎山先生」

---

[16] [日]石原道博，《鄭成功》，三省堂 1942 年版，第 244 頁。

[17] 沈松僑，〈振大漢之天聲——民族英雄系譜與晚清的國族想像〉，《中央研究院近代史所集

《讀鄭成功傳》，說：「夫成功之精忠偉略，雄峙明季者，以我（按指日本）平戶妓產之也。平妓雖賤，亦我神國中之一人耳，宜其所生精忠雄節，爭光日月，英謀偉略，出入神鬼，醜虜外夷皆知其不可當也。」甚至認為，鄭成功秉持大和民族「一點靈淑之氣」，乃能雄峙如此，設使當年成功乞師日本時，日本俯允其請，遣大將領精騎數十萬助之，「則齊州之兆面於我者，惡知不在朝鮮，琉球藩臣之列」。[18]至今，在鄭成功的誕生地日本長崎松浦郡平戶町，不僅保存著鄭成功故居遺址和千里浜「兒誕石」，並建有鄭成功廟[19]。每年鄭成功忌辰，都要舉行一年一度的公祭。日本為何對鄭成功情有獨鍾？日本踞臺時期，極力推行皇民化運動，發起摧殘臺灣民間信仰的「寺廟神昇天運動」，企圖以日本神道教和神社取代臺灣民間信仰的神祇與廟宇。將臺南延平郡王祠改稱「開山神社」，稱鄭成功為「開山神」。有人認為：「日本人認為鄭成功是中日混血兒，既然中日混血兒的鄭成功來過臺灣、統治過臺灣，日本人是大和民族，和鄭成功也有血緣關係，自然也有權利統治臺灣。日本人研究鄭成功，是為了合理化日本人統治臺灣的正當性。[20]」近年有日本學者從《國性爺合戰》發現日本鄭成功研究之另一視角——日本型華夷意識[21]。

　　《英雄鄭成功》作為中日建交 30 週年紀念影片，由福建電影製片廠和瀟湘電影製片廠合作拍攝，張冀平編劇，吳子牛導演，香港著名演員趙文卓扮演鄭成功，鄭成功的母親則由日本著名國際派演員島田楊子主演。該片是繼《三國誌》、《水滸傳》之後又一部根據歷史故事改編的電影作品。2002 年 11 月，該片在日本公演，亦名《國姓爺合戰》，電影宣傳海報上竟然出現了「明末清初，有位拯救亞洲的日本英雄，他的名字叫做鄭成功」的宣傳詞[22]。

刊》第 33 期（2000 年 6 月）。

[18] [日]虎山先生，〈讀鄭成功傳〉，《漢聲》7、8 期合刊，頁 161-62。轉見沈松僑，〈振大漢之天聲——民族英雄系譜與晚清的國族想像〉，《中央研究院近代史所集刊》第 33 期。

[19] 平戶川內浦鄭成功廟，1962 年藉由臺南延平郡王祠香灰分靈。廟前掛著日本神社特有的「神宮大麻」，存在濃厚的神道色彩。參見高致華，《鄭成功信仰》，黃山書社 2006 年版，頁 273、284。

[20] 張炎憲，〈十七世紀的臺灣〉，http://www.yantan.org/bbs/viewthread.php？tid=72906。

[21] [日]二宮一郎，〈日本鄭成功研究之一視角——日本型華夷意識與「國性爺合戰」〉，《臺灣史研究》6（1987 年）。

[22] 參見高致華，《鄭成功信仰》，黃山書社 2006 年版，頁 277、285。

　　《英雄鄭成功》（亦名《國姓爺合戰》）根據日本江戶時代前期著名淨琉璃（一種木偶戲）、歌舞伎、狂言作家近松門左衛門的同名作品《國性爺合戰》[23]改編而成。故事主角是中國的民族英雄鄭成功。鄭成功是中日混血兒，其父鄭芝龍是明朝的忠臣，明末來到日本，因為他有戰功，明朝政府特賜國姓「朱」。之後鄭芝龍與日本長崎縣一位女性森結婚，並在長崎縣平戶生下了鄭成功，由於其父被賜國姓「朱」，所以他也改姓「朱」，與明隆武帝同姓，所以被稱為「國姓爺」。作為「國姓爺」，鄭成功繼承父志，高舉「反清復明」大旗，同清朝進行徹底的鬥爭。他還擊退了盤踞臺灣多年的荷蘭殖民者，使臺灣回到祖國的懷抱，也一舉成為收復領土的中國民族英雄，以及拯救亞洲的日本英雄。

　　在日本民間文人中，最早通過文藝形式表達侵華意念的是 17 世紀日本著名戲劇家近松門左衛門。近松門左衛門原為武士，後致力於戲劇創作。一生創作「淨琉璃」和「歌舞伎」劇本百餘部，被日本文學史家稱為「日本的莎士比亞」。《國性爺合戰》於日本正德五年（清康熙五十四年，1715）出籠，號稱近松「三大傑作」之一，是一部以中國為舞臺背景的大型歷史劇。所謂「國姓爺」指的是明代的鄭成功。鄭成功受南明唐王隆武帝賜明代「國姓」朱，改名成功。《國性爺合戰》就是以鄭成功抗清復明、攻打南京城為背景寫成的歷史劇。然而，該劇本卻嚴重歪曲歷史事實，近松讓日本人佔領了南京，而最嚴重的是對鄭成功形象的歪曲和改造。

　　在《國性爺合戰》中，近松把歷史上中華民族的英雄鄭成功寫成日本武士。胡說他是在日本長大，娶日本人為妻，二十幾歲以後才回到中國，還給他起了一個日本名「和藤內」（ワトウ ナイ）。所谓「和」，就是「大和」——日本；所謂「藤」，與當時日本稱呼中國的「唐」字在日語中都讀作「とう」；「內」日語讀作「ない」，即「不是」的意思。「和藤內」這個名字可以理解成「日本、中國都不是」。而「和」字在前、「藤」（唐）字在後，明顯具有突出強調鄭成功的日本人身份意圖，

---

[23] 或說因劇本手抄本草書將「國姓爺」誤作「國性爺」。或說近松門左衛門故意將「國姓爺」寫作「國性爺」，並非筆誤，乃刻意規避，因劇情多處偏離史實。參見 http://www.ribenshi.com/forum/thread-9698-1-1.html；高致華，《鄭成功信仰》，黃山書社 2006 年版，頁 281。

「和藤內」也許就是近松所謂「國姓」的真正含義。在《國性爺合戰》中，「和藤內」和父母一同去「大明國」，在大明國靠著日本武士的神威，打敗韃靼（清）兵，攻陷南京城，城內明將與「和藤內」合作，並擁戴「和藤內」為「延平王」。在近松筆下，這位「國姓爺」——「和藤內」完全是一個日本武士的化身，他口口聲聲自稱「我們日本人」；他來中國的目的實際上也不是抗清扶明，而完全是為了揚日本之國威，並圖謀在中國實施日本的統治。關於這一點，劇本中有露骨的描寫。如第二幕第一場戲中，「和藤內」在退潮的海灘上看到鷸蚌相爭的情景，不禁感慨道：

> 讓兩雄交兵，乘虛而攻之，此乃兵法奧秘。……聽說在父親老一官的生國，大明和韃靼雙方正在戰鬥，這豈不是鷸蚌相爭嗎？好！現在就到中國去，用方才領悟的兵法奧秘，攻其不備，大明和韃靼兩國的江山，豈不是唾手可得的嗎？

作者接著用旁白做點題之語：

> 這位年輕人就是後來西渡中國、蕩平大明和韃靼、名揚異國和本朝、被稱為延平王的國姓爺。

劇本特別註意表現這位被稱為「國姓爺」的「和藤內」是作為日本人來與中國人打仗的。如第二場中，「和藤內」對中國的殘兵敗將說道：「喂！縱然你們人多勢眾，但也沒什麼了不起的。我的生國是大日本」；「和藤內」還摸著老虎的脊背說：「你們污蔑日本是小國，可是你們看看日本人的本領！連老虎都害怕我們，看到了嗎？」這位「和藤內」靠了母親從日本帶來的神符，靠了「天照大神的威德」，在中國耀武揚威，連猛虎遇到他都嚇得打哆嗦，更何況是中國士兵，全都可以輕而易舉地加以降伏。「和藤內」命令中國降兵敗將全都剃成日本式的月牙頭，穿上和服，並改換成日本式姓名，然後接受他的檢閱和指揮。並對中國將領發令訓話：

> 你們看，這裡請來了天照大神。本人以一介匹夫，卻攻下數城，現在成了諸侯之王，受爾等臣下之禮，這就是日本的神力！在竹

　　林中收降的這些夷兵，已剃了日本頭，讓他們在前面宣傳日本的
支持，韃靼兵素知日本的武威，他們一定聞風喪膽！

　　就這樣，「國性爺」「和藤內」終於攻下了南京城，驅逐了韃靼王，
保住了「大明江山」。實際上，這「大明江山」，已經不是大明的江山，
而成了「和藤內」的江山、「大和」——日本的江山了。

　　近松門左衛門的《國性爺合戰》，是 18 世紀初日本對華侵略擴張思
想的一次暴露。據日本文學史記載，此劇連續三年在日本上演不衰，觀
眾多達二十多萬人次。就受歡迎程度和演出盛況而言，在當時是空前
的。近松後來又續寫了關於「國姓爺」的兩個劇本——《國姓爺後來的
戰鬥》和《中國船帶來的當今國姓爺的消息》，被後人稱為《國姓爺三
部曲》。這充分說明，在豐臣秀吉侵略中國的迷夢破滅一百多年後，許
多日本人——當然也包括在野的文化人及受其影響的庶民百姓，對中
國仍暗懷覬覦之心，禍華之心不死，有時還變得熾熱如火。只是由於
種種原因，侵華難以付諸行動，於是以文藝的形式加以表達和渲泄。
可以說《國性爺合戰》的公演和大受歡迎，正是 18 世紀初許多日本人
某種心態的暴露。[24]「近松借助文學反映武士道精神既是對文學傳統的
承接與延續，也反映了那個歷史時期日本民眾的侵華迷夢和幻想，演示
了武士道外化為侵略形態時的一種更為隱蔽的侵略形式——文化侵
略。[25]」

　　光明日報社和中國政策研究會在北京為影片《英雄鄭成功》舉辦
觀摩研討會，有關領導、在京部分電影評論家出席會議，「專家們對影
片宣導的民族統一精神、思想性和觀賞性的完美融合，給予了高度評
價。[26]」影片《英雄鄭成功》以《國姓爺合戰》為名在日本公映，廣告
宣傳的潛臺詞其實就是「日本英雄拯救亞洲」。我們不禁要問，在「前
事不忘，後世之師」的口號下，對此應當作何感想？這也是當前鄭成功
研究亟需關註之處。

參見王向遠，〈日本對中國的文化侵略：學者、文化人的侵華戰爭〉，昆侖出版社 2005 年
　　版，頁 21-40。

25 李群，〈武士道與文化侵略——探析近松門左衛門文學中的侵華意識〉，《東疆學刊》2005
　　年第 4 期。

26 文邊，〈專家看好「英雄鄭成功」〉，《人民日報》2001 年 2 月 23 日，第 12 版。

施琅與清初開海設關通洋

在清初開海設關通洋過程中，施琅將軍曾經發揮了至關重要的作用，前人似未予以足夠的重視，本文對此略作述論。

一

清初為了困絕東南沿海的明鄭抗清勢力，厲行禁海遷界政策，先後於順治十二年、十三年和康熙元年、四年、十四年五次下達禁海令，一再重申「今後凡有商民船隻私自下海，將糧食貨物等項與逆賊貿易者，不論官民，俱奏聞處斬，貨物入官，本犯家產盡給告發之人，其該管地方文武不行盤緝，皆革職從重治罪。[1]」並於順治十七年和康熙元年、十七年三次頒佈遷海令，「將山東、浙、江、閩、廣海濱居民，盡遷於內地，設界防守，片板不許下水，粒貨不許越疆[2]。」凡距海 30 至 50 里以內居民一律強行遷往內地，村鎮房舍概行拆毀。「至是，上至遼東下至廣東皆遷徙，築垣牆，立牌界，分兵戍守，出界者死。百姓皆失業，流離死亡者以億萬計[3]。」「奉使者仁暴有殊，寬嚴亦從而異。大抵浙、江稍寬，閩較嚴急，粵東更甚之[4]。」禁海遷界對江浙閩粵沿海社會經濟造成的危害極為慘烈，因此遭到當地官員的竭力反對。江蘇巡撫慕天顏、福建總督范承謨、姚啟聖、福建巡撫李率泰、吳興祚、廣東巡撫李士禎等接連上疏，要求廢除海禁，開海貿易。其中以慕天顏的《請開海禁疏》最具代表性，他以遷海既嚴，蕃舶之銀絕，財匱民乏，而從開源理財的角度出發，主張「於此思窮變通久之道，唯一破目前之成例，日開海禁而已矣[5]」。隨著清朝統一已成大勢所趨，清廷統治秩序漸趨穩定，近臣疆吏復界開海呼聲日高。康熙帝也深知禁海遷界使「濱海居民，

---

[1] 《光緒大清會典事例》卷七七六，頁3；《明清史料》丁編，第二冊，頁155；《清世祖實錄》卷一〇二，也有類似的記載。

[2] [清]夏琳，《閩海紀要》卷二。

[3] [清]阮旻錫，《海上見聞錄》卷上。

[4] 蕭一山，《清代通史》卷上，《清廷對於沿海之政策》附錄。

[5] 《皇朝政典類纂》卷一一八，頁1；《皇朝經世文編》卷二十六，〈戶政一〉。

海鹽、蠶織、耕獲之利，咸失其業」的危害性，和開海貿易「於閩粵邊海民生有益，若此二省民用充阜，財貨流通，各省俱有裨益」，「出海貿易……薄征其稅，不致累民，可充閩粵兵餉，以免腹裡省份轉輸協濟之勞」的好處[6]。康熙十九年二月二十四日，三法司奏議福建越禁出洋人犯擬斬事，康熙帝曰：「海上機宜，正在籌畫。倘金門、廈門既下，則此輩又當另議」[7]。可見此時開海復界已經提上御前議事日程。茲將《康熙起居註》所載此後清廷議復近臣疆吏奏請復界開海有關記錄開列如下[8]：

> 康熙十九年八月初四日，議政王大臣會議差往福建侍郎溫代等題請開海禁事。上曰：「海禁可開否？」大學士明珠奏曰，「臣昔年差往福建，頗知彼中情形，若金門、廈門不設重兵，海禁未可驟開。」上曰，「然」。
> 八月十七日，九卿、詹事、科、道會議給事中李迴條奏船隻出海事宜，請令直省地方官查復再議。……馮博奏曰，「出海貿易，大有裨於民生。」上曰：「船隻出海，有裨民生，不必行地方官查復，著即定議具奏。」
> 八月二十八日，又會議船隻出海事。上曰：「開海禁之意，原為窮民易於資生。」
> 十二月十四日，為福建提督萬正色、巡撫吳興祚請於溫州等處海口購買糧米，令載五百石以下船隻入洋赴閩，戶部議允事。……光地奏曰：「臣鄉米價較前甚減，此買米之事似應停止。」明珠奏曰：「前曾奉諭旨，廈門、金門海灘恢復之後，準該督、撫請開海禁。」上曰：「據李光地之言，買米似乎有礙，在地方大僚誰肯為不肖之事，但恐奸宄之徒，藉端攜帶私物，亦未可知。然則，海禁果可開否？」光地奏曰：「開海一事於民最便，現今萬餘窮民借此營生貿易，庶不致顛連困苦。況有水師五千，盡可防禦，皇上睿見至當。」上曰：「雖然如此，海禁亦未便速開。這本著發回該部，照前再議具奏。」
> 十二月二十一日，福建提督萬正色請開沿海邊界，兵部議，此事

---

[6] 《清聖祖實錄》卷一一六。
[7] 中國第一歷史檔案館整理，《康熙起居註》第二冊，中華書局 1984 年版，該日條下。
[8] 中國第一歷史檔案館整理，《康熙起居註》第二冊，中華書局 1984 年版，各該日條下。

已令督、撫詳議具復，應候到日再議事。上曰：「今金門、廈門海灘等處，俱經收復，為我軍所駐，凡此設立邊界，皆我軍內地，則設界似屬無用。此事攜回京城，從容定奪。」

二十年正月三十日，兵部復福建巡撫吳興祚題請，應令西洋、東洋、日本等國出洋貿易，以便收稅，部議不允行事。上曰：「爾等以為何如？」明珠奏曰：「臣等亦曾商酌，學士李光地云，商舡不宜輕入大海。」上曰：「此言甚是。海寇未靖，舡只不宜出洋。此皆汛地武弁及地方官圖利之意耳。著不準行。」

二月初一日，福建總督姚啟聖、提督萬正色請開海界二本，兵部復，候新任提督至彼查明到日再議事。上曰：「今金門、廈門等處已設官兵防守，此事著即再議具奏。」

二月十四日，荷蘭國請於福建地方不時互市，禮部議不允事。上曰：「此事爾等之意如何？」明珠奏曰：「從來外國入貢，各有年限，若令不時互市，恐有妄行，亦未可定。」上曰：「外國人不可深信。在外官員奏請互市，各圖自利耳。」因顧問漢大學士等。李霨等奏曰：「皇上睿見極當。不時互市，必不可行。」上又問學士李光地。光地奏曰：「海寇未經剿除，荷蘭國不時互市，實有未便。」上命依部議。

七月十七日，總督姚啟聖請以沿海人民無桅平底布帆小船許令捕魚。兵部議，今值進剿臺灣，候克獲之日，該督、撫題請再議。上曰：「朕聞海面行走，不在船之大小，但無帆即不能遠行。或駕大船，不許用帆，離岸五、六里捕魚，似亦可行。爾等公同詳議來奏。」

二十二年九月初九日，福建總督姚啟聖請開墾廣東等省沿海荒地等事，共八本。上曰：「……今臺灣降附，海賊蕩平，該省近海地方應行事件自當酌量陸續施行。」

十月二十日，兩廣總督吳興祚請以廣州等七府沿海地畝招民耕種，戶部議準事。上曰：「前因海寇未靖，故令遷界，今若展界，令民耕種採捕，甚有益於沿海之民。吳興祚所奏極是。其浙、閩等處亦有此等事情，爾衙門所貯本章關係海島事宜者甚多，此等事不可稽遲。著遣大臣一員前往展立界限，應於何處起止，應於何處設兵防守，著詳閱確議，勿誤來春耕種之期。爾等可速行酌

議來奏。」

十月二十一日，明珠奏曰：「開展沿海邊界，應否差人遣大臣，奉上諭，令臣等議。臣等公議，今海寇鄭克塽歸化，正是安集百姓之時，應遣大臣會同督、撫詳酌定議為是。……」上曰：「似此等差遣去。大臣至彼地方，便悉情形，即可定議完結，於事甚為有益。……今沿海展界，著兩省遣一大臣，從前存貯事件，俱交伊等定議。……」

十一月十一日，吏部侍郎杜臻、內閣學士席（石）柱等以奉差廣東、福建，展沿海邊界，面請諭旨。上曰：「遷移百姓甚為緊要，應察明原業，各還其主。可傳諭該督、撫，務令安插得所。一切事宜可與將軍施琅會商。」……杜臻等奏曰：「其與督、撫會商遷移事宜，亦應令與施琅會議。」上曰：「施琅於沿海島嶼情形無不悉知，今在臺灣，可移文會商。……」

二十三年六月初五日，給事中條奏請令海洋貿易宜設專官收稅，九卿會議準行。上曰：「令海洋貿易，實有益於生民，但創收稅課，若不定例，恐為商賈累。當照關差例，差部院賢能司官前往酌定則例。……」

七月十一日，上問學士席（石）柱曰：「……百姓樂於沿海居住者，原因可以海上貿易捕魚之故。爾等明知其故，海上貿易何以不議準行？」席（石）柱奏曰：「海上貿易自明季以來，原未曾開，故議不準行。」上曰：「先因海寇，故海禁未開為是。今海寇既已投誠，更何所待？」席（石）柱奏曰：「據彼處總督、巡撫、提督云，臺灣、金門、廈門等處雖設官兵防守，但係新得之地，應候一二年後，相其機宜，然後再開。」上曰：「邊疆大臣當以國計民生為念，今雖禁海，其私自貿易者何嘗斷絕？今議海上貿易不行者，皆由總督、巡撫自圖便利故也。」

二十四年四月十九日，禮部復準福建總督王國安題外國進貢船隻應行抽稅，令其貿易。……上曰：「此事候九卿將施琅等所題之事會議啟奏後，再行請旨。」

四月二十二日，九卿、詹事、科道會復提督施琅題請定船隻數目及防察漁舟則例，不準行。其抽稅郎中吳什巴請於臺灣、廈門建立衙門抽稅等因，仍準行。上曰：「這疏內事情關係緊要，著遣

部院堂上官一員前去，與施琅會同詳議具題。……」

　　儘管清廷封疆大吏與朝中重臣一再籲請復界開海，康熙帝也深知此舉「有益於生民」，「有裨民生」，「甚有益於沿海之民」，有利國計民生，但由於清初實行禁海遷界是針對明鄭反清勢力而採取的非常措施，復界開海深受清鄭間軍事局勢發展變化的影響，因此只要鄭氏政權繼續存在，作為清鄭對峙前線的江浙閩粵尤其是福建，即無實現復界開海之日。盛京、直隸、山東等處於康熙十九年開禁，準許船隻出海貿易，但江浙閩粵卻遲遲不得復界，開放海禁就更不用說了。

　　康熙帝曾許諾，「廈門、金門海灘恢復之後，準該督、撫請開海禁。」同年十二月金廈克復，遷界已無必要，但康熙帝從清鄭軍事鬥爭的大局出發，始終下不了復界開海的決心，仍堅持「雖然如此，海禁亦未便遽開。」對復界開海互市貿易之請，康熙帝不是斥之地方官員「各圖自利」，「此皆汛地武弁及地方官圖利之意耳。著不準行。」就是說，「海寇未靖，舡只不宜出洋。」「海寇未經剿除，荷蘭國不時互市，實有未便。」一直遷延不決。而臺灣甫平，康熙帝即諭令，「今臺灣降附，海賊蕩平，該省近海地方應行事件自當酌量陸續施行。」「前因海寇未靖，故令遷界，今若展界……爾衙門所貯本章關係海島事宜者甚多，此等事不可稽遲。……著詳閱確議，勿誤來春耕種之期。……速行酌議來奏。」康熙帝責問前往閩粵勘界覆命的石柱，「海上貿易何以不議準行？」對於石柱回答「海上貿易自明季以來，原未曾開」，臺金廈係新得之地，應候一二年後相機再開，康熙帝認為，「邊疆大臣當以國計民生為念，……今議海上貿易不行者，皆由總督、巡撫自圖便利故也。」對平臺前後主張和反對開放海禁，康熙帝均斥之為地方官員「各圖自利」，「自圖便利」，前後態度截然相反。關鍵在於「先因海寇，故海禁未開為是。今海寇既已投誠，更何所待？」促使康熙帝對開放海禁態度發生這一根本轉變的決定性因素，顯然是臺灣的平定。而正是施琅力排眾議，堅決主張進擊澎臺，並勝利進軍臺灣，鄭氏納土歸附，為復界開海創造了必不可少的先決前提條件。從這一角度上可以說，施琅是清初開放海禁的第一功臣。

二

　　施琅平臺後，清廷取消海禁。康熙二十三年十月二十五日，九卿、詹事、科道遵旨會議：「今海外平定，臺灣、澎湖設立官兵駐紮，直隸、山東、江南、浙江、福建、廣東各省先定海禁處分之例，應盡行停止。[9]」有人認為這是施琅「懇請朝廷開禁、復界」，朝廷「納施琅議」的結果[10]。有人則認為，施琅是不太贊同開放海禁的。根據是，前引石柱所稱，據彼處總督、巡撫、提督云，臺金廈係新得之地，應俟一二年後相機再開，「關於廈門不宜早開，施琅也『屢以為言』[11]」。如前所述，江浙閩粵督撫提臣一再力請開放海禁，尤以閩省官憲最為堅決。其實是石柱之輩因循守舊官僚未能領會形勢已使康熙帝改變了初衷，石柱所言不過是搪塞康熙帝的遁詞。該引文出自王之春《國朝柔遠記》卷二，康熙二十二年開海禁條下：「時沿海居民雖復業，尚禁商舶出洋互市，施琅等屢以為言。」以施琅為代表的閩粵地方官員對東南沿海展界復業後尚禁商舶出洋互市「屢以為言」，即一再對此表示不滿、不贊同，並請開海禁。引者斷章取義，曲解了引文的原意。究竟施琅對開放海禁的態度如何，筆者認為，應與施琅的出身閱歷及其留臺、鞏固東南海防的一貫言行聯繫起來，進行綜合考察。施琅從小生長在夙有海外貿易傳統、海上私商出沒的泉州晉江沿海，早年曾追隨鄭芝龍、鄭成功父子，活動於閩南沿海地區與臺灣海峽一帶，對明末以來沿海私商的走私販私活動與海盜商人的騷擾寇亂，自然有著豐富的親身經歷和深刻的切身體會。施琅因「平靖海氛，勞績茂著」[12]，加授靖海將軍，封靖海侯，深受康熙帝信任，對閩臺乃至東南海防直接負責。正如康熙帝所謂：「上將權隆，控大洋而膺節鉞；南邦寄重，開炎徼以作屏坦。[13]」康熙帝在東南沿海復界開禁、出海興販貿易方面特別倚重施琅，諭令「一切事宜可與

[9] 中國第一歷史檔案館整理，《康熙起居註》第二冊，中華書局 1984 年版，該日條下。

[10] 彭雲鶴，〈施琅對統一臺灣及東南沿海經濟發展的貢獻〉，《北京師院學報》1983 年第 4 期。

[11] 陳希育，《中國帆船與海外貿易》，廈門大學出版社 1991 年版，頁 344。

[12] 《清聖祖實錄》卷一一二。

[13] [清]施琅，《靖海紀事》卷下，〈諭祭第三次文〉。

將軍施琅會商」，「施琅於沿海島嶼情形無不悉知，今在臺灣，可移文會商。」重要事務均須事先徵詢施琅的意見，幾乎到了言聽計從的地步。施琅的出身、閱歷，使他能夠充分認識開海通洋可以「恤民裕課」，有利國計民生；施琅的地位、職責，又使他以維護閩臺海疆寧謐、鞏固東南海防的戰略眼光來對待開海通洋問題。施琅在康熙二十三年九月二十九日的奏疏中議復臺灣應徵錢糧數目及白糖、鹿皮可否興販事，力主躕減臺灣應徵錢糧數目。當時，戶部侍郎蘇拜等慮臺灣錢糧不敷，浮定臺灣每年興販東洋白糖二萬石，不足之數，聽其在福建採買湊足。施琅認為此舉徒勞民力[14]：

> 夫本省之去臺灣，已隔兩重汪洋。以臺灣所產白糖，配臺灣興販船數，固為安便。若就本省湊買白糖，涉重洋而至臺灣，方興販東洋；則今四方蕩定，六合為一，在臺灣可以興販東洋，何本省而不可興販，必藉臺灣之名買白糖赴彼興販？

施琅以聽臺灣在福建採買湊足白糖數額，興販東洋，證明臺灣錢糧「一時未能裕足」，即蘇拜等人所定臺灣應徵賦稅額太高。同時指出，既然臺灣可以興販東洋，福建又何必假手臺灣。不正表明施琅確是主張閩臺一致，開海通洋的。施琅於康熙二十四年三月十三日「為海疆底定，更宜加慎，以垂永安事」而密題的奏本，各種版本《靖海紀》、《靖海紀事》均作「海疆底定疏」。該疏比較集中地反映了施琅對開放海禁、出海興販貿易的觀點態度，因此間或稱之為「論開海禁疏」[15]。施琅奏稱：「臣聞慮事必計其久遠，防患在圖於未然。我皇上深念海宇既靖，生靈塗炭多年，故大開四省海禁，特設官差定稅，聽商民貿捕。群生感霈澤之均沾，國家獲泉流之至計。……而四省開海，船隻出入無禁。思患預防，不可一日廢弛。」他認為，「茲海禁既展，沿海內外多造船隻，飄洋貿易捕採，紛紛往來，難以計算。水師汛防，無從稽察。」強調必須吸取明末以來「濱海奸徒出沒，糾艐肆害」的歷史教訓，指出「南之束

---

[14] [清]施琅，《靖海紀事》卷下，〈壤地初闢疏〉。

[15] 施偉青，《施琅評傳》，廈門大學出版社 1987 年版，頁 257-258。吳幼雄，〈施琅的業績〉，泉州施琅研究會編，《施琅》，1996 年印行。

埔寨尚有偽鎮楊彥迪下餘孽黃進聚艘百餘號,北之浙江烏洋尚有房錫鵬殘黨,及撫而復叛之劉會,集艘數十隻遊移海洋。邇來貿易船隻,給有關臣照票;而往採捕船隻,給有道府縣由單而出,叢雜無統。」內地積年貧窮遊手奸宄罔作者「乘此開海,公行出入汛口。……恐至海外誘結黨類,蓄毒釀禍」,水師船隻朽壞,不堪使用,「而沿海新造貿捕之船,皆輕快牢固,炮械全備,倍於水師戰艦。倘或奸徒竊發,借其舟楫,攘其資本,恐至蔓延。蓋天下東南之形勢,在海而不在陸。陸地之為患也有形,易於消弭;海外之藏奸也莫測,當思杜漸。更以臺灣、澎湖新闢,遠隔重洋,設有藏機叵測,生心突犯,雖有鎮營官兵汛守,間或阻截往來,聲息難通,為患抑又不可言矣!至時必有以禁止貿捕之議復行。」因此建議對出海貿捕相應進行必要的管理與限制:

> 臣以為展禁開海,固以恤民裕課,尤需審弊立規,以垂永久。如今販洋貿易船隻,無分大小,絡繹而發,隻數繁多,資本有限,餉稅無幾,不惟取厭外域,輕慢我非大國之風,且借公行私,多載人民,深有可慮。……此時內地人民,奸徒貧乏不少,弗為設法立規,節次搭載而往,恐內地漸見日稀。……更考歷代以來備防外國,甚為嚴密,今雖與其貿易,亦須有制,不可過縱。
>
> 以臣愚見,此飄洋貿易一項,當行之督、撫、提,各將通省之內,凡可興販外國各港門,議定上大洋船隻數,聽官民之有根腳身家、不至生奸者,或一人自造一船,或數人合造一船,聽四方客商貨物附搭,庶人數少而資本多,餉稅有徵,稽查尤易。……其欲赴南北各省貿易並採捕漁船,亦行督、撫、提,作何設法,畫定互察牽制良規,以杜泛逸海外滋奸。則民可以遂其生,國可以佐其用,禍患無自而萌,疆圉永以寧謐,誠為圖治長久之至計。

施琅從鞏固清朝統治的根本出發,「鯤鯤上陳」,一再提醒康熙帝,「安不忘危,利當思害,苟視為已安已治,無事防範,竊恐前此海疆之患,復見不遠。」康熙二十三年五月十八日,康熙帝面諭即將上任的臺灣總兵官楊文魁,「……海洋為叢利之藪,海舶商販必多,爾須嚴輯,

不得因以為利，致生事端，有負委託。[16]」可見鄭氏歸附、臺灣平定後，康熙帝仍惟恐開放海禁、出海興販貿易而滋生事端，危及清廷統治的大局。施琅居安思危、防範未然，以確保閩臺海疆寧謐的思想正與康熙帝不謀而合。因此，施琅對開海通洋嚴加限制管理的主張深得康熙帝贊同。

「康熙二十三年，準福建、廣東載五百石以下之船出海貿易，地方官登記人數，船頭烙號，給發印票，汛口驗票放行。……邇時海禁初開，尚未定商、漁之例也。[17]」此後，制定了「商、漁之例」，對出海商船、漁船的桅數、樑頭寬度及其舵水人數都有詳細具體的規定：「康熙四十二年，商賈船許用雙桅，其樑頭不得過一丈八尺，舵水人等不得過二十八名；其一丈六七尺樑頭者，不得過二十四名；一丈四五尺樑頭者，不得過十六名；一丈二三尺梁頭者，不得過十四名。出洋漁船，止許單桅，樑頭不得過一丈，舵水人等不得過二十名，並攬載客貨。小船均於未造船時，具呈該州縣，取供嚴查。確係殷實良民親身出洋船戶，取具澳甲、里族各長並鄰右當堂畫押保結，然後準其成造。造完，該州縣親驗，烙號刊名，仍將船甲字型大小、名姓，於船大小桅及船房大書深刻，並將船戶年貌、姓名，籍貫及作何生業，開填照內，然後給照，以備汛口查驗。其有樑頭過限，並多帶人數、詭名頂替、汛口文武官員盤查不實，商船降三級調用，漁船、小船降二級調用。[18]」據《戶部則例》、《兵部則例》，「沿海等省商、漁船，取具澳甲、族、鄰保結，成造日由官驗烙、書篷、給照。十船編為一甲，取具各船互結。商船於照內註明船主兼舵人年貌、籍貫，出洋時汛口驗照放行。漁船將甲字型大小於大小桅篷及船旁大書深刻，照內止填船主年貌、姓名、籍貫，其舵水名數由汛口官隨時查註放行。[19]」康熙四十六年，「準閩省漁船與商船一體往來」，「桅之雙、單並從其便」，限制略有放寬，「欲出海洋者，將十船編為一甲，取其連環保結。一船有犯，餘船盡坐。……嗣後造船，責成船主取澳甲、

---

[16] 中國第一歷史檔案館整理，《康熙起居註》第二冊，中華書局 1984 年版，該日條下。
[17] [清]道光《廈門誌》卷五，〈船政略〉。
[18] [清]道光《廈門誌》卷五，〈船政略〉。
[19] [清]道光《廈門誌》卷五，〈船政略〉。

戶族、里長、鄰右保結。倘有作奸事發，與船主同罪。[20]」仍然屬行保結制度。前引康熙二十四年四月二十二日，九卿、詹事、科道等會復施琅題請定船隻數目及防察漁舟則例，「不準行」。施琅〈海疆底定疏〉「議定上大洋船隻數」的建議雖未見採納，但施琅對出海商、漁船隻嚴加監督管理的主張得到了不折不扣的貫徹實施。

　　開放與閉關相對而言，世上沒有絕對的開放。開放與管理相輔相成，開海通洋必須相應加以適當的管理。前述康熙二十三年六月初五日奏準設專官徵收海洋貿易稅，於是有江浙閩粵海關的設立。「閩南瀕海諸郡，田多斥鹵，地瘠民貧，不敷所食，故將軍施琅有開洋之請。[21]」明成弘之後，漳州海澄月港崛起，取代泉州港國際貿易中心港的地位，作為其外港的廈門日顯其重要性。「中左所，一名廈門，南路參戎防汛處。從前賈舶盤驗於此，驗畢，移駐曾家澳，候風開駕。[22]」萬曆年間，「泉人以兵餉匱乏，泉觀察議分漳販西洋，泉販東洋……欲於中左所設官抽餉。」但漳州府郡守以泉漳分販東西兩洋，「從此私販之徒，緣為奸利，不漳不泉，東影西射，公然四出，不可究詰者，又什百於昔日」，「奏記力言其不可」，「於是漳、泉分販議罷不行」[23]。鄭成功以金、廈兩島為抗清基地，為籌集軍餉，分設海陸兩路五商十行。仁、義、禮、智、信「五常商行」設於廈門及附近諸港澳，集各地外貿貨物轉販海外各地；金、木、水、火、土「五行商行」分設京都、蘇、杭、津、魯等地，採購各地土產貨物以供「五常商行」貿易海外。經鄭氏多年經營，遂使「廈門為諸洋利藪」[24]。禁海令取消後，清廷曾有意把閩海大關設在海澄，但因清鄭戰爭使海澄遭受重創，恢復不易，終於改置廈門[25]。其實，戰爭對廈門的破壞並不亞於海澄。「鷺島赤地者十六年，《鷺江誌》載，『嘉禾斷人種』即此時也。」但鄭氏「鳩集人民，再修城垣，設立街市貿易之肆，撫流離而安稼穡，不數年間，居民叢雜，煙火萬家，大

[20] [清]道光《廈門誌》卷五，〈船政略〉。

[21] [清]道光《廈門誌》卷八，〈番市略〉。

[22] [明]張燮，《東西洋考》卷九，〈舟師考〉。

[23] [明]張燮，《東西洋考》卷七，〈餉稅考〉。

[24] [清]夏琳，《閩海紀要》卷三。

[25] 參見何齡修主編，《中國通史》第七冊，人民出版社1995年版，頁488。

有日新月盛之勢」。[26]至康熙十四年,「島上人煙輻輳如前」[27]。廈門得以迅速恢復,並非出於偶然,而有其必然的緣故。「海澄港口,舊名月港。……此間水淺,商人發舶,必用數小舟曳之,舶乃得行。計一潮至圭嶼。」又「半潮至中左所」。[28]廈門原隸屬於泉州府同安縣,「於金門為犄角」,為泉郡門戶;地處九龍江出海口,「於漳郡為咽喉」。[29]廈門所謂「不漳不泉」,實即亦漳亦泉。廈門島四面環海,港闊水深,不淤少霧,無論是地理位置,或是港口條件,都比泉州港和海澄月港優越得多。廈門遂以其得天獨厚的港口優勢脫穎而出。「康熙二十二年,臺灣平,施琅以為請。工部侍郎金世鑒奏請照山東等處之例,準福建海上貿易、捕魚,設海關於廈門。[30]」道光《廈門誌》引乾隆《泉州府誌》,「廈門海關始於康熙二十二年,臺灣既入版圖,靖海侯施琅請設海關,二十三年設立。[31]」英國東印度公司檔案亦載,1684 年 12 月 19 日(康熙二十三年十一月十四日),英船「快樂號」(Delight)離開廈門後,「廈門就設置了海關」[32]。廈門海關設於康熙二十三年,其緣起是康熙二十二年施琅統一臺灣,而且直接是因施琅之請而設的。

鄭氏時期,廈門由軍港發展為兼具軍港和商港性質的港口城市。而施琅請設海關,則使廈門從走私港轉變為合法的國際貿易中心港。這是繼鄭氏多年經營之後,廈門城市發展史上的又一重要階段。廈門海關的設立,是廈門對外貿易發達的標誌,反過來又促進了廈門對外貿易的進一步繁榮興旺。「自通洋弛禁,夷夏梯航,雲屯霧集」,「服賈者以販海為利藪,視汪洋巨浸如衽席,北至寧波、上海、天津、錦州;南至粵東;對渡臺灣,一歲往來數次;外至呂宋、蘇祿、實力、噶喇巴,冬去夏回,一年一次」[33]。「廈門為通臺販洋、南北貿易商船正口」[34],「通販南洋

---

[26] 陳秉璋,《廈門述略》,廈門倍文印書館 1924 年版。

[27] [清]夏琳,《閩海紀要》卷三。

[28] [明]張燮,《東西洋考》卷九,〈舟師考〉。

[29] [清]道光《廈門誌》盧序。

[30] [清]道光《廈門誌》卷七,〈關賦略〉。

[31] [清]道光《廈門誌》卷七,〈關賦略〉。

[32] [美]馬士,《東印度公司對華貿易編年史》,中山大學出版社 1991 年中譯本,第一、二卷,頁 57。

[33] [清]道光《廈門誌》卷十五,〈風俗記〉。

要區」[35]。因此,「通省關稅,又以廈口為最」,「閩海關錢糧,廈口居其過半」[36]。作為福建水師提督,施琅設署建節於廈門,親自坐鎮閩海軍事、外貿重鎮廈門,「平日派員與廈防同知稽查海口商漁各船出入及私渡奸民」[37],成為閩省海關不可或缺的重要保障。雍正帝曾申命疆臣,「詰戒禁暴,夷船越境,懾以兵威,稅物走私,嚴於緝捕。權務邊防,固相資為用矣。[38]」水師配合、協助海關查緝的制度也為粵海關所承續,「廣東營汛之設,固非專為權務,而海口及夷商往來之路,向建炮臺,又稽查番舶,必資水師之力,故關政轄於督臣,而水師亦歸其節制,實有相須為用之勢也。[39]」施琅「統制沿海地區及各島平定後開始恢復的對外貿易」[40]。康熙四十一年八月,英船「凱特琳號」(Catherine)抵廈,被稱為廣州公行制先驅的皇商田官(Chanqua)將廈門商人結為團體,從中選出八至十人,「商人們經提督和海關監督認可後」,獨攬廈門進出口貿易。此時距施琅辭世不過六年,商人經營進出口貿易須經提督和海關監督認可的制度當源於施琅在世時。施琅及其下屬官員還頻繁地派遣自己的船隻通販日本,直接從事對外貿易[41]。通過設立海關,施琅在清初開海通洋過程中較好地處理了開放與管理的關係,為鞏固東南海防和恢復發展沿海地區經濟作出了不可磨滅的貢獻。

---

[34] [清]道光《廈門誌》卷四,〈防海略〉。

[35] [清]道光《廈門誌》卷八,〈番市略〉。

[36] [清]道光《廈門誌》卷七,〈關賦略〉。

[37] [清]道光《廈門誌》卷四,〈防海略〉。

[38] [清]梁廷枏,《粵海關誌》卷二十,〈兵衛〉。

[39] [清]梁廷枏,《粵海關誌》凡例。

[40] [美]A. W. 恒慕義,《清代名人傳略》上冊,青海人民出版社1990年版,頁404。

[41] [日]《華夷變態》上冊,頁489、698。

再論施琅與清初開放海禁

　　清初統一臺灣，除了軍事上、政治上的統一，也有一個臺灣與祖國大陸經濟統一的過程。對施琅在軍事上、政治上統一臺灣的豐功偉績，學術界已經給予充分的肯定，看法比較一致。但在施琅促進臺灣統一之後與祖國大陸的聯繫，以及恢復發展東南沿海包括臺灣的經濟方面，則頗有微詞。這關係到對施琅的評價問題，因此，有必要略作論述，以正視聽，還歷史本來面目。

　　對施琅的批評概括有二：一曰限制出海貿易，二曰限制人民渡臺。茲就施琅對開放海禁的態度申論之。

一

　　論者多詬施琅嚴格限制出海貿易、禁止內地人民攜眷渡臺及「嚴禁粵中惠潮之民不許渡臺」。「隨著臺灣的安定，祖國的統一，清政府解除遷界，取消海禁，帶來海外貿易的迅速恢復與發展。這是施琅又一功績。但他在〈海疆底定疏〉中提出嚴格控制海外貿易、限制中小商人出洋等建議，則是不利海外貿易的發展的。」「嚴禁渡臺者攜帶家眷，不許惠州、潮州之人入臺等，則是消極的，實踐也證明是錯誤的」[1]。

　　筆者曾經撰文認為，由於清初實行禁海遷界是針對明鄭反清勢力而採取的非常措施，與清鄭之間軍事局勢的發展變化密切相關。復界開海深受清鄭間軍事局勢發展變化的影響，只要鄭氏政權繼續存在，作為清鄭對峙前線的江浙閩粵尤其是福建，即無實現復界開海之日。康熙帝也深知禁海遷界使「濱海居民，海鹽、蠶織、耕獲之利，咸失其業」的危害，以及復界開海貿易「於閩粵邊海民生有益。若此二省民用充阜，財貨流通，各省俱有裨益」，「出海貿易……薄徵其稅，不致累民，可充閩粵兵餉，以免腹裡省份轉輸協濟之勞」的好處。但康熙帝從清鄭軍事鬥

---

[1] 陳自強，〈評施琅統臺之功績與治臺之得失〉，紀念施琅逝世 300 週年研討會論文，1996 年 10 月。

爭的大局出發，始終下不了復界開海的決心，仍堅持「雖然如此，海禁亦未便遽開。」對復界開海互市貿易之請，不是斥之地方官員「各圖自利」、「此皆汛地武弁及地方官圖利之意耳。著不準行。」就是說，「海寇未靖，舡隻不宜出洋。」「海寇未經剿除，荷蘭國不時互市，實有未便。」一直遷延不決。而臺灣甫平，康熙帝即諭令，「今臺灣降附，海賊蕩平，該省近海地方應行事件自當酌量陸續施行。」「前因海寇未靖，故令遷界，今若展界……爾衙門所貯本章關係海島事宜者甚多，此等事不可稽遲。……著詳閱確議，勿誤來春耕種之期。……速行酌議來奏。」促使康熙帝對開放海禁態度發生這一根本轉變的決定性因素，顯然是臺灣的平定。而正是施琅力排眾議，堅決主張進擊澎臺，並勝利進軍臺灣，鄭氏納土歸附，為復界開海創造了必不可少的先決前提條件。因此，施琅是清初開放海禁的第一功臣[2]。

　　施琅平臺後，清廷隨即取消海禁。康熙二十三年十月二十五日，九卿、詹事、科道遵旨會議：「今海外平定，臺灣、澎湖設立官兵駐紮，直隸、山東、江南、浙江、福建、廣東各省先定海禁處分之例，應盡行停止。[3]」彭雲鶴先生認為這是施琅「懇請朝廷開禁、復界」，朝廷「納施琅議」的結果[4]。「但開禁一事，當時阻力不小。[5]」如陳希育就認為，施琅是不贊同開放海禁的。根據是，康熙二十三年七月十一日康熙帝與前往閩粵勘界覆命的石柱之間的一段對話[6]：

> 上問學士石柱曰：「……百姓樂於沿海居住者，原因可以海上貿易捕魚之故。爾等明知其故，海上貿易何以不議準行？」石柱奏曰：「海上貿易自明季以來，原未曾開，故議不準行。」上曰：「先因海寇，故海禁未開為是。今海寇既已投誠，更何所待！」石柱奏曰：「據彼處總督、巡撫、提督云，臺灣、金門、廈門等處雖

2　參見拙作〈施琅與清初開海設關通洋〉，《中國社會經濟史研究》2000 年第 1 期。

3　中國第一歷史檔案館整理，《康熙起居註》第二冊，中華書局 1984 年版，各該日條下。

4　彭雲鶴，〈施琅對統一臺灣及東南沿海經濟發展的貢獻〉，《北京師院學報》1983 年第 4 期。

5　陳在正，〈論康熙統一臺灣〉，見陳在正、孔立、鄧孔昭，《清代臺灣史研究》，廈門大學出版社 1986 年版。

6　中國第一歷史檔案館整理，《康熙起居註》第二冊，中華書局 1984 年版，各該日條下。

設官兵防守，但係新得之地，應俟一二年後，相其機宜，然後再開。」上曰：「邊疆大臣當以國計民生為念，今雖禁海，其私自貿易者何嘗斷絕？今議海上貿易不行者，皆由總督、巡撫自圖便利故也。」

　　陳希育「根據」以上史料武斷地得出結論：「福建官員以臺灣、金門、廈門係新得之地為理由，準備過一、二年後才開禁」，「關於廈門不宜早開，施琅也『屢以為言』。……他一面主張暫時不準商人從廈門出洋貿易，另一方面，他和下屬的官員卻頻繁派遣自己的船隻通販日本。福建地方官的言行，應該是廈門遲遲不能設立海關的主要原因。[7]」其實不然，所謂「施琅也『屢以為言』」，該引文出自王之春《國朝柔遠記》卷二，「康熙二十二年開海禁」條下：「時沿海居民雖復業，尚禁商舶出洋互市，施琅等屢以為言。」以施琅為代表的閩粵地方官員對東南沿海展界復業後尚禁商舶出洋互市「屢以為言」，即一再對此表示不滿、不贊同，並請開海禁。魏源《聖武記》也有類似的記載：「臺灣已服，尚禁商舶出洋互市，則施琅、藍鼎元等屢議而開之。」引者斷章取義，曲解了引文的原意，強加給施琅一條莫須有的罪名。

　　高崇明則說，施琅在〈海疆底定疏〉中建議康熙帝「重申海禁」[8]。吳幼雄先生進一步認為，施琅在〈論開海禁疏〉中提出必須「畫定互察良規，以杜泛逸海外」，否則，「禍患無日」，在清初開放海禁問題上「犯有嚴重失誤」，「施琅這些反對開海禁之主張，則是違背當時歷史潮流，壓制海上貿易的發展，壓制了商品經濟的發展，在不同的歷史條件下，不自覺地重蹈清初的海禁之失誤」[9]。《聖武記》為後世之作，《國朝柔遠記》成書年代更晚。本來二者都不是當代的原始證據，充其量只能算是旁證史料。

　　前引《康熙起居註》史料，康熙帝是申斥石柱，而非針對施琅。恰恰相反，施琅是主張開放海禁的。施琅在康熙二十三年九月二十九

7　陳希育，《中國帆船與海外貿易》，廈門大學出版社 1991 年版，頁 338、344。
8　高崇明，〈清代前期天地會在東南亞的傳播〉，《廈門大學學報》1989 年研究生專刊。
9　吳幼雄，〈施琅的業績〉，泉州施琅研究會編，《施琅》，1996 年印行。

日的奏疏中議復臺灣應徵錢糧數目及白糖、鹿皮可否興販事，力主蠲減臺灣應徵錢糧數目。當時，戶部侍郎蘇拜等慮臺灣錢糧不敷，浮定臺灣每年興販東洋白糖二萬石，不足之數，聽其在福建採買湊足。施琅以「在臺灣可以興販東洋，何本省而不可興販，必藉臺灣之名買白糖赴彼興販？[10]」證明蘇拜等人所定臺灣應徵賦稅額太高。不正表明施琅確是主張閩臺一致，開海通洋的。

究竟施琅是主張還是反對開放海禁？最能說明施琅對開放海禁態度問題的，其實莫過於施琅的言行。最直接而重要的史料，莫如施琅的〈海疆底定疏〉。

施琅於康熙二十四年三月十三日「為海疆底定，更宜加慎，以垂永安事」而密題的奏本，各種版本的《靖海紀》、《靖海紀事》均作〈海疆底定疏〉。筆者孤陋寡聞，按古文通常採用開篇首句或若干字作為篇名的慣例，該疏應名〈海疆底定疏〉為是。但從具體內容看來，該疏集中地反映了施琅對開放海禁、出海興販貿易的觀點態度，因此稱之為〈論開海禁疏〉也不無道理。

李金明先生在討論「康熙開禁之目的」時認為，「康熙皇帝之所以能如此及時地改變政策，從屬行海禁到開海貿易，其目的之一是穩定民心，美化自己，為遷海開脫罪責。」「康熙在這裡巧妙地將海禁的罪責開脫了，把矛盾轉移到總督和巡撫身上。」[11]對平臺前後主張和反對開放海禁，康熙帝均斥之為地方官員「各圖自利」、「自圖便利」，前後態度截然相反。關鍵在於「先因海寇，故海禁未開為是。今海寇既已投誠，更何所待！」此一時也，彼一時也。竊以為當時反對開禁的阻力不在地方督撫，而在清廷中央。其實是石柱之輩因循守舊官僚未能領會臺灣統一的形勢已使康熙帝改變了初衷，石柱為了搪塞康熙帝，把反對開海的責任推卸到「彼處總督、巡撫、提督」頭上。石柱不但矇騙了康熙帝，也誤導了諸多論者。福建總督范承謨、姚啟聖、福建巡撫李率泰、吳興祚、廣東巡撫李士禎等都曾一再上疏，力請廢除海禁，開海貿易，尤以

---

[10] [清]施琅，《靖海紀事》，〈壤地初闢疏〉。

[11] 李金明等著，《中國古代海外貿易史》，廣西人民出版社 1995 年版，頁 394-397。

閩省官憲最為堅決。如姚啟聖早在康熙二十二年八月十七日就為請開六
省海禁題本。「海禁的開放與否，與總督、巡撫等官員的奏請關係不大，
主要是取決於康熙本人。[12]」

> 康熙二十四年四月十九日，禮部復準福建總督王國安題外國進
> 貢船隻應行抽稅，令其貿易。……上曰：「此事俟九卿將施琅等
> 所題之事會議啟奏後，再行請旨。」
> 康熙二十四年四月二十二日，九卿、詹事、科道會復提督施琅
> 題請定船隻數目及防察漁舟則例，不準行。其抽稅郎中吳什巴
> 請於臺灣、廈門建立衙門抽稅等因，仍準行。上曰：「這疏內事
> 情關係緊要，著遣部院堂上官一員前去，與施琅會同詳議具
> 題。……」[13]

看來施琅在清初開放海禁決策上具有很大的發言權，甚至是決定性
的作用。

二

至於施琅對開放海禁態度的評價，筆者認為，應當從當時的歷史條
件出發，充分考慮到清初統一臺灣之後政局尚未完全穩定的具體情況。
施琅奏稱：「臣聞慮事必計其久遠，防患在圖於未然。我皇上深念
海宇既靖，生靈塗炭多年，故大開四省海禁，特設官差定稅，聽商民貿
捕。群生感霈澤之均沾，國家獲泉流之至計。……而四省開海，船隻出
入無禁。思患預防，不可一日廢弛。」他認為，「茲海禁既展，沿海內
外多造船隻，飄洋貿易捕採，紛紛往來，難以計算。水師汛防，無從稽
察。」強調必須吸取明末以來「濱海奸徒出沒，糾眾肆害」的歷史教訓，
指出「南之柬埔寨尚有偽鎮楊彥迪下餘孽黃進聚艘百餘號，北之浙江烏
洋尚有房錫鵬殘黨，及撫而復叛之劉會，集艘數十隻遊移海洋。邇來貿
易船隻，給有關臣照票；而往採捕船隻，給有道府縣由單而出，叢雜無

---

[12] 李金明等，《中國古代海外貿易史》，廣西人民出版社 1995 年版，頁 394-397。
[13] [清]施琅，《靖海紀事》，〈論開海禁疏〉。

統。」內地積年貧窮遊手奸宄罔作者「乘此開海，公行出入汛口。……恐至海外誘結黨類，蓄毒釀禍」，水師船隻朽壞，不堪使用，「而沿海新造貿捕之船，皆輕快牢固，炮械全備，倍於水師戰艦。倘或奸徒竊發，借其舟楫，攘其資本，恐至蔓延。蓋天下東南之形勢，在海而不在陸，陸地之為患也有形，易於消弭；海外之藏奸也莫測，當思杜漸。更以臺灣、澎湖新闢，遠隔重洋，設有藏機叵測，生心突犯，雖有鎮營官兵汛守，間或阻截往來，聲息難通，為患抑又不可言矣！至時必有以禁止貿捕之議復行。」因此建議，對出海貿捕相應進行必要的管理與限制[14]：

> 臣以為展禁開海，固以恤民裕課，尤需審弊立規，以垂永久，如今販洋貿易船隻，無分大小，絡繹而發，隻數繁多，資本有限，餉稅無幾，不惟取厭外域，輕漫我非大國之風，且借公行私，多載人民，深有可慮。……此時內地人民，奸徒貧乏不少，弗為設法立規，節次搭載而往，恐內地漸見日稀。……更考歷代以來備防外國，甚為嚴密，今雖與其貿易，亦須有制，不可過縱。以臣愚見，此飄洋貿易一項，當行之督、撫、提，各將通省之內，凡可興販外國各港門，議定上大洋船隻數，聽官民之有根腳身家、不至生奸者，或一人自造一船，或數人合造一船，聽四方客商貨物附搭，庶人數少而資本多，餉稅有徵，稽查尤易。……其欲赴南北各省貿易並採捕漁船，亦行督、撫、提，作何設法，畫定互察牽制良規，以杜泛逸海外滋奸。則民可以遂其生，國可以佐其用，禍患無自而萌，疆圉永以寧謐，誠為圖治長久之至計。

施琅從鞏固清朝統治的根本出發，「鰓鰓上陳」，一再提醒康熙帝，「安不忘危，利當思害，苟視為已安已治，無事防範，竊恐前此海疆之患，復見不遠。」康熙二十三年五月十八日，康熙帝面諭即將上任的臺灣總兵官楊文魁，「……海洋為叢利之藪，海舶商販必多，爾須嚴輯，不得因以為利，致生事端，有負委託。」可見鄭氏歸附、臺灣平定後，康熙帝仍惟恐開放海禁、出海興販貿易而滋生事端，危及清廷統治的大局。施琅居安思危、防範未然，以確保閩臺海疆寧謐的思想正與康熙帝

---

[14] [清]施琅，《靖海紀事》，〈論開海禁疏〉。

不謀而合。因此，施琅對開海通洋嚴加限制管理的主張深得康熙帝贊同。

「康熙二十三年，準福建、廣東載五百石以下之船出海貿易，地方官登記人數，船頭烙號，給發印票，汛口驗票放行。……爾時海禁初開，尚未定商、漁之例也。」此後，制定了「商、漁之例」，對出海商船、漁船的桅數、樑頭寬度及其舵水人數都有詳細具體的規定：「康熙四十二年，商賈船許用雙桅，其樑頭不得過一丈八尺，舵水人等不得過二十八名；其一丈六七尺樑頭者，不得過二十四名；一丈四五尺樑頭者，不得過十六名；一丈二三尺樑頭者，不得過十四名。出洋漁船，止許單桅，樑頭不得過一丈，舵水人等不得過二十名，並攬載客貨。小船均於未造船時，具呈該州縣，取供嚴查。確係殷實良民親身出洋船戶，取具澳甲、里族各長並鄰右當堂畫押保結，然後準其成造。造完，該州縣親驗，烙號刊名，仍將船甲字型大小、名姓，於船大小桅及船房大書深刻，並將船戶年貌、姓名、籍貫及作何生業，開填照內，然後給照，以備汛口查驗。其有樑頭過限，並多帶人數、詭名頂替、汛口文武官員盤查不實，商船降三級調用，漁船、小船降二級調用。」據《戶部則例》、《兵部則例》，「沿海等省商、魚船，取具澳甲、族、鄰保結，成造日由官驗烙、書蓬、給照。十船編為一甲，取具各船互結。商船於照內註明船主兼舵人年貌、籍貫，出洋時汛口驗照放行。漁船將甲字型大小於大小桅蓬及船旁大書深刻，照內止填船主年貌、姓名、籍貫，其舵水名數由汛口官隨時查註放行。」康熙四十六年，「準閩省漁船與商船一體往來」，「桅之雙、單並從其便」，限制略有放寬，「欲出海洋者，將十船編為一甲，取其連環保結。一船有犯，餘船盡坐。……嗣後造船，責成船主取澳甲、戶族、里長、鄰右保結。倘有作奸事發，與船主同罪。」[15]仍然屬行保結制度。康熙二十四年四月二十二日，九卿、詹事、科道等會復施琅題請定船隻數目及防察漁舟則例，「不準行」。施琅《海疆底定疏》「議定上大洋船隻數」的建議雖未見採納，但施琅對出海商、漁船只嚴加監督管理的主張得到了不折不扣的貫徹實施。

---

15 [清]道光《廈門誌》卷五，〈船政略〉。

　　討論施琅對開放海禁態度的評價，還必須與施琅的出身閱歷及其留臺、鞏固東南海防的一貫言行聯繫起來，進行綜合考察。施琅從小生長在夙有海外貿易傳統、海上私商出沒的泉州晉江沿海，早年曾追隨鄭芝龍、鄭成功父子，活動於閩南沿海地區與臺灣海峽一帶，對明末以來沿海私商的走私販私活動與海盜商人的騷擾寇亂，自然有著豐富的親身經歷和深刻的切身體會。施琅因「平靖海氛，勞績茂著」[16]，加授靖海將軍，封靖海侯，深受康熙帝信任，對閩臺乃至東南海防直接負責。正如康熙帝所謂：「上將權隆，控大洋而膺節鉞；南邦寄重，開炎徼以作屏坦。[17]」康熙帝在東南沿海復界開禁、出海興販貿易方面特別倚重施琅，諭令「一切事宜可與將軍施琅會商」，「施琅於沿海島嶼情形無不悉知，今在臺灣，可移文會商。」重要事務均須事先徵詢施琅的意見，幾乎到了言聽計從的地步。施琅的出身、閱歷，使他能夠充分認識開海通洋可以「恤民裕課」，有利國計民生；施琅的地位、職責，又使他以維護閩臺海疆寧謐、鞏固東南海防的戰略眼光來對待開海通洋問題。

　　關於「嚴禁粵中惠潮之民不許渡臺」這條無頭公案的始作俑者，當屬莊金德刊於《臺灣文獻》第 15 卷第 3 期之〈清初嚴禁沿海人民偷渡來臺始末〉一文。即使有之，也是從穩定臺灣局勢的大前提出發的，也是事在合理、情有可原的。李祖基認為，禁止攜眷渡臺政策的目的不是專門針對臺灣移民的，本意在於防止人口流向外國。他對施琅〈海疆底定疏〉中，聽任內地人民「相引而之外國，殊非善固邦本之法」的分析不無在理。在康熙末年攤丁入地等賦稅制度實現改革以前，丁銀是最主要的賦稅稅種之一，人口的流失自然就意味著國家財政收入的減少，所以施琅的這種擔心是可以理解的。這也正是歷代封建政府反對並禁止人民移居外國的主要原因。臺灣孤懸海外，船隻一旦放洋，移民究竟是前往臺灣還是去了外國，政府無法監控[18]。

　　　　竊惟海賊竊踞臺灣……萬不得已廷議遷海……豈忍將六省漁鹽洋

[16] 《清聖祖實錄》卷一一二。

[17] [清]施琅，《靖海紀事》，〈諭祭第三次文〉。

[18] 參見李祖基，〈論清代移民臺灣之政策〉，《歷史研究》2001 年第 3 期。

販之重利，久棄置於不問乎？今荷皇上洪福天齊，澎湖攻克，臺灣內附，根株淨盡，山海廓清。……所有福建、廣東、浙江、江南、山東、北直六省海禁，億萬生靈咸仰沾濡，伏祈皇上敕議，大沛恩綸，沿海六省聽民採捕，以資生計，洋販船隻照例通行，稅宜從重，禁宜從寬。使六省沿海數百萬生靈均沾再造，而外國各島之貨殖金帛入資富強，庶幾國用充足，民樂豐饒，將再見也。[19]

　　姚啟聖主要是從經濟的角度，即從百姓生計和國家財政賦稅的角度出發。施琅則是從「海疆底定」的根本著眼，百姓生計和關稅、丁賦等國計固然重要，相比之下，國家政局的穩定才是清初開放海禁決策時壓倒一切、必須首先考慮的。

　　開放與閉關相對而言，世上沒有絕對的開放；開放與管理相輔相成，開海通洋必須相應加以適當的管理。前述康熙二十三年六月初五日奏準設專官徵收海洋貿易稅，於是有閩粵江浙海關的設立。「閩南瀕海諸郡，田多斥鹵，地瘠民貧，不敷所食，故將軍施琅有開海之請。[20]」廈門以其得天獨厚的港口優勢脫穎而出。「康熙二十二年，臺灣平，施琅以為請。工部侍郎金世鑒奏請照山東等處之例，準福建海上貿易、捕魚，設海關於廈門。[21]」道光《廈門誌》引乾隆《泉州府誌》，「廈門海關始於康熙二十二年，臺灣既入版圖，靖海侯施琅請設海關，二十三年設立。」英國東印度公司檔案亦載，1684 年 12 月 19 日（康熙二十三年十一月十四日），英船「快樂號」（Delight）離開廈門後，「廈門就設置了海關」[22]。廈門海關設於康熙二十三年，其緣起是康熙二十二年施琅統一臺灣，而且直接是因施琅之請而設的。廈門海關的設立，是廈門對外貿易發達的標誌，反過來又促進了廈門對外貿易的進一步繁榮興旺。「自通洋弛禁，夷夏梯航，雲屯霧集」，「服賈者以販海為利藪，視汪洋巨浸

[19] [清]姚啟聖，《憂畏軒奏疏》卷六，〈請開六省海禁〉。
[20] [清]道光《廈門誌》卷八，〈番市略〉。
[21] [清]道光《廈門誌》卷七，〈關賦略〉。
[22] [美]馬士，《東印度公司對華貿易編年史》，中山大學出版社 1991 年中譯本，第一、二卷，頁 57。

如衽席，北至寧波、上海、天津、錦州；南至粵東；對渡臺灣，一歲往來數次；外至呂宋、蘇祿、實力、噶喇巴，冬去夏回，一年一次」[23]。「廈門為通臺販洋、南北貿易商船正口[24]」、「通販南洋要區[25]」，因此，「通省關稅，又以廈口為最」，「閩海關錢糧，廈口居其過半」[26]。作為福建水師提督，施琅設署建節於廈門，親自坐鎮閩海軍事、外貿重鎮廈門，「平日派員與廈防同知稽查海口商漁各船出入及私渡奸民[27]」，成為閩省海關不可或缺的重要保障。雍正帝曾申命疆臣，「詰戎禁暴，夷船越境，懾以兵威，稅物走私，嚴於緝捕。権務邊防，固相資為用矣。[28]」水師配合、協助海關查緝走私的制度也為粵海關所承續，「廣東營汛之設，固非專為権務，而海口及夷商往來之路，向建炮臺，又稽查番舶，必資水師之力，故關政轄於督臣，而水師亦歸其節制，實有相須為用之勢也。[29]」施琅「統制沿海地區及各島平定後開始恢復的對外貿易[30]」。康熙四十一年八月，英船「凱特琳號」（Catherine）抵廈，被稱為廣州公行制先驅的皇商田官（Chanqua）將廈門商人結為團體，從中選出八至十人，「商人們經提督和海關監督認可後」，獨攬廈門進出口貿易。此時距施琅辭世不過六年，商人經營進出口貿易須經提督和海關監督認可的制度當源於施琅在世時。通過設立海關，施琅在清初開海通洋過程中較好地處理了開放與管理的關係，為鞏固東南海防和恢復發展沿海地區經濟作出了不可磨滅的貢獻。

「清政府限制出海的規定，主要是用來加強對臺灣的控制的。」不但針對鄭氏殘餘勢力，還具有防範西方殖民侵略覬覦的積極意義。主觀上，「施琅的意見主要是在阻止大陸人口遷徙海外國家方面起作用」，但

[23] [清]道光《廈門誌》卷十五，〈風俗記〉。

[24] [清]道光《廈門誌》卷四，〈防海略〉。

[25] [清]道光《廈門誌》卷八，〈番市略〉。

[26] [清]道光《廈門誌》卷七，〈關賦略〉。

[27] [清]道光《廈門誌》卷四，〈防海略〉。

[28] [清]梁廷枏，《粵海關誌》卷二十，〈禁令四〉。

[29] [清]梁廷枏，《粵海關誌‧凡例》。

[30] [美]A. W. 恒慕義，《清代名人傳略》，青海人民出版社 1990 年版，上冊，頁404。

「從客觀效果來看，清政府限制渡臺的政策所起的消極作用並不大，所以我們既要看到它存在著一些負面效應，但又不宜把之誇大。[31]」誠如施偉青先生指出的，「施琅主張限制出海的意見由於符合清政府鞏固政權的需要，因而，受到康熙帝的重視，很快就被採納。[32]」孔立先生也指出，康熙年間統一臺灣，「清朝當局所關心的是『海疆平定』」；「康熙之所以在臺灣棄留問題上發生猶豫，主要是考慮到得失的問題，他完全是從清朝的利益出發的。」[33]筆者以為，孔立先生此處所說康熙帝考慮的根本得失問題和根本利益所在，首要的就是臺灣、東南沿海乃至於全國的政局穩定。到康熙末年，康熙帝還認為，「商船寧可稀少，船少於貿易更為有利。[34]」數十年後，乾隆帝也說，「國家設立権關，原以稽查奸宄，巡緝地方，即定額抽徵，亦恐逐末過多，藉以遏禁限制。」[35]有論者以為，康熙五十六年頒佈南洋禁航令的主要原因，「是對付南洋日益活躍的天地會的，就象清初的海禁主要針對鄭氏政權一樣。[36]」如此看來，施琅確有先見之明，《海疆底定疏》中「至時必有以禁止貿捕之議復行」的預言果然不幸而言中。

施琅「為寧疆靖海而奏請限制出海，儘管這種主張在當時歷史條件下有一定的合理性」，存在著一些不可取之處[37]。秦統一中國以來，就建立了嚴密的戶籍人口管理制度。在夙有重農抑商傳統的中國，雖然海洋經濟和對外貿易有了較大的發展，但至清初仍是一個以小農經濟為主的社會。國家的統一，政權的穩定，除了國土，對人民的控制就是至關重要的。古今中外概莫能外，對外貿易及人民出入國境都不是毫無限制的，即使在現代國際社會也是如此。施琅確實是主張開放海禁的，但是

---

[31] 施偉青，《施琅年譜考略》，嶽麓書社 1998 年版，頁 699-703。

[32] 施偉青，《施琅評傳》，廈門大學出版社 1987 年版，頁 259。

[33] 孔立，〈康熙二十二年：臺灣的歷史地位〉，見陳在正、孔立、鄧孔昭，《清代臺灣史研究》，廈門大學出版社 1986 年版。

[34] 《明清史料》丁編，第八冊，頁 774。

[35] [清]梁廷枏，《粵海關誌》卷一，〈訓典〉。

[36] 高崇明，〈清代前期天地會在東南亞的傳播〉，《廈門大學學報》1989 年研究生專刊。

[37] 陳桂炳，〈施琅海防思想芻議〉，紀念施琅逝世 300 週年研討會論文，1996 年 10 月。

態度十分謹慎，他對商舶出洋互市採取了比較嚴厲的管制措施。這些措施雖然一時有礙於臺灣及東南沿海經濟的對外交流與發展，但從長遠的角度看，卻有利於臺灣與東南沿海局勢的長期穩定和開放。施琅為維護臺灣統一後的東南「海疆底定」而嚴格限制出海貿易，實屬形勢使然，對當今嚴厲打擊走私、偷渡尚有一定的借鑒意義，基本上應予肯定。

吳英將軍史蹟二則

　　學界對吳英的研究，多著眼於吳英輔佐施琅將軍統一臺灣及其後治理東南海疆等軍事方面，筆者試圖就吳英旅宦四川及其有關經濟方面的業績闡微述略。

一、吳英將軍在四川

　　清康熙二十四年（1685）九月乙酉，「以吳英為四川提督」。至康熙三十五年（1696）七月戊辰，「改吳英福建陸路提督」。[1]

　　在成都武侯祠二門上方懸掛著一方藍底金字的「眀良千古」匾額，上款為「康熙丙子孟冬中浣之吉」，下款為「提督四川等處地方軍務、節制全省鎮將、提調漢土官兵、左都督、世襲阿達哈番、加五級□吳英立」。「眀」為「明」的異體字。「阿達哈番」是滿語輕車都尉的漢譯。康熙丙子為康熙三十五年。「眀良千古」匾應是吳英離任四川提督的清康熙三十五年時題贈。

　　「眀良千古」意即明相良臣，千古垂範。武將吳英題書此匾寓意深長，既有歌頌諸葛亮為明相良臣，亦將諸葛亮為榜樣以自勉。吳英作為四川一省最高軍政長官，鎮守蜀地十一年，恩威並施，「破吳三桂餘黨楊善、師九經等，散其眾。川中洊經兵燹，千村荊杞，伏莽竊發。公（吳英）嚴塘汛，懸賞購募，獲積盜三百餘人，斃其魁六十三人於杖，盜賊屏息。」[2]此匾表明了吳英為官四川時的心態胸懷，也是成都官紳對吳英在四川政績的認同與肯定。

　　清同治《成都縣誌》詳列成都城內會館，共計有十五處。光緒《成都通覽》一書列舉的城內會館，較同治年間又增加不少，大小計有近三十處。成都城內規模最大、最堂皇的會館是東門內總府街的福建會館，

---

[1] 《清史稿》卷七，〈本紀七・聖祖本紀二〉。
[2] [清]李光地，〈誥授威略將軍福建水師提督吳公墓誌銘〉，[清]道光《廈門誌》卷九，〈藝文略〉。

佔地 60 餘畝，現已不存。有《成都福建會館碑文》載稱[3]：

> 欽惟我皇上脩定祀典，禮制詳備，而於天后聖母尤溫旨有加，懿號頻頒，褒章稠疊。誠歷代以來未有之曠典。蓋后之神在天下，如水在地中，無遠弗居。霆霖早歲公車，嘗南沿江浙，北泝津門，見夫有閩人必有會館，有會館則必祀后。舟車停泊，肅衣冠，登堂展拜，與鄉之人連袂話舊，梓誼之情藹如也。庚戌歲，仕於蜀。蜀之成都會館在總府街，為泉吳軍門英公鎮川時建。霆霖赴會垣，必躬行瞻拜焉。然其時類皆以晉謁應酬，日無暇晷，繼而廹於官程，匆匆回署，於館中諸務未遑詳也。歲夏月，寓其中，公謁暇，因得廻翔堂戶，考稽掌故，知軍門所建者祇前殿一座，其宮殿樓、樂樓、鐘鼓樓、左右廊房、另鋪面房四十一間，續建脩置，又皆出於仕商捐募之力。繚以圍垣，施之髹塈，燕寢庖湢之所咸具。連雲耀日，過者但見金碧輝煌，可謂大觀矣。
>
> 夫蜀為古梁州之墟，華陽黑水，禹蹟所履，岷山導江，而後朝宗於焉永賴。方今聖天子四海會同，百靈效順，而后秉坤德而握地維，以陰相輔助，帆檣所至，莫不瞻仰，尊之親之，覩河洛而思明德，功固不在禹下，宜其克配彼天，馨香及於萬世。是館也，為同鄉燕集之區，即為大憲朔望行禮之所，則似可不必以閩名。然而人本乎祖，物溯其居。霆霖嘗閱蜀誌，費著氏族譜所載，如成都之張、新繁之周、青神雅州之申與李氏皆世居蜀，而或係韶州、或係汝南、或係隴西、北京，至楊昇庵，為蜀舊族，簡紹芳撰其年譜，亦曰先世盧陵人，何則不忘其本。固仁人君子之用心也然。則后之神不私於蜀而未嘗不在於蜀。蜀之館既建自閩，又安能稍忘於閩耶？霆霖家莆陽，即后故里，猶憶曩歲遊湄洲，謁祖廟，瞻梳洗之樓，問化昇之地，登高而望，煙雲縹緲，潮汐廻環，真疑所謂十洲三島不過如是。今者出宰是邦，又得觀斯廟之落成而與父老子弟敬恭禮拜，恍如置身於黃林碧浪間，何可無一言以紀其盛也。爰敍顛末，泐諸貞瑉。其前碑所已詳者不復贅，若夫繼而守之，擴而新之，則不能無望於我里之後人焉。是為序。

---

[3] [清]翁霆霖，《翁筠樓集·南廣存抄》。

本文由翁霆霖作於清乾隆五十五年（1790）。翁霆霖，字傅宗，號筠樓，福建莆田人。乾隆四十三年（1778）進士，時官四川南溪知縣。

明末「張獻忠屠蜀，民殆盡，楚次之，而江西少受其害。事定之後，江西人入楚，楚人入蜀。[4]」清初，四川兵禍天災疊乘，慘遭破壞，康雍乾年間不得不採取招徠人口和輕賦政策。故有「江西填湖廣、湖廣填四川」之謠。其實也有「移福建填四川」之說，福建移民於是將祖地的媽祖信仰帶到四川各地。閩南籍官員吳英適於康熙年間任四川提督，來到成都，於是倡建成都福建會館天后宮。「蜀之成都會館在總府街，為泉吳軍門英公鎮川時建。……知軍門所建者，只前殿一座，其宮殿樓、樂樓、鐘鼓樓、左右廊房、另鋪面房四十一間，續建修置，又皆出於仕商捐募之力。繚以圍垣，施之髹塈，燕寢庖湢之所咸具。連雲耀日，過者但見金碧輝煌，可謂大觀矣。」

吳英於康熙年間倡建成都福建會館天后宮，配合了清初移民四川的浪潮，也是吳英為官四川、發展四川經濟的重要政績。

二、吳英將軍招徠外商令牌發微

王慶成《稀見清世史料並考釋》開篇收錄了一則重要的清初對外貿易史料——〈康熙朝威略將軍福建水師提督吳英招徠外商令牌〉[5]。全文如下：

令　牌

威略將軍、管福建水師提督事務、世襲阿達哈哈番、加五等又加二級吳□為廣布皇仁、招徠遠商事。

照得本將軍統制閩疆，建牙鷺島，經今一十餘載。凡外域梯航來廈貿易者，本將軍仰體朝廷柔遠德意，無不加意優恤。查近年彝商罕到，或因從前牙行負爾財本、稽爾貨物，以致爾等疑畏不前，亦未可知。

---

[4] [清]魏源，《古微堂外集·湖廣水利論》。

[5] 王慶成編著，《稀見清世史料並考釋》，武漢出版社 1998 年版，頁 3-9。

今本將軍清釐夙弊，所到彝商，皆選擇殷實行家，公平交易，無有掛欠，俾得乘風返國。在爾彝商，業皆稔悉矣。今爾等船隻返掉（棹），所有彝商，合行給牌招徠。

為此，牌仰該船主遵照事理，即便賚執令牌，廣行招徠。爾等彝商，務體本將軍恤遠之懷，招諭各商相率赴廈。一切貿易諸事，本將軍更有加恩優待。著誠實之人，擇行料理，慰爾彝商。慎勿疑阻，致負本將軍一片柔遠之至意可也。須牌。

右牌仰網礁勝庫主霞兒准此。

康熙四十九年十二月廿一日給。

威略將軍　　　　　　　　　　　　　　　　　定限□□日繳

此「令牌」由王慶成先生 1984 年在英國劍橋大學圖書館無編號箱中發現。原件高約 90 公分，寬約 65 公分，紙質堅厚，週邊刻印四爪龍戲珠圖案。「令牌」二字、「威略將軍、管福建水師提督事務、世襲阿達哈哈番、加五等又加二級吳□為」一行，「右牌仰」、「准此」、「康熙□□□年□□月□□日給」及篇末「威略將軍」、「定限□□日繳」，均為刻印。正文墨書，有朱點。「令牌」字樣處和□□□年□□月□□日處均鈐蓋滿文漢文合璧「威略將軍」陽文篆字方印。[6]

「令牌」發佈者為「威略將軍、管福建水師提督事務、世襲阿達哈哈番、加五等又加二級吳」。「阿達哈哈番」係清朝爵名。順治四年（1647）改甲喇章京為阿達哈哈番。乾隆元年（1736），定漢字為輕車都尉，滿文如舊。《清世祖章皇帝實錄》載：「順治八年辛卯五月丁丑朔。辛卯，兵部會同內院遵奉太祖配天恩詔，議有功漢人大小世襲武職，俱以鑾儀衛、外衛所用照新入八旗官員例，給與世襲，敕書酌定漢名、品級。一等阿達哈哈番再一拖沙喇哈番稱為外衛指揮使，正三品。一等阿達哈哈番稱為外衛指揮副使，正三品。二等阿達哈哈番稱為外衛指揮同知，從三品。三等阿達哈哈番稱為外衛指揮副同知，從三品。從之。爵名也遵諭改定：「昂邦章京改為精奇尼哈番，梅勒章京改為阿思哈尼哈番，甲喇章京改為阿達哈哈番，牛錄章京改為拜他喇布勒哈番，半個前程改為

---

6 王慶成編著，《稀見清世史料並考釋》，武漢出版社 1998 年版，頁 8-9。

拖沙喇哈番。[7]」福建水師提督，康熙元年設置，原駐海澄，康熙十九年後移駐廈門。康熙四十九年任威略將軍、福建水師提督、阿達哈哈番者應為吳英。「令牌」中說，「本將軍……建牙鷺島，經今一十餘載。」吳英於康熙三十七年（1698）任福建水師提督，至發佈該「令牌」的康熙四十九年已十二年。吳英的經歷行年與「令牌」所署銜名完全吻合。

「令牌」所涉威略將軍、福建水師提督吳英招徠外商及管理海關外貿等內容，清宮檔案、正史、地方誌等官方文獻與《墓誌銘》、《行間紀遇》等民間筆記文書均不見記載，尤顯珍貴。

廈門城在海上，海在城中，形勢天成，是東南海防軍事重鎮；廈門以港立市，市以港興，商貿興隆，又是一座海港商業城市。廈門由唐宋時期一個不知名的荒島漁村，經歷了明代軍港、走私港、清初合法商港到近代國際貿易中心港的發展過程。

明成弘之後，漳州海澄月港崛起，迅速取代泉州的國際貿易中心港地位。作為月港外港的廈門港日顯其重要性。由於明末清初鄭氏的多年經營，廈門由一個軍港發展為兼具商港性質的港口城市。清康熙二十二年（1683）統一臺灣後，先後設立閩、粵、江、浙等四個海關，分別委派海關監督管理。「設海關於廈門」[8]，從而使廈門從走私港轉變為合法的國際貿易中心港，這是廈門城市發展史上的又一重要階段。廈門設立海關，是廈門對外貿易發達的產物和標誌，反過來又促進了廈門對外貿易乃至整個社會經濟的進一步繁榮興旺。「港中舳艫羅列，多至以萬計」[9]。「自通洋弛禁，夷夏梯航，雲屯霧集」，「服賈者以販海為利藪，視汪洋巨浸如衽席，北至寧波、上海、天津、錦州；南至粵東；對渡臺灣，一歲往來數次；外至呂宋、蘇祿、實力、噶喇巴，冬去夏回，一年一次」。「廈門為通臺販洋、南北貿易商船正口」、「通販南洋要區」，「通省關稅，又以廈口為最」，「閩海關錢糧，廈口居其過半」。

道光《廈門誌》故云「廈門政事之大者，莫如船政、臺運、海關三者」[10]。

　　作為武將，福建水師提督吳英卻發佈招徠外商的令牌，管理對外貿易。或因臺灣初平，施琅、萬正色、吳英等有功之將先後任福建水師提督，鎮守廈門，而海防與外貿關係密切，故使兼攝。王慶成先生認為，「提督兼管外貿，史所罕見」。其實不儘然，茲略述一二：

（一）閩海關總口的始設地點

　　新編《廈門市誌·海關誌》開篇寫道：「廈門海關的歷史源頭可追溯到鄭成功據廈時期，當時廈門開始對進口貨船徵收稅費」[11]。其實不然，廈門海關的上源可以向前推到漳州月港時代。「中左所，一名廈門，南路參戎防汛處。從前賈舶盤驗於此，海澄驗畢，移駐曾家澳，候風開駕」[12]。泉州府曾「欲於中左所設官抽餉」[13]，此時廈門已有海關分支機構了。明成弘之後，漳州海澄月港崛起，迅速取代泉州的國際貿易中心港地位。作為月港外港的廈門港日顯其重要性。由於明末清初鄭氏的多年經營，廈門由一個軍港發展為兼具商港性質的港口城市。清康熙二十二年統一臺灣後，先後設立閩、粵、江、浙等四個海關，分別委派海關監督管理。「設海關於廈門」[14]，從而使廈門從走私港轉變為合法的國際貿易中心港，這是廈門城市發展史上的又一重要階段。廈門設立海關，是廈門對外貿易發達的產物和標誌，反過來又促進了廈門對外貿易乃至整個社會經濟的進一步繁榮興旺。「港中舳艫羅列，多至以萬計」[15]。「自通洋弛禁，夷夏梯航，雲屯霧集」，「服賈者以販海為利藪，視汪洋巨浸如衽席，北至寧波、上海、天津、錦州；南至粵東；對渡臺灣，一歲往來

---

[10] [清]道光《廈門誌》卷十五，〈風俗記〉、卷四，〈海防略〉、卷八，〈番市略〉、卷七，〈關賦略〉、凡例。

[11] 《廈門市誌》第4冊，方志出版社2005年版，頁2489。

[12] [明]張燮，《東西洋考》卷九，〈舟師考〉。「曾家澳」即今曾厝垵，當地至今仍有「港口社」地名。

[13] [明]張燮，《東西洋考》卷七，〈餉稅考〉。

[14] [清]道光《廈門誌》卷七，〈關賦略〉。

[15] [清]乾隆《鷺江誌》，鷺江出版社1998年整理本，頁19。

數次；外至呂宋、蘇祿、實力、噶喇巴，冬去夏回，一年一次」。「廈門
為通臺販洋、南北貿易商船正口」、「通販南洋要區」，「通省關稅，又以
廈口為最」，「閩海關錢糧，廈口居其過半」。《廈門誌》故云「廈門政事
之大者，莫如船政、臺運、海關三者」[16]。新編《廈門市誌·海關誌》對
閩海關總口的始設地點問題採取迴避態度，語焉不詳，不置可否。

　　學界對閩海關總口的始設地點看法不一。姜宸英《海防總論》、夏
燮《中西紀事》、王之春《國朝柔遠記》和《清史稿·食貨誌》都說閩海
關設在漳州府。周凱《廈門誌》則主張閩海關設在廈門：「（閩海關）始
於康熙二十二年，臺灣既入版圖，靖海侯施琅請設海關，二十三年設
立……[17]」彭澤益先生考證閩海關不是設在漳州，而是設在泉州府同安
縣的廈門港。[18]有人提出，在福建海關體系中有兩個衙門，一個在福州
南臺，一個在廈門。[19]有人則認為「閩海關總部最初設在福州，後來才
增設廈門總部。[20]」也有人認為：「閩海關的總口只有一個，而且始終是
在廈門。」[21]

　　道光《廈門誌》載稱：「康熙二十二年，臺灣平，施琅以為請」，「將
軍施琅有開洋之請」，「靖海侯施琅請設海關」。閩海關是清初閩粵江浙
等四個海關中最早設立的一個，而且是應施琅之請而設的。施琅因統
一臺灣而深受康熙帝信賴，對閩臺乃至東南海防直接負責。康熙帝在
開放海禁、出海興販貿易方面特別倚重施琅，諭令「一切事宜可與將
軍施琅會商」，重要事務均須事先徵詢施琅的意見，幾乎達到言聽計從
的地步。[22]施琅是首任福建水師提督，福建水師提督實為施琅而設。作
為福建水師提督，施琅坐鎮閩海軍事、外貿重鎮廈門，親自負責統制沿
海地區及各島平定後開始恢復的對外貿易，水師配合、協助海關查緝，

16 [清]道光《廈門誌》卷十五，〈風俗記〉、卷四，〈海防略〉、卷八，〈番市略〉、卷七，
　〈關賦略〉、凡例。
17 [清]道光《廈門誌》卷七，〈關賦略〉。
18 參見彭澤益，〈清初四榷關地點和貿易量的考察〉，《社會科學戰線》1984 年第 3 期。
19 參見吳振強，《貿易與社會：中國沿海的廈門貿易網（1683-1735）》，頁 67。
20 參見陳希育，《中國帆船與海外貿易》，廈門大學出版社 1991 年版，頁 343-345。
21 參見林仁川，《福建對外貿易與海關史》，鷺江出版社 1991 年版，頁 145-148。
22 參見拙文〈施琅與清初開海設關通洋〉，《中國社會經濟史研究》2000 年第 1 期。

成為閩省海關不可或缺的重要保障。另外，在乾隆四十九年（1784）、五十七年（1792）開放泉州蚶江、福州五虎門分別與臺灣鹿港、八里坌對渡之前，廈門是與臺南鹿耳門對渡的唯一法定口岸。因此，閩海關最初肯定設在廈門。

（二）福建水師提督兼管外貿事務

康熙二十八年四月初二日，大學士伊桑阿等奏：「臣等遵旨問九卿收海稅事，一議，錢糧無多，應交與地方官徵收；一議，收稅若交與地方官，則無專管之員，因而潛移禁物，佔據生業，致累百姓，亦未可定，應仍差官收稅。至海中船隻何者應免，恩出自上，惟候聖裁。」上曰：「採捕魚蝦船隻及民間日用之物，並糊口貿易，俱免其收稅。嗣後海關著各差一員。[23]」

可見此前雖於閩、粵、江、浙四省設立海關，但是清廷對「海稅」徵收與海關的管理尚未設立專官，而是由地方官兼管。清廷也尚未區分「海稅」為「採捕魚蝦及民間日用並糊口貿易」與「海洋貿易」，即漁業、小額國內貿易與對外貿易，俱免其收稅。此後，方設立專官「海稅監督」—「海關監督」，專門管理「海洋貿易」與海關稅務。

梁嘉彬先生據馬士《東印度公司對華貿易編年史》（H.B. Morse，*The Chronicles of the East India Company Trading to China*，1635-1834.，Oxford 1926-1929）對鴉片戰爭前的廈門、廣州等海關公行保商制度作過專門研究：

自英船 Macelesfield 至粵，廣東海洋貿易日盛，而牙行商人之權勢亦隨之日長。所謂「官商」者，各有其背後實力為奧援。其一：受前尚王所任命者，仍沿號「王商」（The King's Merchant）如 Hunshunquin[按 Morse 原註 quin 即 quan（官）]是。其二：受總督所任命者，稱為「總督商人」，如 Shimea（Shemea）者是，其在廣東商人中之勢力有超過「王商」之趨向。其三：受將軍所任命者，稱為「將軍商人」（Chunquin's

---

[23] 中國第一歷史檔案館整理，《康熙起居註》第 3 冊，中華書局 1984 年版，頁 1862。

Merchant）。其四：受巡撫所任命者，稱為「撫院商人」（Fuyuen's Merchant）。[24]

至康熙四十一年（1702），廣州、廈門兩處突有所謂「皇商」（The Emperor's Merchant）者出現，而歐西對華之全部貿易遂操縱於此種「皇商」一二人之手。[25]

至在廈門方面，康熙四十一年（1702），有 Anqua（疑中名安官）者，與外人貿易。但至四十三年，彼已前往廣州，此為閩商人常往粵地貿易之一例。是年，英船 Catherine（「凱薩琳號」）抵廈，廈門主要商人有 Kimco 及 Shabang 二人，復有 Chanqua（疑中名陳官）者，原為通事，後卒能以計謀將當地之「皇商」逐出，取而自代。Chanqua 始將廈門商人結為團體，在商人中選出八乃至十人，得海關監督及提督之允許，獨攬該地進出口貿易。此種結合，即 Morse 所謂廣州公行制度之前驅也。[26]

康熙四十一年距施琅將軍辭世不過六年，此時吳英將軍任福建水師提督。商人經營進出口貿易須經提督和海關監督認可的制度當源於施琅在世時。福建水師提督施琅具有靖海將軍頭銜，也是任命和管理「皇商」、「王商」、「將軍商人」、「總督商人」、「撫院商人」其中之一。通過設立海關，施琅在清初開海通洋過程中較好地處理了開放與管理的關係，為鞏固東南海防和恢復發展沿海地區經濟作出了不可磨滅的貢獻。

傅衣凌先生曾經引雍正年間福建巡撫毛文銓奏摺論述清代前期廈門洋行[27]：

> 閩省海關查自康熙五十六年以前，西南洋未經禁止，商船往各國貿易者，皆得自由。所以監督每年徵收銀兩倍於定額，任滿之日，無不滿載而歸。及至康熙五十六年以後，西南洋已經禁止，閩人以海為生，偷越禁洋者，雖不一而足，然究不能任意往返，故所

---

24 梁嘉彬，《廣東十三行考》，廣東人民出版社 1999 年版，頁 71-72。

25 梁嘉彬，《廣東十三行考》，廣東人民出版社 1999 年版，頁 72。

26 梁嘉彬，《廣東十三行考》，廣東人民出版社 1999 年版，頁 74-75。

27 雍正四年十月十二日福建巡撫毛文銓奏摺，《文獻叢編》第 17 輯。轉見傅衣凌，〈清代前期廈門洋行〉，《明清時代商人及商業資本》，人民出版社 1956 年版，頁 198-214。

收錢糧亦不如前。迨歸巡撫衙門管理，前撫臣黃國材據廈門行戶許藏興等詞供：海關稅務歷係興等辦納，往歲開洋之時，洋船到廈甚多，各省客商無不來廈貿易，稅課充溢。自洋禁以來，客商猶有到廈者，關稅為重，不得不赴廣東澳門地方零星兌換回廈應付。請禁各衙門搰索。

從中可以得知，康熙五十六年（1717）洋禁以來，閩海關歸福建巡撫衙門管理。「請禁各衙門搰索」，則說明至雍正年間各衙門仍兼管海關對外貿易事務。前述馬士所說「得海關監督及提督之允許，獨攬該地進出口貿易。」可於威略將軍吳英招商「令牌」再次得以印證，亦可證筆者此前論施琅將軍倡設並管理清初海關之不誣。吳英作為靖海侯、靖海將軍施琅統一臺灣的得力幹將，繼施琅之後擔任福建水師提督，晉封威略將軍，並兼管閩海關事務，是理所當然的。水師提督兼管閩海關事務的情況，可能不只延續到吳英任福建水師提督的康熙末年。

清康熙間先後擔任福建水師提督的靖海侯、靖海將軍施琅和威略將軍吳英在經濟領域亦應佔有一席之地。

蚶江鹿港郊商個案研究

——《龜湖鋪錦中鎮房黃氏族譜》解讀

　　由於泉州晉江與臺灣悠久深厚的歷史傳統關係，清廷繼康熙二十三年（1684）開放廈門與鹿耳門對渡，於乾隆四十九年（1784）開放蚶江與鹿港對渡，有力地促進了臺灣海峽兩岸的經貿文化往來。蚶江鹿港對渡及閩臺郊商向為學界所關註，實屬閩臺關係史的重要課題。但官修正史與地方誌語焉不詳，缺乏詳實的文獻記載。鹿港林氏、丁氏、王氏等郊商鉅姓尚有論述，而罕見涉及黃氏，誠乃閩臺郊商研究之莫大缺憾。本文通過解讀晉江《龜湖鋪錦中鎮房黃氏族譜》，對蚶江鹿港郊商作一個案研究，試圖管窺蚶江鹿港對渡前後閩臺郊商的社會史。

一

　　晉江作為泉州附廓首邑，夙有經商海外的傳統。宋元以迄明清，海外貿易十分發達。清乾隆《泉州府誌》引《溫陵舊事》：「晉江一邑……民無所征貴賤，惟濱海為島夷之販，安平鎮其最著矣。」[1]「安平一鎮盡海頭，經商行賈力於徽歙，入海而貿夷，差強貨用。」[2]其實不止安平一鎮，「晉江人文甲於諸邑，石湖、安平番舶去處，大半市易上國及諸島夷。」[3]「瀕海之民，又復高帆健艫，疾榜擊汰，出沒於霧濤風浪中，習而安之，不懼也。」[4]明清之際鄭氏父子經營臺灣，清康熙年間施琅統一臺灣，不少晉江籍部曲追隨鄭、施先後渡臺。清廷將臺灣納入版圖後，一水之隔的晉江人紛紛渡臺拓荒墾殖，貿易臺灣海峽兩岸之間。繼康熙二十三年開放廈門與鹿耳門對渡，清廷於乾隆四十九年開放

1　[清]乾隆《泉州府誌》卷二十，〈風俗〉。
2　[明]何喬遠，《閩書》卷三十八，〈風俗·泉州府〉。
3　[明]萬曆《泉州府誌》卷三，〈風俗〉。
4　[清]道光《晉江縣誌》卷七十二，〈風俗誌〉，頁754。

蚶江與鹿港對渡。「以渡臺水道，惟由蚶江至彰化鹿港最為便捷，一日夜可到，設海防通判駐守蚶江。欲渡臺者，由通判衙門給照，免致偷渡犯法。」[5]

廣義的泉州港，是北起惠安崇武、南迄晉江圍頭諸港灣的統稱。蚶江位於泉州灣南畔，是泉州港群的一個重要支港。清道光《晉江縣誌·海防誌》「水汛澳口」首列蚶江，是晉江縣唯一的「內海正口，船隻出入之處。《方輿紀要》：『民居稠密。番舶所經邊海之地，佛堂、蚶江，亦肘腋之虞也。』」而日湖則為「內海小口。上與蚶江接連」。[6]「蚶江為泉州總口，與臺灣之鹿港對渡，上襟崇武、獺窟，下帶祥芝、永寧，以日湖為門戶，以大小墜山為藩籬。內則洛陽、浦內、法石諸港，直通雙江。大小商漁往來利涉，其視鹿仔港直戶庭耳。利之所在，群趨若鶩。於是攬載商越，弊竇滋焉。歲甲辰（乾隆四十九年），當事者條其利弊上諸朝，議設正口。乃移福寧府通判於蚶江，專管挂驗、巡防、督催臺運，暨近轄詞訟，而以鷗鶘巡檢改隸轄屬。」[7]

僅據莊為璣、王連茂對 70 餘部有關閩臺移民族譜的統計，明末清初以來，有近 4000 人移民臺灣。其中尤以晉江為最突出：蚶江林姓五房遷臺人數 50 人，距蚶江一里的蓮埭東間林姓遷臺人數 400 人，距蚶江三里許的石壁玉山林姓遷臺人數 1000 人。而錦江林姓五房、蓮埭東間林姓、石壁玉山林姓、晉江永寧鼇西林姓、晉江衙口施姓、泉州燕支蘇姓等家族遷臺，均以鹿港為主要分佈地點。[8]以海為田、能貿善賈的晉江人穿梭往返於臺灣海峽兩岸之間，鹿港與蚶江郊商行號蓬勃興起。乾隆以後，單蚶江和臺灣通商的大行郊就有二十多家，如泉勝、泉泰、謙恭、謙記、謙益、晉豐、勤和、錦瑞等，來往的船隻近二百艘。[9]據

---

[5] [清]道光《晉江縣誌》卷十三，〈公署誌〉，頁 283-284。

[6] [清]道光《晉江縣誌》卷五，〈海防誌〉，頁 107。

[7] 〈新建蚶江海防官署碑記〉，引自莊為璣、王連茂編，《閩臺關係族譜資料選編》，福建人民出版社 1984 年版，頁 468-469；並見粘良圖選註，《晉江碑刻選》，廈門大學出版社 2002 年版，頁 200-201。

[8] 參見莊為璣、王連茂編，《閩臺關係族譜資料選編》代序，頁 4、10、14-16。

[9] 參見莊為璣、王連茂編，《閩臺關係族譜資料選編》代序，頁 3。

道光十七年（1837）泉郡鹿港郊為南關外浯江鋪塔堂公置的鐵鐘銘文，當時為鋪塔堂捐款的泉郡鹿港郊商多達 46 號[10]：

> 美記號、建源號、泉記號、振泰號、裕成號、勝裕號、萬泰號、振利號、復吉號、復陞號、彝林號、義發號、鼇勝號、泰源號、盛泰號、長春號、義美號、源瑞號、振興號、金順號、德利號、寶源號、穎豐號、錦豐號、廣裕號、厚裕號、振芳號、源茂號、德順號、洽源號、謙泰號、泰成號、合裕號、滋源號、合瑞號、瑞源號、瑞泉號、資生號、正利號、盛源號、日昇號、成順號、振益號、德豐號、豐裕號、盈豐號。

《彰化縣誌》云，「彰邑與泉州遙望。鹿港為泉、廈二郊商船貿易要地」。鹿港最先設立的郊行乃「泉郊」，其次才是「廈郊」。嘉慶二十一年（1816）《重修鹿港聖母宮碑記》所列捐資芳名有「泉郊金長順、廈郊金振順……董事簛郊金長興施炳光、油郊金洪福施光昭、糖郊金永興、布郊金振萬、染郊金合順黃光甫、南郊金振益施烜文」，是為鹿港八郊。「泉郊主要係與泉州地區貿易，其大宗之進口貨為石材、木材、絲布、白布、藥材等。廈郊則與廈門、金門、漳州地區貿易，出口較多。南郊則與廣東、澎湖等地區貿易，多輸入鹹魚類。簛郊係從事日用雜貨，即海產簛仔貨之貿易。油郊則輸出花生油、麻油等。糖郊則輸出糖。布郊係輸入綑布，加工染布。」[11]鹿港與蚶江對渡後，鹿港迅速發展成為臺灣僅次於府城的第二繁華市鎮，號稱「一府二鹿三艋舺」。當時人們稱鹿港為「小泉州」，帶有雙重含義，既有鹿港如同泉州一般繁華的意思，也表示鹿港是泉州籍移民聚居、建設發展起來的。

二

《龜湖鋪錦中鎮房黃氏族譜》最後一次重修於清光緒十六年

---

[10] 〈泉郡鹿港郊公置鐵鐘銘文〉，引自莊為璣、王連茂編，《閩臺關係族譜資料選編》，頁 469。

[11] 張柄楠，〈鹿港開發史〉，《臺灣文獻》，第 19 卷 11 期。

（1890）。該族譜主要記述康熙中葉至光緒中葉之事，恰巧與開放蚶江鹿港對渡直至閉關的年代基本上重合。《龜湖鋪錦中鎮房黃氏族譜》生動地記載了蚶江港區域該黃氏家族數代人往返於臺灣海峽兩岸的鹿港與蚶江之間，經商貿易、殖產興業、婚喪嫁娶、科舉仕宦等方方面面。

　　清代的晉江區分為四隅47都。蚶江、蓮埭等24鄉在二十三都，龜湖、鋪錦等33鄉在二十四都，[12]鄰近蚶江。鋪錦黃氏家族最早遷往臺灣的族人是黃宜三，於明末崇禎年間「因幼為人養子，往[臺灣]北港浮門頭南門內華四使家。」黃縉錦「生順治癸巳（1653），卒康熙甲戌（1694），葬臺灣聖廟前。四男源溥，字悌周，生康熙癸酉（1693），卒乾隆己巳（1749），葬鹿港。」據該族譜統計，康熙年間遷臺族人有黃縉錦等13人，乾隆年間遷臺族人有黃源京等46人，嘉慶年間遷臺族人有黃培紀等38人。鋪錦黃氏族人渡臺後大多聚居於彰化縣鹿港，主要從事商貿、航運、碼頭搬運等行業。[13]

　　十二世汝濤，生於康熙三十三年（1694），卒於乾隆四十年（1775）。「自弱冠至壯，強二十年間，上姑蘇，遊燕薊，再鬻呂宋，重賈東寧。」[14]

　　十三世馥村「習計然術，服賈東寧」。[15]

　　十四世袞恪「輟舉業，效貿易，往返東渡十數年。」[16]

　　十四世樸堂「東渡數次，三十餘年。」[17]

　　鋪錦黃氏渡臺全是男性，死後歸葬大陸，妻兒住在晉江龜湖，進而遷居泉州城內。黃氏郊商事業有成，亦有娶妻臺灣鉅姓望族者。黃燦松「服賈東瀛，行誼孚於遠邇」，先娶臺陽鉅家元配臺郡大東門外鯽

12 [清]道光《晉江縣誌》卷二十一，〈鋪遞誌〉，頁484、489-490。
13 參見陳支平，〈清代泉州黃氏郊商與鄉族特徵〉，《中國經濟史研究》2004年第2期。
14 〈皇清待贈鄉飲大賓先嚴八十二翁醇齋黃府君墓誌〉，《龜湖鋪錦中鎮房黃氏族譜》。
15 〈皇清待贈先妣七十二齡寬愛林孺人暨塚男國學生馥村黃府君附葬墓誌銘〉，《龜湖鋪錦中鎮房黃氏族譜》。
16 〈皇清貤封安人晉封宜人八十有三齡黃母勤慈蔡太宜人墓誌銘〉，《龜湖鋪錦中鎮房黃氏族譜》。
17 〈皇清待贈顯妣六十有九齡順靜黃母陳太君洎塚男雍進士寬厚黃先生附葬墓誌銘〉，《龜湖鋪錦中鎮房黃氏族譜》。

子潭劉氏，繼娶臺灣望族臺府大西門外四宮口外汪氏。嘉慶甲子年（九年，1804）春，由臺挈眷歸家。[18]瑞卿之子欽成「娶臺邑陳宜人」。[19]黃氏郊商多為父子相承，兄弟叔伯子侄援引提攜。如黃燦松，「……凡有親戚叔兄弟侄渡臺營利，未獲棲所者，皆為留心引薦，俾得安身之地。……」[20]黃燦松之妻汪氏，「……凡宗親之渡臺營利者，皆勸敦紀公款留之，薦拔之，俾得安身焉。」[21]黃鴻烈於乾隆三十二年（1767）「自江左浪遊歸里，復渡臺陽鹿港，棲止未寧。忠美呼我就彼行寓，得以墨傭糊口。」[22]

晉江「俗好儒」，夙有海濱鄒魯之稱。晉江人經商，多屬不得已。晉江石壁人林式光，「行年十二，從父東寧效習生計，不得已也，首尾四載。」[23]鋪錦黃氏族人經商亦然，多屬生活所迫，實在是迫不得已而為之，不得已而求其次：

十一世精敏，「甫八歲，而[父]君佐公見背……輟舉子業，習計然……」[24]

十二世源潮，「年十六，[父]精敏公見背……於是輟儒業，習計然術。」[25]

十二世汝濤，「年十六，[父]精敏公見背……於是輟儒業，習計然術。……生平間關跋涉，沖風激浪，險阻艱難，無不備嘗。所以如此經營者，非為一身飽暖計，蓋欲盡其生，事葬祭弟妹婚嫁，惠親以逮疏也。由是家計日給。」[26]

十二世源瀾，「以堂上二人老矣，先輟舉子業，率仲叔與偕作，為孝養計。……迨食齒漸增，家計漸繁，不得已姑令[子]樹宋、樹盛經營

---

18 〈四代大母八十一齡顯祖妣孝慎汪孺人墓誌〉，《龜湖鋪錦中鎮房黃氏族譜》。
19 〈皇清雍進士軍功五品銜誥授奉政大夫候選同知加一級宏度黃府君行述〉，《龜湖鋪錦中鎮房黃氏族譜》。
20 〈敦紀公暨妣靜睦劉孺人次男培祝合葬壙誌〉，《龜湖鋪錦中鎮房黃氏族譜》。
21 〈四代大母八十一齡顯祖妣孝慎汪孺人墓誌〉，《龜湖鋪錦中鎮房黃氏族譜》。
22 〈醒心隨筆小引〉，《龜湖鋪錦中鎮房黃氏族譜》。
23 《林氏玉山宗譜》，引自莊為璣、王連茂編：《閩臺關係族譜資料選編》，頁440-441。
24 〈儉德陳太孺人暨精敏公附葬墓誌銘〉，《龜湖鋪錦中鎮房黃氏族譜》。
25 〈皇清待贈鄉飲大賓先嚴八十二翁醇齋黃府君墓誌〉，《龜湖鋪錦中鎮房黃氏族譜》。
26 〈皇清待贈鄉飲大賓先嚴八十二翁醇齋黃府君墓誌〉，《龜湖鋪錦中鎮房黃氏族譜》。

服賈，以就口食。……樹盛客遊東寧，日冀歸帆。」[27]

十三世正中「六歲失怙……昆季妙年，便知稼穡艱難。或渡東寧，或馳南楚，過越江，涉海島，皆為牽車服賈計。」[28]

十三世春林為郡庠生，其子燦松「以家計蕭條，乃輟舉子業。遊臺陽，持會計，交關貿易。」燦松之子培祝「年值髫齡」即從叔東渡。[29]

十四世燦衢「詩書素嗜。困於家計，輟[舉]業貿遷。重洋服賈，卒於臺陽」。其子廷茂亦「少年輟[舉]業，進身[無]階。……夙承庭訓，稍經營，躬逢豫工」。[30]

十五世瑞卿「幼即知家計，慮不給，爰捨舉子業，而習計然術。」[31]

十五世瑞錦「幼頗知家計，每慮先大父舌耕有限，入不供出，爰捨舉子業，而習計然術。」[32]

十五世瑞昆「初向志於舉業，因胞弟瑞榮尚幼，吾叔朴堂公在外經營，欲為代勞，是以輟舉子業，效貿易。」[33]

十六世鋼斗因父謝世，「棄詩書，習計然術。」[34]

瑞卿、瑞錦之父敦堂既以「舌耕」為業，應為儒生塾師，然昆仲迫於生計，「爰捨舉子業，而習計然術。」

鋪錦黃氏可謂世代經商，然而這個典型的郊商世家卻有著難以割捨的科舉仕進情結。十一世精敏「雖輟舉子業，習計然，終以書香為惓惓。」[35]十三世馥村「自篤齋府君歿後，習計然術，服賈東寧……而

27　〈懷實府君暨靜懿孺人行述〉，《龜湖鋪錦中鎮房黃氏族譜》。
28　〈皇清待贈顯考正中黃府君暨繼妣待旌清勤包孺人合葬墓誌銘〉，《龜湖鋪錦中鎮房黃氏族譜》。
29　〈敦紀公暨妣靜睦劉孺人次男培祝合葬壙誌〉，《龜湖鋪錦中鎮房黃氏族譜》。
30　〈皇清馳贈承德郎晉封奉政大夫顯考衷恪公黃暨馳封安人晉封宜人顯妣勤慈蔡太宜人合葬誌〉，《龜湖鋪錦中鎮房黃氏族譜》。
31　〈皇清雍進士軍功五品銜誥授奉政大夫候選同知加一級宏度黃府君行述〉，《龜湖鋪錦中鎮房黃氏族譜》。
32　〈皇清雍進士例授修職郎五十有一翁怡岩黃府君行述〉，《龜湖鋪錦中鎮房黃氏族譜》。
33　〈皇清待贈顯妣六十有九齡順靜黃母陳太君洎塚男雍進士寬厚黃先生附葬墓誌銘〉，《龜湖鋪錦中鎮房黃氏族譜》。
34　〈皇清雍進士例授承德郎候選通判五十二翁慎樞黃公墓誌銘〉，《龜湖鋪錦中鎮房黃氏族譜》。
35　〈儉德陳太孺人暨精敏公附葬墓誌銘〉，《龜湖鋪錦中鎮房黃氏族譜》。

尊師慕儒之風，尤其惓惓者也。」[36]鋪錦黃氏也不乏儒士達宦，十三世元寬、十四世以贊叔姪先後於乾隆末、嘉慶中進士及第。後來官至兩廣總督的黃宗漢也作為嫡親屢屢出現在《龜湖鋪錦中鎮房黃氏族譜》譜文中。

清康熙二十二年統一臺灣後，始立臺灣府、縣學，歲科試以取生員。定例府學歲進文武童各二十名，科進文童二十名，廩膳二十名，增廣如之。縣學定額稍減。因臺灣草萊初辟，文化落後，入泮較為容易。這就為那些屢困科場的大陸諸縣，尤其是泉、漳二府學子，帶來了獲取秀才資格的好機會。於是東渡臺灣求學者十分普遍。石壁玉山林宏禮少年時「迨屢試晉水，久困莫售……爰喟然歎曰：『……何不可遨遊東寧，聊託一試？』於是登堂拜別，驪跡臺灣，凡御史觀風月課，以逮府縣兩試，其奪矛試藝，幾於累牘。果也，文宗吳昌祚公歲取入泮。」[37]同樣的事例在《黃氏族譜》中屢見不鮮。十四世璟章「在臺庠」。[38]十六世聯璧「臺邑庠生，捐教職。」[39]為《黃氏族譜》撰寫誌文的黃氏族人中，至少有四人曾任臺灣府學教授或縣學正堂。而最引人註目的當推十四世以贊。精敏三子義齋之獨子遺章，「習計然術，而酷好古書」。遺章之長子以贊，於乾隆五十三年（1788）東渡臺灣，「匆匆就試，獲道憲楊公樂顧，取入郡庠第一。甲寅又蒙楊公復列之高等，補廩閱十五載，至戊辰（嘉慶十三年，1808）得貢成均。」終於圓了黃家四代人科舉進士之夢。以贊「計東渡二十多載，往返不下數十次。忠信舟楫，朝發夕至。……庚午（嘉慶十五年，1810）旋歸，私幸此後可免重洋之涉，得承菽水歡矣。第以家貧故，仰事俯蓄無資，終難辭海外行。萬不得已，壬申（嘉慶十七年，1812）五月，復渡鹿港……」。[40]黃以贊東渡臺灣二十多載，好不

36 〈皇清待贈先妣七十二齡寬愛林孺人暨塚男國學生馥村黃府君附葬壙誌〉，《龜湖鋪錦中鎮房黃氏族譜》。
37 《林氏玉山宗譜》，引自〈閩臺關係族譜資料分析〉，莊為璣、王連茂編，《閩臺關係族譜資料選編》，代序，頁12-13。
38 [清]黃耀彰，〈皇清待贈顯妣八十有二齡莊惠柯孺人暨塚男郡庠生七十翁翼亭黃公塚婦八十一齡默閨郭孺人合葬墓誌〉，《龜湖鋪錦中鎮房黃氏族譜》。
39 〈皇清貤贈恭人八十有七齡顯祖妣懿儉吳恭人誌銘〉，《龜湖鋪錦中鎮房黃氏族譜》。
40 〈皇清歲進士例授修職佐郎顯考六十翁藉軒府君行略〉，《龜湖鋪錦中鎮房黃氏族譜》。

容易成為貢士,但迫於家計,只好「復渡鹿港」,重操商業。黃以讚是棄儒從商,由商人之家奮力躋身士林後,再度從商的典型事例。這種商與儒互補兼具而不可分的特徵,恐怕不止是黃氏一家的無奈,而在閩臺郊商中帶有一定的普遍性。

在《黃氏族譜》譜文誌銘中,經常可見誥贈、待贈、貤贈、貤封、例贈、例授、誥授之類字眼,鋪錦黃氏族人所得功名顯然大多並非出於科舉正途,而是通過捐納取得的。十五世瑞卿「十四歲即渡臺,為人權子母。……其在臺也,凡有義舉,知無不為。咸豐辛亥歲(元年,1851),澎人洊饑,告急於臺之各大憲。」瑞卿「奉憲諭,倡捐振,輸數百金。」其子「聯標之職銜,即是舉所加也。癸[丑]年(咸豐三年,1853)南京警聞,臺府騷動,匪擾益急,城幾危。道府憲詣行中諭」,瑞卿「與石昌倡勸郊中暫借軍需。」「力勸郊友,又自己倡捐借軍需三千員。郊人向義,賊勢寢衰,臺府安堵」。大憲嘉其力,議敘瑞卿六品軍功、布政司理問。繼復詳請誥贈其父四品職銜,誥授瑞卿五品職銜。[41]鋪錦黃氏郊商就是這樣通過振饑、捐借軍需而取得功名的。無獨有偶,乾隆五十二年(1787),鹿港著名郊商日茂行的林振嵩、林文浚父子亦曾大力捐助清廷進剿林爽文起義。「天子命提督任承恩師討之。時振嵩率男文會、文浚及侄文湊,已倡義恢復鹿港。任公慮軍需未繼,振嵩即傾貲助餉,共白金五千。又自備糗糧,招募義勇,隨軍前導」,收復彰化縣城。事後,朝廷論功行賞,「振嵩父子三人,皆以監生加六品職;惟侄文湊願就武職,以千總實缺用」。林文浚復於乾隆六十年(1795)臺灣陳周全起義「克襄王事」,而「捐職州同加二級」,其父母、祖父母因此均受封贈。[42]閩臺郊商不僅與海峽兩岸之間的經濟貿易往來密切相關,而且廣泛涉及臺灣社會經濟、政治、軍事諸領域,必須引起學界充分的註意。

---

[41] 〈皇清雍進士軍功五品銜誥授奉政大夫候選同知加一級宏度黃府君行述〉,《龜湖鋪錦中鎮房黃氏族譜》。

[42] [清]道光《彰化縣誌》卷八,〈人物誌·軍功〉、〈人物誌·封蔭〉。參見楊彥傑,〈永寧與臺灣的「林日茂」及其家族文化〉,《永寧古衛城文化研究》,福建人民出版社 2001 年版,頁 142、143-145。

可以發現，鋪錦黃氏族人十五世之後，有不少赴廈門經商：

黃瑞昆，字欣士，號寬厚，生嘉慶十一年（1806），卒道光二十一年（1841）。「在廈十餘年，甘苦備嘗。而交關貿易，一以正道為尚。至英夷亂廈，隨即旋歸閭里。」[43]

黃培浦，名如淵，字博士，號寬慎，生於嘉慶十一年（1806），卒於道光二十七年（1847 年）。「自六歲失怙……迨十三歲外出……不辭風霜，願拮据經營……終於廈島。」[44]

黃培藩，名式銘，字宣士，號質裕，生嘉慶九年（1804），卒道光三十年（1850）。「……迨十八歲出遊廈島，持會計，理生業……計在廈經營二十餘年，勤儉積蓄，汔可少康……」。[45]

黃廷熙，字邦士，號詒恭，生於嘉慶四年（1799），卒於道光三十年（1850）。「鷺島代兄經營」。[46]

黃子吉「自輟[舉]業後，即赴廈島，佐吾兄太封翁茂士經營。」[47]

鴉片戰爭後，廈門作為條約通商口岸而迅速崛起，取代泉州港對外貿易中心港的地位。泉州晉江則屬於非通商口岸之「內地」，不得從事對外貿易。雖然尚可採用中國舊式帆船從事對臺民船貿易，但泉州港海外貿易急遽衰退，已經風光不再了。「晉江轄地雖濱海，不立蕃市，蓋夷舶不到之區也。內惟蚶江、永寧、祥芝、深滬數處，或造小船，不過商漁貿易而已。……即臺灣運載，亦用此船。……臺灣惟米、豆油、糖，運到蚶江，出入稽查係海防廳管理。蘇、浙、粵東所載糖、物、棉花等貨，往來皆由南門外海關查驗，以防私販私售，故未嘗立蕃市之法云。」[48]光緒十六年（1890）主持重修《龜湖鋪錦中鎮房黃氏族譜》的黃文炳「向受傭於廈島廿餘年，同治壬申（十一年，1872）回家，生

---

43 〈皇清待贈顯妣六十有九齡順靜黃母陳太君泊塚男雍進士寬厚黃先生附葬墓誌銘〉，《龜湖鋪錦中鎮房黃氏族譜》。

44 〈皇清故考四十有二翁寬慎黃府君墓誌銘〉，《龜湖鋪錦中鎮房黃氏族譜》。

45 〈鄉飲大賓質裕黃公壙誌〉，《龜湖鋪錦中鎮房黃氏族譜》。

46 〈皇清例授修職郎議敘按察使司知事五十二翁詒恭黃公墓誌銘〉，《龜湖鋪錦中鎮房黃氏族譜》。

47 〈皇清例贈孺人四十有七齡先室端順郭孺人墓誌銘〉，《龜湖鋪錦中鎮房黃氏族譜》。

48 [清]道光《晉江縣誌》卷二十七，〈蕃市誌〉，頁 521。

意歇而廈路遂梗。」[49]泉州晉江社會商業經濟日趨沒落，日益邊緣化。

三

　　《龜湖鋪錦中鎮房黃氏族譜》中，有一篇〈十三世約亭公自記年譜〉。作者為精敏房派十二世篤齋次子，「國學生，諱時芳，字忠美，約亭其別號也。」[50]黃時芳於乾隆十二年（1747）渡臺經商，〈自記年譜〉原為「其歲歷〈醒心隨筆〉」，成文不晚於乾隆四十七年（1782）十一月，[51]黃時芳只讀了半年上下的私塾，「《論》、《孟》白文尚未句讀，便棄而經營」[52]，故〈自記年譜〉質樸少文。〈自記年譜〉均為親身經歷，涉及經商貿易臺灣鹿港與臺灣府城，以及於家鄉晉江龜湖、泉州城諸事頗詳，尤為珍貴。茲摘錄如下[53]：

> 雍正十年壬子（1732），余方七歲……九歲讀書，至十歲時，方起蓋下書房……只讀半年上下……十三歲上海山店中，與家坤叔買豬寄船來厝發賣。每年冬下皆上去。至十七歲，胞長兄捷哥回家完婚，余方在店。是年生理比往年加長利息錢拾餘千。乾隆十一年（1746）……時余廿一歲，自海山回家完婚。越丁卯（十二年，1747），廿二歲，正月尾，即同吳望表下廈門往臺灣，治（替）代捷哥回家。戊辰（十三年，1748），廿三歲。八月，南路阿豬糴米粟，到府驟然起價，發出一半，算長利息，有三百餘金。十月，與漳人水僊宮後贖行細共銀四百員，自己一半，出銀二百元。己巳（十四年，1749），廿四歲，回家普度。庚午年（十五年，1750），廿五歲。又進鹿港，代高瑞表回家，任新錦鎮莊事。時大冬紅粟價三兩八[54]，翻冬紅粟價銀四兩二錢三[55]，各大利息甚

49 〈重錄錦鎮黃氏族譜誌〉，《龜湖鋪錦中鎮房黃氏族譜》。
50 〈皇清待贈國學生顯考五十有九翁約亭黃公暨妣七十有七齡孝勤尤孺人合葬壙誌〉，《龜湖鋪錦中鎮房黃氏族譜》。
51 〈醒心隨筆小引〉，《龜湖鋪錦中鎮房黃氏族譜》。
52 〈醒心隨筆小引〉，《龜湖鋪錦中鎮房黃氏族譜》。
53 〈十三世約亭公自記年譜〉，《龜湖鋪錦中鎮房黃氏族譜》。
54 原文為蘇州碼。
55 原文為蘇州碼。

多。九月，家樓哥招舊錦鎮合夥生理。家樓哥出銀三百二十兩，余自己出銀一百一十兩，捷哥府上寄到一百，又自己家紡織存銀十兩，共落在舊錦鎮中長利，作三份開，樓哥、德哥、及余各一也。至戊寅（二十三年，1758），共九年，自己母銀十兩，計長利息八百餘員。自己份內取起八十員，買牛壚埔菜園並竹園一所。辛未年（十六年，1751），廿六歲，買後埔頭厝地三塊，自己分西邊一塊。乙亥年（二十年，1755），三十歲，買鹿港大街頂店一座，銀一百一十兩。又翻蓋，俱此內支銀。迨癸未年（二十八年，1763），卅八歲。伯父醇齋公寄信令余回家。八月，與伯父分家資，自己之銀無取起落，公正共分。……乾隆二十一年丙子（1756），舊錦鎮與樓哥合生理，新橋行中代糶貨物，辦布筒，尚在豐源[號]處銀八十兩。我欲少開一分利息，銀有八十餘員。而樓哥堅然欲還我，我堅不肯受。後我達（答）他，可將此銀修路。乃作一分，再於錦鎮[號]內生活。至戊寅年（二十三年，1758），母利有一百六十員，始買石，鋪洋內大路，並修理一條橋。乾隆二十三年戊寅二月，出銀二十員與登叔雇工買板做棺材，憑本而賣，或不敷額，少一二百亦許其攜去，以方便斯時之貧患人。在龜湖本街登叔店中辦理數月，疫氣平方止。又憶丁丑年（二十二年，1757）讓財，至戊寅十一月，計母利百八。將銀買石，造洋內石路。自宅尚鄭厝尾起，至石獅山腳下止。及己卯（二十四年，1759）二月告竣謝土。……又戊寅年五月，同樓哥買石板二溪載，修蓮埭七星橋，用過錢八千餘文。是月在蚶江與澎船結粟三百餘擔。越幾日，無船到港，粟每擔長五十文。……乾隆二十六年辛巳（1761）五月初一日，往潮州府惡溪買杉六載。……七月十九日啟土，建城東草埔尾徐厝庭（埕）大厝四落、東西廳、一邊護厝。又三十年乙酉（1765）四月，與金房鑒叔爭訟。托曾倫舍持銀四百，與方中尊買茶，被他騙去。後托林恩舍去討，約二八分。至八月廿三日，方討來二百員，存在厝內。此時，事尚未明白。迨九月十七日，又托柯老師入內，與方中尊說情由應允。適夜深，城門已閉，不得往行中取，亦不得向他處充。一時無措，始憶前月所託之銀尚在厝內，乃持以交柯老師。十八日堂訊，鑒叔抱告皇叔，責二十板，逐差押掘，價港完案。……

三十一年丙戌（1766）……茲後七、八、九三個月作三次風颱，我只有破一船麻四十石而已。餘各船幫幫取兀銀五十元，俱平安。再者周榜官典當停止，將各衣服、胎貨搬來寄在豐源本店，有千餘金，與承受坐賬，利息甚多。冬十月，日湖出海，郭貴哥船到鹿[港]，道泉中油起價，店中無銀可買。適逢許遙官兌銀回泉[州]，排到八百五十元，高合官即去買油八十餘桶，每擔二兩八錢二[56]。至二月，昂價四兩五錢[57]，每擔利息有二大元。……越年正月初九玉皇萬壽，行口八個戲子自泉州街整服來店相慶祝。……乾隆三十二年丁亥（1767）四月間在鹿港時，陳仲官係是周梅官姑夫，前有銀寄周榜官處要買曆。緣仲官任他典當事，侵辛金，故其曆銀不與他。適榜官父子來鹿[港]，託我覓船，要回家。而仲官扯住必要討其曆銀十六員，而梅官只要還他十二員。將及訟禍，我為之調不釋，後暗添銀四員，消釋兩邊。……乾隆三十三年戊子（1768）……時在鹿港本店。二月十九日，龍山寺觀音佛祖華誕。同會七人，余亦在其中。因要與陳家買曆二落，銀五百員，為寺。原有三百四十，額尚缺一百六十員，而爐主秦商官議欲將觀音媽宮一座三落寫契與人，典借來完陳家曆銀。各人俱蓋印明白，余獨不肯。如是，又多一事，不如我會中簽題，並告諸水客，隨力量而捐，何等春光。於是秦爐主先題二十員，豐源[號]十五員，協灣[號]六員，節次而題。及各水客一行，而得一百六十三員，完此項事。另自己與秦商官修理宮門明白，方請佛祖入寺。……乾隆廿三年戊寅（1758）……七月十五日……因琰哥被章伯阻當，不許他廳內拜公媽党，五六人毆琰哥，反說琰哥打伊。……及後公親調和，俱不得息。……乾隆三十三年戊子（1768）八月，[余弟]忠曦由鹿港往府[城]代我。九月進鹿[港]店中結算數目，交夥計高合官等，廿五日登舟回家。時臺匪黃教於廿五夜在府治安平鎮王城火藥庫內放火作亂，我先下船，未該驚惶。……四月，陳護官在府[城]任豐泉[號]生理，抱病。我落府[城]請先生與之調治，參藥不效。為起棺衿，安葬魁山。後又為之拾骸，運歸吾泉故土。五月……在府[城]行中，

---

[56] 原文為蘇州碼。
[57] 原文為蘇州碼。

有同伙食人薛偉官夜飲酒狂，被他不禮，廈門周鵬官勸之。……
乾隆三十四年己丑（1769），代西門外林本表還李天興官花銀一
百四十五員，係是前年捷哥代他出單賒花，每年撥銀十員，至庚
子年（四十五年，1780）湊明白。又三十五年庚寅（1770）二月，
同信青與鄭衙買園一斗五升，在都祀宮南勢，充為新義塚地。……
三十九年甲午（1774）正月十三日啟土，修龜湖塘岸。伯公捐灰
二百擔，公司二百擔，忠偉三百擔，我自己捐八百擔，合共捐灰
一千五百擔。我又自己再捐工銀十四員。……乾隆四十年乙未
（1775）正月初七日，本族與吳家擲石，至拆厝及店。被約正入
稟，出差諭止。後陳相公乃出與兩邊調和，我與群哥出銀四員料
理，方得無事。……乾隆四十二年丁酉（1777），永寧高圍嫂來
城，要算協澄生理……

　　乾隆十二年（1747），黃時芳「同吳望表下廈門往臺灣」，替代其胞
兄捷哥回家。這是黃時芳首次渡臺，其兄捷哥渡臺當更早。當時尚未開
放蚶江與鹿港對渡，故須經由廈門過渡臺灣。乾隆三十一年（1766）十
月，「日湖出海，郭貴哥船到鹿[港]」，則顯係偷渡走私。

　　蚶江郊商大多是同時在泉州、蚶江和臺灣鹿港兩邊開行貿易的。乾
隆年間，鋪錦黃氏在泉州建立了「豐源號」、「協澄號」等鹿港郊行，經
營泉州與臺灣鹿港之間的貿易。[58]這在〈自記年譜〉中得到了印證。泉
州籍移民麇集鹿港，在鹿港建立泉州街。鋪錦黃氏則在鹿港泉州街建立
了與晉江祖家名稱相同的「鋪錦巷」，在鹿港開辦「錦鎮」商行，俗稱
「泉郊行」。[59]鋪錦黃氏取家鄉「鋪錦」的錦字，命名其商號為「錦鎮」。
乾隆十五年（1750），黃時芳再次東渡鹿港，「任新錦鎮莊事」。此莊非田
莊，乃布莊、茶莊、錢莊之類郊行商號。「新錦鎮」是鋪錦黃氏在鹿港開
設的新商行，原來的商行當然就稱為「舊錦鎮」了。黃時芳提及乾隆三
十一年（1766）「在豐源本店」，乾隆三十三年（1768）「時在鹿港本店」。
可知鹿港本店即「豐源號」，「豐源號」從泉州蚶江辦到臺灣鹿港，成為

[58] 參見陳支平，〈清代泉州黃氏郊商與鄉族特徵〉，《中國經濟史研究》2004 年第 2 期。
[59] 參見陳支平，〈清代泉州黃氏郊商與鄉族特徵〉，《中國經濟史研究》2004 年第 2 期。

橫跨海峽兩岸的聯號郊商。在鹿港本店之外，應另有分店、分號。乾隆三十三年（1768）四月，「陳護官在府[城]任豐泉（號）生理」時抱病，黃時芳下府城為其醫治。陳護官病故後，黃時芳將其安葬，後來又把他的骸骨運歸泉州故鄉。又有乾隆三十三年（1768）五月，「在府[城]行中」；八月，其弟「忠曦由鹿港往府[城]代我」。可知黃氏在臺灣府城所設「豐泉號」應是鹿港本店「豐源號」之分號。乾隆二十一年（1756），「舊錦鎮與樓哥合生理，新橋行中代糶貨物，辦布筒……」新橋乃順濟橋之俗稱，在泉州德濟門（南門）外。黃氏聚居於南關外二十四都龜湖鋪錦，黃氏的商行就開設在泉州城南門。黃時芳在「舊錦鎮」內與樓哥合夥做生意，在泉州南門郊行出售臺灣運來的米粟、油、麻；並採辦布疋等貨物，運往臺灣出售。「晉邑阻山襟海，米、糖取資臺地」[60]。米粟是鋪錦黃氏郊商經營閩臺貿易貨物之大宗。黃時芳曾「托曾倫舍持銀四百，與方中尊買茶」。銀元四百不是個小數目，可見鋪錦黃氏郊商還經營茶葉生意。

　　蚶江等地對臺貿易的郊商多屬「內典外商」[61]，如林慎亭先於乾隆三十三年（1768）在南安水頭開典鋪，「越年，就典鋪之本，再整淡水生理。作有三年，獲息合餘，復整鹿郊數年，亦甚得利。……再整興裕、興盛、萬順淡鹿三號生理……所以數年之間，生息亦算不少。」[62]鋪錦黃氏郊商除了經營米粟、油、麻、布匹、茶葉等貨物貿易，還經營典當業，傳承了蚶江郊商「內典外商」的傳統。黃時芳到鹿港的第二年，就與水僊宮後名叫贖行細的漳州人合夥經營生意。共銀四百元，兩人各出銀二百元。此漳州人既以贖行為業，黃時芳與其合夥，可能就是典當行營生。黃時芳在鹿港另一朋友陳仲官也經營典當行生意。〈自記年譜〉接著提到乾隆三十一年（1766）「周榜官典當停止，將各衣服、胎貨搬來寄在豐源本店，有千餘金，與承受坐賬，利息甚多。」鹿港本店「豐源號」兼營典當業，亦符合蚶江郊商「內典外商」之特徵。

[60] [清]道光《晉江縣誌》卷五，〈海防誌〉，頁94。

[61] 參見林水強、林為興主編，《蚶江誌略》，華星出版社1993年版，頁62。

[62] 《林氏玉山宗譜》，引自莊為璣、王連茂編，《閩臺關係族譜資料選編》，頁441-443。

　　澎湖亦設有臺廈郊[63]，經營與臺灣本島及廈門的生意。乾隆二十三年（1758）五月，黃時芳「在蚶江與澎船結粟三百餘擔。越幾日，無船到港，粟每擔長五十文。」看來澎湖商船不僅經商廈門，也經常運米粟等貨物到泉州蚶江貿易。澎湖乃海島彈丸之地，並無餘粟可資貿易。澎湖商船、郊商顯然在臺灣本島與廈門、泉州蚶江等大陸口岸之間起了居間貿易的仲介作用。必須註意的是，〈自記年譜〉所記均為乾隆四十九年（1784）開放蚶江鹿港對渡之前，包括蚶江鹿港的海峽兩岸貿易已經十分繁盛，這才反過來推動開放蚶江鹿港對渡。

　　黃氏郊商的經營方式及《龜湖鋪錦中鎮房黃氏族譜》記載的商業糾紛亦有值得註意之處：

　　十五世黃瑞卿，「十四歲即渡臺，為人權子母」，進而為伯父毅軒、叔父朴堂代理在臺生計。[64]其弟瑞錦「十六歲即渡臺，為人權子母」，後亦代理叔父朴堂在臺生計。瑞卿、瑞錦昆仲「一生艱難創業，幼而壯，壯而老，日就市肆，以致其餘」，終老於臺灣郊行中。[65]

　　乾隆三十三年（1768）四月，「陳護官在府[城]任豐泉[號]生理」；同年九月，黃時芳「進鹿店中結算數目，交夥計高合官等。」可知黃氏在鹿港與臺灣府城郊行平日生意，曾交由夥計經營。

　　十六世黃鋼斗，「……因先大父謝世，棄詩書，習計然術。直道而行，不欺不詐，忠厚遺風，口碑載路，可無論矣……詎意臺府錦豐[號]生理，闔家所靠，被夥霸侵。癸酉秋仲，東渡親視。……」[66]從鋪錦黃氏臺灣府城「錦豐號」「被夥霸侵」，可以得知鋪錦黃氏已非親自經營，而是委諸店夥，方有夥計「霸侵」來由。

　　乾隆三十年（1765）四月，黃時芳「與金房鑒叔爭訟。託曾倫舍持銀四百，與方中尊買茶，被他騙去。後托林恩舍去討，約二八分成……」此事最終由官府裁決。由此可知有代人討債二八分成的商業習俗。

---

[63] 參見林仁川，《大陸與臺灣的歷史淵源》，文彙出版社 1991 年版，頁 131。

[64] 〈皇清雍進士軍功五品銜誥授奉政大夫候選同知加一級宏度黃君行述〉，《龜湖鋪錦中鎮房黃氏族譜》。

[65] 〈皇清雍進士例授修職郎五十有一翁怡巖黃府君行述〉，《龜湖鋪錦中鎮房黃氏族譜》。

[66] 〈皇清雍進士例授承德郎候選通判五十二翁慎樞黃公墓誌銘〉，《龜湖鋪錦中鎮房黃氏族譜》。

　　乾隆三十四年（1769），黃時芳「代西門外林本表還李天興官花銀一百四十五員，係是前年捷哥代他出單賒花，每年撥銀十員，至庚子年（四十五年，1780）湊明白。」此處「出單賒花」之「花銀」，疑似閩南民間一種常見的商業集資形式「花會」、「標會」。

　　黃時芳等黃氏族人經商致富後，從事恤孤痊葬、賑饑救災、鋪橋築路、修繕祠廟等社會公益事務頗多。誠如以往論者所論，此類善舉妨礙商業資本的積聚及其再投入經營，從而影響了黃氏郊商事業發展的規模。但是，不能只從純經濟效益的角度看問題。黃氏郊商的善舉在閩臺兩地均取得良好的社會地位與社會效益，為進一步發展商業營造了良好的社會環境。從經濟上看，完善路、橋等交通基礎設施，對經商貿易並不是完全沒有意義的，也有必要。

　　當時，臺灣的寺廟宮觀是大陸移民的信仰中心，經常也是城鄉聚落自治和行會組織自治活動的據點。郊行商人也往往以寺廟宮觀為同業公會聚會活動會場和交易談判場所，因此寺廟作為地方宗教文化與政治中心的同時，也是地方的經濟中心。鹿港龍山寺是臺灣最古老的佛教寺廟。乾隆三十三年（1768）二月十九日觀音佛誕，黃時芳與爐主秦商官等會中七人主持擴遷鹿港龍山寺。黃時芳主張由會中簽題及水客樂捐取代典借，以籌集擴遷缺額經費。《噶瑪蘭誌略》記載，「臺灣生意以米郊為大戶，名曰『水客』。」臺灣「商業網中又有設船或雇船販賣貨物於島內各港埠者。自設船的稱為『整船』或『船頭』，雇船販賣者稱為『水客』。」[67]臺灣「郊行例設董事（俗稱頭家）……權力系統的主體是郊中各商號大會」，「鹿港郊規中並未出現董事，郊長稱為爐主……以爐主掌管全郊事務。」[68]爐主秦商官是為鹿港該泉州郊之郊長、頭家，也就是會首。此番擴遷鹿港龍山寺，集鹿港泉州郊諸郊商與眾「水客」商販之力而成。鋪錦黃氏的豐源、協灃二商號共題捐二十一元，超過爐主所題之數，在其中起了重要作用。這比乾隆五十一年（1786）著名郊商「林日茂」、許樂三等遷建鹿港龍山寺早了 18 年，可見黃氏郊

---

[67] 參見黃福才，《臺灣商業史》，江西人民出版社 1990 年版，頁 125、146。

[68] 參見黃福才，《臺灣商業史》，江西人民出版社 1990 年版，頁 130-131、132。

商在鹿港泉州郊中的地位不同一般。前述咸豐三年臺府騷動，黃瑞卿倡勸郊中郊友、郊人「暫借軍需」，亦充分顯示黃氏郊商在鹿港泉州郊中的領袖地位。

龜湖塘是晉江縣重要的水利工程，清道光《晉江縣誌》亦載鋪錦黃氏修築龜湖塘岸之事：「龜湖塘，在二十四都，長一千八百餘丈，闊八十二丈，深一丈。東至塘後邨，西至石獅亭，南至塘岬村，北至大洋。灌田三千八百餘畝。宋郡守蔡襄定塘規，明嘉靖間郡守童漢臣增立塘規，林、黃、蘇、鄭四姓，管修堤岸。……乾隆壬辰（三十七年，1772）秋霖雨，岸崩百餘丈，鋪錦鄉鄉賓黃汝燾（濤）暨侄時芳修築，費白鏹八百餘兩……」。[69]可知明嘉靖間，黃氏已是當地鉅族大姓。郡守所立塘規才會規定黃氏與林、蘇、鄭等四姓負有管修龜湖塘堤岸之責。龜湖塘堤岸潰於乾隆三十七年秋，一年多後才開始動工修築。是役黃氏族人共捐灰一千五百擔，黃時芳並捐工銀，鋪錦黃氏依然信守宋、明以來林、黃、蘇、鄭四姓管修龜湖堤岸之古老塘規。

黃時芳曾於乾隆二十四年（1759）出資維修蚶江蓮埭七星橋。光緒七年（1881），蓮埭七星橋受損，當地士商集資修葺。「重修七星橋碑」開列捐資芳名[70]：

> 錦鋪監生黃景辰捐銀六十大員。
> 鹿港林慎泰、蓮埭林謀泰，各捐銀二十大員。
> 蚶鹿林協興捐銀十五大員。
> 蚶鹿王順安捐銀七大員。
> 石壁林德泰捐銀六大員。
> 洪尾蔡通觀捐灰二十擔。
> 蚶江林恭記捐銀一十五大員。
> 浙紹吳葆坤、林合益，各捐銀六大員。
> 馬巷諸布郊、安海崇盛、芙蓉守善堂，各捐銀五大員。
> 林迪源捐銀六大員。

---

[69] [清]道光《晉江縣誌》卷八，〈水利誌〉，頁144-145。

[70] 引自陳支平，〈清代泉州黃氏郊商與鄉族特徵〉，《中國經濟史研究》2004年第2期。

安海林衛遠、蚶江林士准、蓮埭林束昌，各捐銀四大員。

鹿港施進益、梁新榮、歐成泰，亭下王捷益，青陽李進利，山仔吳錦興、蚶江王媽陣、林裕、紀義記，各捐銀三大員。

鹿港黃錦源、謙益號、錦美號、復盛號、利源號、順利號、洪瑞虔、協春號、王萬利、水頭王則保、王則鍾、王則振、王則明、王玉佩、王道萬、洪進源、洪復興、洪源昌，蚶江林協源、林福源、林順發、林錦珍、林義泰、王金錠、歐協益、紀經銓、存德堂、珍裕號、黃長春、蔡源順、蔡崇興、紀義合，各捐銀二大員。（以下捐銀一大員的商號與個人共有六十，從略。）

　　以上捐銀士商中，在泉州晉江的鹿港郊行、郊商至少有 15 家。其中蚶鹿林協興、蚶鹿王順安等郊商都是同時在蚶江、鹿港兩邊開行貿易的。而鋪錦郊商兼監生黃景辰赫然列居首位，充分顯示其資財與社會地位遠遠凌駕於其他郊商之上。

　　明以降，晉江民風漸趨剽悍，鄉村間時有分角落擲石為戲之「相損」習俗。[71]乾隆四十年（1775）正月，鋪錦黃氏因與吳氏互擲石塊，「至拆厝及店」，幾乎釀成宗族械鬥。後被約正稟報官府，出差諭止。公親（和事佬）鄉紳陳相公居間調和，黃時芳與堂兄群哥出銀料理善後，方才了事。道光二十三年（1843），「鄉與鄰之三鄉異姓鬥且狠」，端賴返鄉鹿港郊商黃瑞卿「週全者數十命，事旋寢。」[72]可見宗族糾紛械鬥對商業之影響，以及郊商在平息宗族糾紛械鬥中的作用；官府在排解地方民事糾紛事務中，相當大程度上是倚靠鄉約、鄉紳包括郊商等民間基層自治組織力量調適的社會功能。

　　〈自記年譜〉所載章伯阻擋琰哥「廳內拜公媽党」，應是結拜金蘭。除了前述咸豐三年（1853）太平軍攻佔南京，「臺府騷動，匪擾益急，城幾危」，〈自記年譜〉還透露了乾隆三十三年（1768）九月二十五日夜晚，黃教在臺灣府治安平鎮王城火藥庫內放火起事的消息。均可聊補正

---

71 參見白刃，〈念故鄉，憶永寧〉，《永寧古衛城文化研究》，福建人民出版社 2001 年版，頁 161。

72 〈皇清雍進士軍功五品銜誥授奉政大夫候選同知加一級宏度黃君行述〉，《龜湖鋪錦中鎮房黃氏族譜》。

史之所不及。

　　有人居心叵測地片面擡高口述史而刻意貶損族譜的史料價值，實乃數典忘祖。口述史與族譜的史料價值，均應審慎分辨，方可用其所長，持論公允。剔除攀附名門、官銜造假的通病，散見民間的譜牒文書不經意留下的記錄，正好可以彌補官方史籍疏漏的缺失。《龜湖鋪錦中鎮房黃氏族譜》展示了一部蚶江鹿港對渡前後閩臺郊商的社會史。

東山商貿口岸及其對臺通商貿易

「東山在環海中，為閩南之屏藩。臺灣、澎湖隔海東望，如在几席間。[1]」東山陸橋作為古人類由祖國大陸遷徙臺灣的通道，是連接祖國大陸與臺灣的紐帶。明清以來，東山以其優越的港口地理優勢，一直與臺灣保持著密切的通商貿易關係。

一

東山島亦稱銅山島，扼臺灣海峽西側南口，當閩粵交界海上要衝，戰略地位十分重要。明太祖為防禦倭寇騷擾，派江夏侯周德興整頓福建海防，於洪武二十年興建銅山所城，設銅山水寨，銅山於是成為東南濱海重鎮。銅山島在作為海防軍事要塞的同時，出海興販貿易也日趨興旺發達。嘉靖年間，隨著東南沿海海上私人商業資本的崛起，浙閩粵沿海出現了一批私商雲集的走私港。「福建遂通番舶，其賊多諳水道，操舟善鬥，皆漳泉福寧人。漳之詔安有梅嶺、龍溪、海滄、月港；泉之晉江有安海；福鼎有桐山；各海澳僻，賊之窩向船主喇哈火頭舵公皆出焉。[2]」在閩南，有一個不讓泉屬晉江安海、漳屬海澄月港，聞名遐邇的詔安梅嶺港。「漳泉地方，如龍溪之五澳，詔安之梅嶺，晉江之安海，誠為奸盜淵藪。[3]」「中丞阮鶚率兵討倭，倭走南澳，亂民從倭者，集梅嶺，且萬家[4]」。狹義的梅嶺指詔安灣西北岸地方，在詔安縣懸鐘山北面，從鳳山大圍逶迤而出，「離縣二十里，離懸鐘十里許，即舊誌安邊館瀕海之地，漳之洋舶先實發於此[5]」。詔安位於福建省最南端，與廣東接壤，負山面海，海面與東山、南澳二島聯接成一天然港灣，是為詔安灣。東山縣乃於 1916 年由漳浦、詔安二縣析置，在此之前，

---

1 民國《東山縣誌》卷首，樓序，東山縣方志委 1987 年印行。

2 《福建通誌》卷七十四，〈藝文〉。

3 [明]王忬，〈條處海防事宜仰祈速施行疏〉，《明經世文編》卷二八三。

4 [清]光緒《漳州府誌》卷四十六，〈紀遺〉。

5 民國《詔安縣誌》卷二，〈地理誌‧險要〉。

銅山島曾先後隸屬漳浦、詔安。南澳於 1916 年獨立置縣前，亦有一半隸屬詔安。廣義的梅嶺港則是包括銅山、南澳二島在內的詔安灣沿岸地方的統稱。梅嶺港海岸線蜿蜒曲折，水深洋闊，長年不凍，多避風良港，向為「閩粵之外戶」，「先是發舶在南唐之梅嶺。後以盜賊梗阻，改道海澄。[6]」「安邊館，在四都之梅嶺，瀕海有公館，後廢。漳之洋舶，其先實發於此，後以其地屢為倭寇所憑，發船移於海澄。[7]」優越的地理環境，使梅嶺港早在月港興起之前就已成為閩南粵東的外貿口岸，歷來是東西洋海上私商的中繼站。不僅是中國海商活動的中心，而且也是國際海盜商人的據點[8]。「漳州詔安五都走馬溪，兩山如門，四時風不為患，去縣及各水寨頗遠，接濟者夕旦往來無所忌避，誠天與猾賊一逋藪也。[9]」「三四月東南風汛，番船多自粵趨閩而入於海，南澳雲蓋寺，走馬溪，乃番船始發之處，慣徒交接之所也。[10]」「走馬溪，在五都，距懸鐘、梅嶺俱二十里，其地要害。[11]」「走馬溪，在五都海濱，內有東澳，亦呼賊澳，為海口藏風之處，凡寇船往來，俱泊於此。[12]」走馬溪在東山島，東澳應即今東山縣陳城鎮宮前灣，是古梅嶺港港群的重要口岸之一。走馬溪宮前灣是梅嶺港東面的深水澳兜，溪口寬闊，群山擁簇，古爐山屹立溪之北，大帽山為東隅屏障，鳳門山、孤面山巍然挺立於溪南畔上，西嶼島威鎮溪口廣表的海中。從大帽山流下瀉的走馬溪，分出二股支流，一抵宮前平海澳口，一抵岐下大山北麓[13]。

明代，嚴山老、許西池、張維及二十四將、二十八宿等通倭鉅寇常於走馬溪、舊浯嶼住舡，月港出貨[14]。「諸番自彭享而上者，可數十日程，

[6] [明]張燮，《東西洋考》卷七，〈餉稅考〉。

[7] 民國《詔安縣誌》卷二，〈地理誌·險要〉。

[8] 參見林仁川，《明末清初私人海上貿易》，華東師大出版社 1987 年版，頁 160。

[9] [明]俞大猷，《正氣堂集》卷二。

[10] [明]胡宗憲，《籌海圖編》卷四，〈福建事宜〉。

[11] [清]同治《詔安縣誌》卷三，〈方輿誌·山川〉。

[12] 民國《詔安縣誌》卷八，〈武備誌·關隘〉。

[13] 參見陳漢波，〈從屹立走馬溪南畔的保生大帝廟談起〉，《吳真人研究》，鷺江出版社 1992 年版。

[14] [明]鄭傑，《虔臺倭纂》卷下。

水米俱竭，必泊此儲備而後去日本；自寧波而下者，亦可數十日程，其須泊而取備亦如之，故此澳乃海寇必經之處。[15]」走馬溪上游的宮前灣和下游南畔的岐下一帶，都是私商出沒之區、出海興販的口岸要津。因此，宮前和岐下分別建有天后宮和保生大帝廟，供往來海商船戶抽籤問藥，庇佑他們的海上商業活動[16]。走馬溪出海口建有天后宮，遂以名村、名灣，稱之為「宮前」，這顯然是走馬溪宮前灣一帶海上貿易興盛的實證。嘉靖二十八年，朱紈指揮了著名的走馬溪之役。其後，俞大猷又封閉走馬溪水澳。但梅嶺港、走馬溪「私番船隻，寒往暑來，官軍雖捕，未嘗斷絕」，「商船浮海攘利」，繼續進行販海經商活動[17]。

走馬溪宮前灣一帶的販海經商活動，不少是與臺灣之間進行的。明末清初著名的海商李旦、顏思齊、鄭芝龍等先後駐紮、逗留在走馬溪一帶。鄭成功、鄭經父子更以銅山作為重要的抗清基地，在銅山島留下了不少活動史蹟[18]。李旦、顏思齊以及和他們有著直接傳承關係的鄭氏集團，經常出沒臺灣海峽兩岸，以走私販海的形式從事對臺通商貿易。「成功以海外島嶼，養兵十餘萬。甲冑戈矢，罔不堅利，戰艦以數千計。又交通內地，遍買人心，而財用不匱乏者，以有通洋之利也。本（清）朝嚴禁通洋，片板不得入海；而商賈壟斷，厚賂守口官兵，潛通鄭氏，以達廈門，然後通販各國。凡中國各貨，海外皆仰資鄭氏。於是通洋之利，惟鄭氏獨操之，財用益饒。[19]」鄭氏分設海陸兩路五商十行，仁義禮智信「五常商行」設於廈門及附近諸港澳，集各地外貿貨物販運海外。其中除了廈門、金門、安海、沙埕諸港，也包括閩粵交界的梅嶺港銅山、走馬溪宮前灣和南澳、潮陽等清軍鞭長莫及之地。

1996 年，南京航道分局航浚八號船在汕頭市達濠區古屬潮陽縣的廣澳港施工時，發現一艘鄭成功重要部將「忠振伯」洪旭標下的沉船，

---

[15] [明]俞大猷，《正氣堂集》卷二，〈呈福建軍門秋厓朱公揭條議汀漳山海事宜〉。

[16] 參見陳漢波，〈從屺立走馬溪南畔的保生大帝廟談起〉，《吳真人研究》，鷺江出版社 1992 年版。

[17] [明]朱紈，〈閱視海防事〉，《明經世文編》卷二〇五。

[18] 參見孫英龍，〈鄭成功在東山島活動史蹟〉，《鄭成功研究》，廈門大學出版社 1994 年版。

[19] [清]郁永河，《偽鄭逸事》。

打撈到銅印、銅銃、鐵炮、銅錢等珍貴文物，就是實證。雖然清廷厲行
遷界禁海，對閩粵沿海鄭氏政權控制區實施一系列的軍事經濟封鎖措
施，但鄭氏及沿海商民以廈門、金門、銅山、南澳諸島為據點，在臺灣
海峽展開頻繁的商業活動，祖國大陸與臺灣之間的貿易一直通過走私販
海的渠道進行著。銅山走馬溪宮前灣一帶就是鄭氏時期閩臺貿易的通津
口岸。《東山縣誌》記載，山口鄉大路口村有石碑題曰：「往東京大路」，
村因此得名[20]。據勘查考證，在福建東南沿海，北起湄洲灣南畔，南至
東山灣北岸，大約有近 20 方「東京大路」、「往東京大路」的石碑或石
刻，地域都局限於閩南沿海，指向都在港口。所謂「東京」，既非河南
開封，亦非傳說中南宋幼主帝昺逃亡東山島，擬在附近東南小島上所建
國都，而是鄭成功收復臺灣後「築東都安平鎮城」[21]。「這些碑刻，起初
是出於當時鄭成功的軍事行動以及老百姓投奔和支援鄭成功的需要而
立的。清初遷界，鄭成功派五軍都督在港口接渡逃亡者至臺，後來又為
清政府的軍事行動所需要而保存。[22]」此論良有見地，此乃大路口村所
在的烏礁灣亦是對臺交通貿易要津的有力實證。

　　施琅於康熙二十二年師出銅山，進擊澎湖，統一臺灣。復界開禁後，
開始只有廈門與安平鹿耳門對口通航，在廈門和臺灣分別設立泉防廳和
臺防廳。清廷為了控制對臺貿易的商人，在廈門設立商行，一切對臺貿
易的船舶需有商行的保證方可航行臺南鹿耳門，未經許可不得經營對臺
貿易。乾隆四十九年、五十七年，又先後開放鹿港和淡水八里坌，分別
與泉州蚶江、福州五虎門對渡。清廷對臺灣海峽兩岸通航口岸、船隻及
其所載人員、貨物種類、數量等均實行嚴格的控制。但兩岸商民不顧政
府的禁令，利用官府防備薄弱、控制不及的偏僻港灣，頻繁往來走私貿
易，清政府的禁令形同虛設。銅山海上交通貿易素稱發達，「當海禁未
開時，商人集鉅資，駕帆船，北上而至寧波、上海、天津，東駛而至臺

---

[20] 東山縣方誌辦，《東山縣地名錄》，1981 年，頁 39。

[21] [清]鄭達，《鄭成功海東事》。

[22] 參見傅金星，〈揭示「東京」的迷底〉，《泉山採璞》，泉州市鯉城區方誌委 1992 年印行。

灣、澎湖，運載貨物，以銷售於鄰封者，為數至鉅。[23]」「走馬溪泊南北風船五十餘。商人往來及賊舟之自東番、澎湖來者，必於此收泊。[24]」走馬溪宮前灣一帶的對臺走私販海活動更加活躍了。

二

「東山設關收稅，始於前清咸豐間，原係徵收內地常稅。[25]」康熙二十三年，施琅奏設閩海關，管理海洋貿易事宜。道光《廈門誌》附載閩海關通省稅口中可見銅山，位於南臺、廈門、泉州、涵江、安海之後，為閩省六大稅口之一。「乾隆七年，復準閩海關之南山邊一口免其徵稅，只留巡哨稽查。其客商於銅山自報不實不盡之貨，統歸石碼口秤驗，照例徵收。[26]」可知銅山設關收稅並非始於咸豐年間，而在乾隆之前，應是康熙二十三年廈門設立閩海關之後的事。所徵收的是海洋貿易稅，即海關稅，而非內地常稅。銅山設關徵稅，標誌從海防重鎮向商貿要津、從非法走私港向合法商港轉化，銅山對臺通商貿易從走私興販轉向官方許可的合法渠道。特別是乾隆中葉廢除不準祖國大陸人民渡臺及商貿上的一些禁令，使銅山對臺通商貿易進入一個全新的發展時期。嘉慶以後，銅山千帆雲集，艫舳滿灣，商船頻繁往返海峽兩岸之間。同治元年、二年，外籍稅務司管理下的閩海新關和廈門新關相繼設立，原閩海關監督所轄系統改稱常關，以管理民船（中國舊式木帆船）貿易為主，區別於管理輪船貿易的新制海關。對臺民船貿易就是銅山常稅總局的主要監管對象之一。同治九年，捐款重修銅山銅陵關帝廟碑記載有臺灣安平、滬尾、鹿港、澎湖等地 40 多位軍、政、商、漁、航各界人士，僅來往於銅山、臺灣之間的臺灣船戶就有幾十家[27]。清季銅山對臺通商貿易關

---

[23] 民國《東山縣誌》卷一，〈地理誌·市鹽〉。

[24] [清]杜臻，《粵閩巡視紀略》卷四。

[25] 民國《東山縣誌》卷八，〈政治誌·關稅〉。

[26] [清]道光《廈門誌》卷七，〈關賦略〉。

[27] 參見陳漢波，〈東山與臺灣關帝信仰文化緣系小考〉，《東山文史資料》第 10 輯；劉子民，《尋根攬勝漳州府》，華藝出版社 1991 年版，頁 208。

係之密切，由此可見一斑。

　　鴉片戰爭後，凡非通商口岸均稱內地。根據《辛丑和約》庚子賠款，海關兼管了通商口岸 50 里內常關。通商口岸 50 里外的銅山與沙埕、涵江、泉州並稱閩省四大常關，銅山常稅總局是廈門以南唯一的常關總關，下轄詔安宮口、漳浦舊鎮和雲霄等 3 個分關。銅山常稅總局每年所徵稅款從咸豐年間的 3000 兩增加到民國初年的 5000 大洋[28]，銅山經濟地位不斷提高。民初東山建縣設治就是東山漁航商貿海洋經濟發達的必然結果，也是東山對臺通商貿易發達的反映。反過來，又促進了對臺通商貿易的興盛發展。1924 年，東山商航界首次向臺灣租用「晴榮丸」、「中興丸」等電汽船，取代木帆船運載客貨，航行臺灣航線[29]。穿梭於海峽兩岸之間的電汽船、民船如過江之鯽。30 年代初，往返於臺灣、東山之間的民船，每月報關進出港達 200 餘艘次，平均每日 6-7 艘次。東山對臺民船貿易和轉口貿易十分興隆，許多鮮魚、鮮果等鮮貨大量進出[30]。隨著對臺通商貿易的發展，東山商民頻繁往返於海峽兩岸，移居澎湖、基隆、高雄等地日益增多，東山商民崇奉的商業財神關帝隨之播遷臺澎各地。1933 年，移居臺澎的東山鄉親籌措資金，籌建澎湖馬公關帝廟，董事長是高雄「公城船頭行」主人、東山西村人林成仔，由東山康美村林進金等叔侄三人承建。澎湖東山會館就設在該廟內。林家叔侄後來又應旅臺東山鄉親之邀，赴臺承建關帝廟[31]。臺灣各地有少不關帝廟是由東山移民倡導籌建的，許多東山銅陵關帝廟的分香子廟，香火一直延續至今，這是東山對臺通商貿易繁盛的副產品。東山銅陵關帝廟分香分靈臺島各地，雖然未必是最早的，但大有後來居上之勢，從一個側面反映了清末民初以來東山對臺通商貿易蒸蒸日上，如日中天。

　　東山從海防重鎮向商貿要津，從非法走私港向合法商港轉變的同時，東山主要出海通商貿易口岸也由詔安灣梅嶺港群所屬的宮前灣，經

---

[28] 參見鄭炳川，〈舊東山海關工作史略〉，《廈門海關學會論文集》第 10 輯。

[29] 參見歐慶彰，〈東山港興衰記〉，《東山文史資料》第 10 輯。

[30] 參見鄭炳川，〈舊東山海關工作史略〉，《廈門海關學會論文集》第 10 輯。

[31] 參見劉子民，《尋根攬勝漳州府》，華藝出版社 1991 年版，頁 209、205。

澳角灣、烏礁灣向南門澳、西門澳、後澳，從南向北轉移。東山島南有
詔安灣，北有東山灣，「四面環海，沿岸隨處皆有良港」，共有東山港、
後澳、南門澳、西門澳、佛堂澳（俗作白堂澳）、銅缽港、親營灣、宮
前灣、港口港、布袋澳[32]。詔安「宮口海面頗闊，不能蔽風，鉅浪鼓蕩，
船搖不定。……宮口風濤險惡，搖撼不安，非良港也。[33]」宮前口較宮
口為優，然「其澳狹廣不能二里許」[34]，且偏處東山島南隅，距城遙遠，
交通不便。因此，它是作為逃避官軍追捕和海關監管的走私港應運而興
的。當海禁開放，出海興販貿易納入海關正常管轄之下，勢必要讓位於
與市場交通便捷、灣泊避風諸條件更優良的港灣。咸豐年間，銅山常關
「初設關卡於觀音亭山靈泉宮，後移於西門外參將衙西畔。[35]」民船貿
易管理機構的遷移，顯示東山主要出海貿易口岸的變化，已轉移至西門
一帶。「西門澳，在城西，為澳雅頭澳與西門兜之總稱。澳雅頭澳，潮
漲時水高可達九呎至十三呎，有石堤一彎環抱於澳外，內藏舟可百艘，
一避風之良澳也。靠岸有碼頭，旅客貨物多由此起落。[36]」民國初期，
民船抵達東山，必須遵照銅山常稅總局指定的區域，停泊於距西門澳不
上百米的東山港石堤內港[37]。「東山港，舊作銅山港，在縣治東北。古雷
半島突出海面，與本島東西夾峙，形成拱抱。入塔嶼之大、小門，即為
東山港口。[38]」1934 年 7 月 1 日，為防範來自臺灣、澎湖的民船走私而
設立的東山民船管理分卡，辦公地址就設於澳雅頭碼頭[39]。1941 年，東
山縣又於距城西北一里許的後澳興建前後兩道防波石堤，於是後澳港
「視南門、西門二澳，安穩多矣」[40]。漁船商貿是東山海洋經濟的主要
支柱，主要出海通商貿易口岸的變化，表明東山島經濟中心的形成和轉

---

[32] 民國《東山縣誌》卷一，〈地理誌・港灣〉。

[33] 民國《東山縣誌》卷二，〈大事記・許世英巡按使閩海巡記〉。

[34] [明]俞大猷，《正氣堂集》卷二，〈呈福建軍門秋厓朱公揭條議汀漳山海事宜〉。

[35] 民國《東山縣誌》卷八，〈政治誌・關稅〉。

[36] 民國《東山縣誌》卷一，〈地理誌・港灣〉。

[37] 參見鄭炳川，〈舊東山海關工作史略〉，《廈門海關學會論文集》第 10 輯。

[38] 民國《東山縣誌》卷一，〈地理誌・港灣〉。

[39] 民國《東山縣誌》卷八，〈政治誌・關稅〉。

[40] 民國《東山縣誌》卷八，〈政治誌・關稅〉。

移。東山島逐漸脫離附屬於詔安灣梅嶺港群經濟區的地位，形成以東山灣為依託的獨立經濟體系。

南京國民政府於 1929 年 2 月 1 日實行關稅自主，實施「國定稅則」，相應取消常關、釐金。1931 年 1 月 1 日和 6 月 1 日，通商口岸五十里外、五十里內常關先後裁撤，原先有外洋直接貿易的常關機構奉命改設海關分卡，銅山常稅總局於是改為廈門海關東山分卡。由於國民政府較大幅度地提高了大部分商品的海關進口稅率，並對棉紗、捲煙、火柴、麵粉、水泥等重要民生日用工業品開徵高稅率的統稅，致使國內外商品價格懸殊，來自港澳尤其是海峽對岸的臺灣走私進口物品驟然猛增[41]。日本割佔臺灣後，妄圖切斷臺灣與中國大陸的經濟、文化紐帶，通過關稅等進出口制度的改變，使臺灣成為日本所需米、糖的供應地；而日本紡織品及其它工業產品則逐漸取代大陸手工業產品供應臺灣日常所需[42]。日本一意奉行侵略中國的政策，隔海相望的福建成了日本覬覦的勢力範圍。臺灣海峽兩岸政治形勢的變化，直接影響、改變了兩岸經貿的性質。由臺灣運到中國大陸的商品，很多是日貨的轉口，如紡織品、海產品、火柴等。大量日本過剩產品傾銷閩粵沿海地區。東山孤懸海中，地近臺澎，位於閩粵交界不易控制管理之區，因此在 1930 年代的臺灣海峽海上走私高潮中，理所當然地成為走私氾濫的重災區。東山與臺灣的通商關係，從原來雙方互補性的正當合法貿易，轉變為日本對華侵略掠奪性的違法走私貿易。大量白糖、火柴、煤油、布疋、捲煙、水泥、化肥、鴉片、雜貨由臺澎源源不斷走私入口，出口走私則以銀元為主。當時海上走私的主力是電汽船和民船，臺灣籍民和中國大陸黨政軍警漁航商貿各界趨之若鶩，直接間接捲入其中。「走私民船成群結隊，往往有 20 艘左右，川走臺灣海峽兩岸。」不少漁船利用不必向海關報關之便，紛紛加入海上走私隊伍。據廈門海關檔案不完全統計，東山分卡曾經緝獲日臺走私電汽船 5 艘、中方走私船 10 餘艘、銀元近 2 萬枚和價

[41] 參見拙文〈三十年代臺灣海峽海上走私與海關緝私〉，《中國社會經濟史研究》1997 年第 3 期。

[42] 參見林滿紅，《四百年來的兩岸分合》，自立晚報社文化出版部 1994 年版，頁 38。

值數十萬元的白糖、火柴等走私物品[43]。直至「七七事變」後，日本海軍將澎湖馬公港闢為軍港，臺灣海峽海上走私失去了一個最便利的中轉站，才漸趨沉寂。不久，日軍全面封鎖中國沿海港口，東山港航道也被佈雷封鎖。日寇並將東山港的電汽船劫持、燒燬殆盡，對臺交通貿易斷絕。

　　抗戰勝利後，東山殷商富戶迅速建造「利東」、「有福」、「建成」等電汽輪船，還組織商漁聯營，改漁船為商船 40 多艘，川走臺灣、澎湖一線，運去竹器、瓷器、生豬、中藥、煙絲、魚幹、鹹魚、蔥、蒜、魚網和花生油等土特產，運回白糖、布疋、糧食、豆類、苧麻和肥料等。東山對臺通商貿易進入繁花似錦的時期，兩地商貿往來如織。著名老舵陳哈目先後十多次受「元順和號」老闆雇傭，載貨入臺，結識澎湖「合發」貨棧老闆波仔、耀仔和欽仔，以及高雄「合成」貨棧老闆成仔、粟仔，結下深交。東山船員王生、陳芝仔、賴炎仔之子等人都常川航行東山與臺澎之間。[44]可惜曇花一現，好景不長。40 年代末，「國軍」以東山為據點，負隅頑抗，趁機拉抓丁，大肆劫掠，剛剛恢復不久的東山航運業又遭破壞，對臺通商貿易再次中斷。直至臺海兩岸關係解凍，東山成為對臺小額貿易的重要口岸，東山籍臺胞紛紛返鄉探親，投資經商，人員往來、文化交流頻繁。我們期盼東山憑藉與臺灣之間地理上和人文商貿歷史淵源的優勢，在兩岸直航「三通」上發揮更大的作用。

---

[43] 參見林定泗、鄭炳山，〈民國時期東山關區走私情況淺析〉，《廈門海關學會論文集》第 7 輯。

[44] 參見歐慶彰，〈東山港興衰記〉，《東山文史資料》第 10 輯；《尋根攬勝漳州府》，華藝出版社 1991 年版，頁 209、205。

日本據臺時期對中國的毒品禍害

　　眾所周知，以英國為首的西方殖民侵略者於 19 世紀中葉先後發動了兩次罪惡的鴉片戰爭，中國開始墜入半殖民地半封建社會的苦難深淵。從 19 世紀末到 20 世紀中葉，後起的日本帝國主義悍然發動了兩次中日戰爭，使中國淪落到亡國的邊緣。伴隨著這兩次侵華戰爭，日本帝國主義精心策劃了一場新的鴉片戰爭。其流毒範圍之廣、時間之長、危害之慘烈、影響之深遠，程度並不在兩次鴉片戰爭之下。由於日本對華販毒手段狡黠，又為繼起的大規模侵華戰爭的硝煙籠罩遮蔽，因此長期被人們忽視。近年來，有些中外學者開始註意販毒與中日戰爭的內在聯繫，但多側重於日軍侵略東北、華北而伴生的販毒活動[1]。甲午戰後日本佔據臺灣，以鴉片專賣制度作為統治臺灣的重要工具，並以臺灣為大本營，採用臺灣鴉片專賣制度的模式範例，極力向對岸的閩南、潮汕、青島、大連等地伸張幅射販毒網絡，這才是日本對華鴉片戰爭的張本。對日本帝國主義侵華史上這一鮮為人知的重要史實，學術界涉獵甚少，本文對此作一初步探討。

一、臺灣鴉片專賣制度之由來

　　鴉片戰爭前，臺灣就是鴉片走私販出沒的淵藪。關於鴉片傳入臺灣的時間和途徑，通常有兩說。一說明萬曆年間由南洋華僑從爪哇傳入閩南，再由廈門傳入臺灣；一說荷據臺灣時期由爪哇直接傳入[2]。清政府在鴉片戰爭中戰敗，當然不敢再提禁煙；列強礙於罪惡昭彰的販賣鴉片毒品生意在國際輿論中的不良聲譽，也未便公然將鴉片貿易載入不平等條約。因此，結束鴉片戰爭的《南京條約》對鴉片戰爭的起因——鴉片貿易竟然隻字未提。儘管當時清政府的法令仍視輸入鴉片為非法，但實

---

[1] [日]二反長半，《戰爭與日本鴉片史》，東京：昂書房 1977 年版；華永正，〈日本軍事販毒內幕〉，《廣角鏡》第 213 期。

[2] 劉明修，《統治臺灣與鴉片問題》，山川出版社 1983 年版，頁 4-6。

際情況並非如此。在列強的庇護和清政府的默認下，各國鴉片販子得以在無政府狀態下明目張膽地對華運銷鴉片，而且無須繳納任何稅費。他們以香港、澳門為大本營，對包括臺灣在內的中國各海口掀起了比戰前更加猖獗的走私鴉片活動。「走私貿易，特別是鴉片走私，卻象一棵綠色月桂樹般地欣欣向榮起來」[3]。西方殖民侵略者並不以此為滿足，終於在第二次鴉片戰爭中迫使清政府簽訂《通商章程善後條約》，允許鴉片以「洋藥」的名義納稅進口，而使鴉片貿易合法化。同時，臺灣也開放了安平、淡水兩個正口和打狗、雞籠兩個外口。在西方列強的侵略和清政府的反動統治下，臺灣人民深受鴉片毒害，鴉片長期是臺灣各口最大宗的進口商品，也是最重要的走私進口貨物。1864-1873 年 10 年間，鴉片輸入量從近 10 萬斤增長到近 36 萬斤。1874-1895 年，除個別年份外，鴉片輸入量經常在 40 餘萬斤至 50 餘萬斤之間，其中 1881 年高達58.8 萬餘斤。鴉片稅釐收入在臺灣財政上佔有舉足輕重的地位，1881-1886 年，經常在歲入總額的 20%左右；1887-1892 年，更高達49%-55%[4]。

　　在清政府封建閉關的大門被西方列強炮艦轟開的同時，日本德川幕府也遭受了相似的命運。然而，鑒於中國因鴉片戰爭而淪為半殖民地的慘痛教訓，日本將嚴禁輸入鴉片的條款寫進了 1858 年的《日美修好通商條約》。明治維新後，更嚴厲禁止吸食鴉片，成功地避免了重蹈中國罹受鴉片災難的覆轍。甲午戰後，清政府割讓臺灣。日本政府在統治臺灣之初，首先必須解決臺灣人民反抗日本統治的武裝鬥爭和臺灣的鴉片問題。日本朝野對臺灣鴉片問題眾說紛紜，主要有「斷禁論」和「漸禁論」兩說[5]。分別以加藤尚志的〈臺灣島取締鴉片之議案〉和軍醫總監石黑忠悳的〈對於新領地臺灣的鴉片貿易意見〉為代表。日本政府對此也煞費苦心。臺灣總督府認為，「鴉片煙若遽爾禁止輸入，即吸煙者為之生病，而輸入商人亦招（遭）莫大損失。所以在施禁前幾年，要給予

---

[3] [英]萊特著，姚曾廙譯，《中國關稅沿革史》，三聯書店 1958 年版，頁 35。
[4] 劉明修，《統治臺灣與鴉片問題》，山川出版社 1983 年版，頁 9。
[5] 劉明修，《統治臺灣與鴉片問題》，山川出版社 1983 年版，頁 50-51。

猶豫」。在緊接著附錄的淡水稅關長野村的意見書中，首先列舉 1893 年臺灣各口鴉片輸入量及鴉片稅釐在關稅中所佔的比重：其中淡水（含雞籠）輸入鴉片 207,900 斤，鴉片稅釐占該關進口稅總額 261,573 兩中的 228,690 兩；安平（含打狗）輸入鴉片 260,600 斤，鴉片稅釐佔該關進口稅總額 301,600 兩中的 286,738 兩。野村進而分析，「若以鴉片為輸入禁止品，則淡水、安平兩港輸入鴉片稅總計七十九萬三千八百二十八元八角七分二釐八毛，純屬全無……所以本島茶稅率及鴉片之處理如何，對於本島施政經費之稅源關係莫大焉」。野村最後建議，「鴉片輸入斷然禁止之議，或暫時苟維原狀而課禁止稅兩說，以目前情形看，仍採後者為妥當」[6]。野村一語道破了「寓禁於徵」的天機：日臺當局經不住鴉片稅釐鉅額財政收入的誘惑，暫不禁止鴉片輸入臺灣。但這顯然有悖於明治政府嚴禁鴉片的既定國策。既要避免「斷禁」招致臺灣本島人對日本統治的長期不順從，又要防止吸食鴉片的惡習蔓延到日本本土，究竟如何實行「漸禁」？結果內務省衛生局長後藤新平提出了《關於臺灣島鴉片制度的意見》和《關於在臺灣島施行鴉片制度的意見書》，並出任臺灣總督府民政長官，打著「漸禁」的旗號在臺灣推行鴉片專賣制度，實施「以毒攻毒」（後藤新平語）、統治臺灣的鴉片政策。後藤新平認為，鴉片政策於治臺上最為重要，一有失誤，則將勝於戰場而敗於統治。他以禁煙稅的名義將鴉片稅攬高 3 倍，保證將往年相當 80 萬日元的鴉片稅歲入增加到 240 萬日元，上繳日本中央政府。鴉片專賣制度規定，原則上禁止吸食鴉片，但經政府指定的醫師診斷確有鴉片煙癮者，允許以「藥用」的名義購買吸食官制的煙膏，不許新食；鴉片原料的輸入和煙膏的製作統歸總督府直接經營；煙膏只限於由警察署選定、特許的經銷商，或者經警察保證「身份可靠」並發給特許證的承包商販賣；持有醫生診斷書和當地警察作保、發給特許證者方可購買煙膏。日本政府為此特意頒布了兩個法令，一是對日本本土進一步實行徹底禁煙政策的《鴉片法》，一是對臺灣實行鴉片「漸禁」專賣的《臺灣鴉片令》。開始實行

---

[6] 陳錦榮編譯，〈日本據臺初期重要檔案〉，《臺灣總督府公文類纂（1895-1898）》首卷，乙種永久保存 1-3 冊，臺灣省文獻委員會 1978 年印行。

對日本本土斷然禁止、對臺灣鼓勵食吸的兩面性鴉片政策。日本佔據臺灣後，雖然編入臺灣戶籍的中國人依據《馬關條約》的規定已取得了日本國籍，但他們與日本本土國民顯然有別，習慣上被稱為「本島人」或「臺灣籍民」。讓這些二等公民，更確切地說是亡國奴繼續受鴉片毒害，本不足惜。因為鴉片既可瓦解臺灣民眾反抗日本殖民統治的鬥志，又能帶來鉅額的財政收入，一箭雙雕，何樂不為！臺灣總督府壟斷了從鴉片原料的輸入到煙膏的製作、流通乃至消費的整個過程，把鴉片專賣制度建立在警察治安體系上，成功地靠鴉片專賣制度壓榨和統治臺灣民眾。鴉片專賣制度實施 4 年後的 1901 年，持有吸食鴉片特許證的人數達到17 萬，佔臺灣人口的 6.3%。當年鴉片專賣收入 425 萬日元，佔臺灣總督府常年歲入的 42%。鴉片專賣收入使日本中央政府免掉了 7 個年度的對臺灣財政撥款，為準備日俄戰爭而積極擴軍備戰的日本財政提供了重要財源[7]。臺灣總督府一再採取容忍姑息的態度，先後於 1902、1904、1908、1929 年數度補發、新增鴉片「吸食特許證」。雖然特許吸食人數呈逐年減少的趨勢，至 40 年代初接近禁絕，但鴉片專賣收入卻相當可觀，1918 年增長到 800 餘萬日元，1931 年仍保持近 450 萬日元的水平。罪惡的鴉片專賣制度為日本統治臺灣立下了顯赫的戰功，是甲午戰爭的繼續。因此可以說，臺灣鴉片專賣制度是日本對華鴉片戰爭的第一次戰役。

二、日本侵華與毒化中國政策

由於 20 世紀初民族意識的覺醒，清政府迫於廣大朝野有識之士強烈要求禁煙的大聲疾呼和國際輿論的廣泛支持，終於 1906 年再次頒令禁煙。經與英國政府交涉，於次年訂立《中英禁煙條約》，英國政府承諾逐年減少對華輸入鴉片數量，計劃用 10 年時間在中國禁絕鴉片。1909年，在上海召開了關於鴉片問題的第一次國際會議，並於 1912 年締結

---

[7] [日]山田豪一，〈1910 年前後日本對華走私鴉嗎啡的秘密組織的形成〉，《國外中國近代史研究》第 12 輯。

了海牙國際禁煙公約。從 1912 年起，英國每年削減從印度輸華鴉片 5100
箱，致使上海鴉片市場 1914 年的價格比 1906 年暴漲了 10 倍。至 1917
年 4 月，英國官方完全停止向中國輸入鴉片[8]。禁煙取得了一定的成績。
對清末禁煙運動的興起，日本政府極盡阻擾破壞之能事，可謂無所不用
其極。

甲午戰後，日本進一步奉行侵略滿蒙、征服中國大陸的政策。通
過日俄戰爭，奪取了沙俄在南滿的一切殖民特權。日本政府隨即設立
關東都督府（1919 年改稱關東廳），作為統治東北、侵略中國的大本
營。日本軍方歷來認為，中華民族「是個鴉片中毒很深而不能自拔的
民族」，並且斷言，「中國只要有 40% 的吸毒者，那它必將永遠是日本
的附屬國」[9]。關東軍司令部負責政治事務的第四課將鴉片作為征服中
國一種特殊的武器，設計了一套侵略東北、華北乃至全中國的鴉片政
策。關東軍將從前日本浪人分散、小本經營的販毒活動，發展為關東軍
直接控制、支持的，有組織、有計劃的大規模毒品戰爭。關東都督府販
賣鴉片毒品的規模和收入逐年增長。因 1915 年於宏濟善堂設立「戒煙
部」，仿效臺灣總督府的做法，將鴉片輸入改成由關東都督府直接經營
的專賣制，當年販賣鴉片的純收益——特許費一躍為前一年的 11 倍，
兩年後的 1917 年則超過了 530 萬日元[10]。關東軍向滿洲傾銷的毒品不但
有鴉片，還有嗎啡、金丹、海洛因等精製毒品，大多以奉天為集散地，
毒品來源於國際販毒集團、熱河、朝鮮和臺灣。嗎啡毒性較鴉片為大，
而且便於攜帶運輸，又沒有氣味，難以查獲，是最好的走私品。禁煙運
動興起後，鴉片因輸入量減少而漲價，這就使毒品市場上鴉片代用品嗎
啡的交易應運而興。日本趁第一次世界大戰之機，奪取德國在青島的租
借地。日本駐青島軍政署一開始，就是靠販賣臺灣總督府製造的煙膏取
得財源的，每年鴉片純收益都超過 300 萬日元。青島成了與大連齊名的

[8] [日]山田豪一，〈1910 年前後日本對華走私鴉嗎啡的秘密組織的形成〉，《國外中國近代史
研究》第 12 輯。

[9] 華永正，〈日本軍事販毒內幕〉，《廣角鏡》第 213 期。

[10] [日]山田豪一，〈1910 年前後日本對華走私鴉嗎啡的秘密組織的形成〉，《國外中國近代史
研究》第 12 輯。

走私販賣鴉片、嗎啡等毒品的基地。而大連青島等毒品走私基地的鴉片、嗎啡來源，相當大分就來自臺灣總督府專賣局及治下的「星製藥」[11]。袁世凱政治顧問莫理循對此評論道：「日本是禁止向中國輸入嗎啡公約的簽字國之一，然而再也沒有比進口日本嗎啡的生意更興旺的了。[12]」1924 年 11 月在日內瓦召開的第三次國際鴉片會議上，聲名狼籍的英國和日本以「生產的英國」和「秘密販賣的日本」被視為鴉片問題上的雙惡。會議集中圍繞日本人在中國進行的秘密販毒展開了激烈的爭論。臺灣總督府專賣局長加來佐賀太郎作為日本政府的與會代表，以臺灣的鴉片專賣制度為「漸禁」的典範進行辯解，騙取各國的默認[13]。面對國際輿論的強烈譴責，日本的對華販毒活動不但沒有絲毫收斂，反而更加變本加厲。有組織的軍事販毒活動，使關東軍很快賺足了發動侵華戰爭的軍費。關東軍發動九一八事變的軍費，幾乎全部來自第四課和第二課的販毒網[14]。偽滿洲國成立後，臺灣總督府利用鴉片專賣制度有效地榨取和統治臺灣民眾的經驗被全面移植推廣到整個滿洲。日偽在滿洲大力發展鴉片資源，強迫種植罌粟，專賣鴉片，鼓勵民眾吸食。大特務土肥原賢二曾說，他在滿洲的成功只靠三件武器：女人、炸彈和鴉片！[15]關東軍經營的毒品事業不僅達到了毒化中國人民的目的，同時也為日本政府進一步發動侵華戰爭提供了大筆不義之財。特別是關東軍司令官兼關東廳長官武藤信義大將貿然發動了一場鴉片戰爭，一舉侵佔罌粟重要產地熱河，鴉片歲入從 1932 年的近 1941 萬元猛增至 1936 年的 3769 萬餘元[16]。

　　侵華日軍和特務機關以走私作為對華經濟、軍事侵略的先導。據北平特務機關長松室孝良向關東軍密報，「帝國貨物之向華北走私，為帝國之斷然手段，其用意在促進華北特殊政治體系之成立，而隸屬於帝國

---

[11] [日]山田豪一，〈1910 年前後日本對華走私鴉嗎啡的秘密組織的形成〉，《國外中國近代史研究》第 12 輯。

[12] [澳]駱惠敏編，劉桂梁等譯，《清末民初政情內幕》下冊，知識出版社 1986 年版，頁 740。

[13] 劉明修，《統治臺灣與鴉片問題》，山川出版社 1983 年版，頁 128。

[14] 華永正，〈日本軍事販毒內幕〉，《廣角鏡》第 213 期。

[15] 華永正，〈日本軍事販毒內幕〉，《廣角鏡》第 213 期。

[16] 華永正，〈日本軍事販毒內幕〉，《廣角鏡》第 213 期。

勢力之下。屆時政、經、軍諸般問題均可依帝國之意而實踐解決」[17]。
於是策動了震驚全球的華北走私。除了走私進口百貨，走私出口白銀、
銀元，更致力於建立四通八達的販毒網絡。當時，日本政府稱對華走私
為「特殊貿易」。而對華走私販賣毒品則是這種「特殊貿易」中重要的
特殊商品。七七事變後，日軍以天津日租界作為制毒、販毒的基地，向
華東、華南的上海、香港等地大肆走私販賣鴉片、嗎啡、海洛因等毒品。
隨著日軍侵華步伐的進展，鴉片、嗎啡等毒品就象水銀泄地，流向中國
的每個角落。正如美國代表富勒在國聯第 21 屆禁煙會議上的演說，「無
論何時，只要日本勢力所侵之地，隨踵而至者，輒為私販毒品之現象」。
1943 年 9 月 21 日美國國務院禁煙備忘錄也指出：「自 1936 年以來，全
球只有一個國家，其領導人鼓勵種植鴉片及製造煙毒以供吸食和其他用
途，這個國家就是日本。日軍入侵之處，即伴隨著鴉片交易……這些地
方公開銷售鴉片和提煉物，其機構受到了日本軍方的庇護。[18]」據日人
菊池西治統計，中國鴉片消費總額年約 20 多億元，嗎啡及其他麻醉毒
品走私進口約 40 噸，金額約合 350 萬元，其中大多是經由日本人走私
進入中國的[19]。日本的毒化政策破壞了中國的禁煙運動，使中國籠罩在
毒品的烏煙瘴氣之中。這是日本對華鴉片戰爭的第二次戰役。

三、臺灣籍民流毒閩南

　　在侵華日軍不遺餘力地對華走私販毒的同時，臺灣總督府也不甘落
後，積極實施以全中國為對象的以毒攻毒鴉片政策。早在 1916 年 9 月，
臺灣總督府專賣局長加來佐賀太郎在《支那鴉片制度意見》中就聲稱，
「作為東洋文明主國的日本帝國在對友邦支那的鴉片政策方面，應不惜
以文明進步手段給予援助。應當發奮進取……使中國政府仿照我帝國根

---

[17] 〈有關日本策動華北走私情況檔案史料選〉，《民國檔案》1987 年第 4 期。
[18] 王德溥，〈日本在中國佔領區內使用麻醉品戕害中國人民的罪行〉，《民國檔案》1994 年第 1 期。
[19] 引自彭國亮，〈抗前十年（1927-1937）國民政府之禁煙拒毒〉，《近代中國》第 18 期。

據漸禁政策所建立的專賣制度以確立他們的政策，並在實行中把它置於我最有管理經驗的帝國的指導之下。」《意見》並就在中國各地實施鴉片專賣所得利潤及其具體辦法作了估算和周密籌畫[20]。以鴉片專賣制度作為侵略掠奪、殖民奴役中國工具的險惡用心躍然紙上。與臺、澎隔海相望的閩南、潮汕地區自然成為臺灣總督府開拓中國毒品市場首先搶佔的灘頭陣地和橋頭堡。而一些臺灣籍民則充當了臺灣總督府驅使的販毒先鋒。「從北向南——大連、青島、上海，在這一連串的鴉片、嗎啡走私基地的最南端，還有一個與臺灣隔海相望的廈門。從這裡通向內地去的鴉片販賣路線，則是由具有日本國籍的所謂『臺灣籍民』開發的。[21]」所謂「臺灣籍民」者，指「日本統治下的臺灣本島人，居住在日本本土及臺灣以外的海島，尤以對岸的廈門為中心的中國各地乃至南洋等地者」[22]。廈門、福州、汕頭、廣州、上海、東北等地均有臺灣籍民移住，而以華南為多，廈門尤眾。「此等臺民以廈門為中心而散居於泉州、漳州等地」[23]。廈門的「臺灣籍民」，大正（1911 年）以後顯著增加：1917年為 2,800 餘人，1924 年增為 6,000 人，1929 年達到 6,800 餘人，至 1937年增為 10,217 人[24]。廈門也因此深受鴉片等毒品的荼毒。

　　日本駐廈門領事官井上庚二郎於 1926 年任上撰寫的《廈門的臺灣籍民問題》，其中披露了許多臺灣籍民流毒閩南地區的珍貴史料[25]。據井上統計，「該市（廈門）鴉片業者半數為臺灣籍民，而依此維生者數逾二千。在廈臺灣籍民之四分之一經營鴉片之現狀，實不能不令人驚愕，其原因莫非由於該市之特殊狀態及治外法權」。在 20 世紀初開始的禁煙

---

[20] [日]山田豪一，〈1910 年前後日本對華走私鴉嗎啡的秘密組織的形成〉，《國外中國近代史研究》第 12 輯。

[21] [日]山田豪一，〈1910 年前後日本對華走私鴉嗎啡的秘密組織的形成〉，《國外中國近代史研究》第 12 輯。

[22] 戴國煇，〈日本的殖民地統治與臺灣籍民〉，《臺灣現代史研究》第 3 號，東京：龍溪書舍1980 年版。譯文見王曉波，《臺灣的殖民地傷痕》，帕米爾書店 1985 年版。

[23] 《臺灣省通誌》政事誌，外事篇。

[24] 臺灣總督官房外事課，《臺灣與南支南洋》，頁 8。引自林滿紅〈日據時期的臺商與兩岸經貿關係〉，1991 年 4 月第一屆臺灣經驗研討會論文。

[25] 原文載《臺灣近現代史研究》第 3 號，譯文見《臺灣風物》第 37 卷第 1 期。下文徵引未加註者均同此。

運動中，各地軍閥利用民初以來政局動盪不安的局面，假借禁煙之名成立各種禁煙機構，實際上明查暗縱、明禁暗倡，徵收鴉片稅捐，大飽私囊，閩南地區也不例外。「我臺灣籍民多為新來者且無資力者，難以打入長年久居的普通商業團體與之競爭，但因居於享有治外法權，不必服從支那的稅負裁定權的有利地位，故從事於不當職業的鴉片買賣，運用固有的武力與治外法權的庇護，巧妙營生，漸次取得相當的財力。」原來在臺灣處於二等公民地位的臺灣籍民來到大陸後，搖身一變為恃仗日本侵華勢力欺壓中國人的鷹犬，利用治外法權為非作歹的流氓、惡棍、無賴。因此招致中國人的反感，落得「臺灣浪人」、「臺灣呆狗」、「臺氓」之類的惡名。「目前無賴漢渡航大陸已經很多在對岸給予鄰國造成困擾」[26]。「他們公然秘密販賣支那所嚴禁的鴉片，開賭場，經營所有不當職業」[27]，「廈門、福州等地的臺灣人中，十分之九以上惡用了治外法權的保護，無視於對方的國禁，販賣鴉片、嗎啡，開鴉片煙館，開賭場，又時常向中國人施展暴力，眼中幾乎沒有中國人的存在，中國人對臺灣人十分厭惡，且對日本當局的用心十分懷疑」[28]。趨之若鶩地從事鴉片毒品行當已成為在廈臺灣籍民的突出問題之一。他們獨資經營或與漢奸合營煙館，販賣毒品；有的將臺灣籍民的名義借給有意冒用治外法權的漢奸而坐收借傭金；有的為「禁煙查緝處」承包徵收鴉片稅捐，諸如此類，不一而足。因此就連井上也認為，正當日本政府「以臺灣的鴉片制度為典範」，以所謂的「漸禁」欺騙國際禁煙公論時，與臺灣「一衣帶水之廈門竟然有如此多數之臺灣籍民直接間接依賴販毒謀生，前後彼此之矛盾莫此為甚」！

　　在廈臺灣籍民走私販毒、流毒閩南，完全是臺灣總督府和日本領事館刻意包庇縱容的有計劃、有目的的行動，不啻為日本軍方以臺灣為基地，進而向華南和南洋侵略擴張的南進政策的前奏。如廈門日本領事館豢養的臺灣籍民「十八大哥」無惡不作，多數從事走私販賣毒

[26] 戴國煇，〈日本的殖民地統治與臺灣籍民〉，《臺灣現代史研究》第 3 號，東京：龍溪書舍 1980 年版，譯文見王曉波，《臺灣的殖民地傷痕》，帕米爾書店 1985 年版。

[27] 黃呈聰，〈希望廢止渡航支那旅券制度〉，轉引自戴國煇前引文。

[28] 林東崗，〈中國旅行所感〉，轉引自戴國煇前引文。

品的不法勾當[29]。作為在廈門臺灣籍民核心團體的臺灣公會,「是在領事館之監督下,掌理有關臺灣籍民之部分行政工作」,臺灣公會議員的半數由領事官指定。因「臺灣公會之議員中,有多數涉及販毒」,以致「臺籍之學生中,有部分咒罵公會議員是鴉片議員,實非誇張」。如曾任廈門市臺灣公會會長或議員的施范其、曾厚坤、何興化、陳寶全、林滾等人,均與鴉片貿易有關。曾厚坤在廈門開的「厚祥」、「坤吉」兩店,除販賣日貨之外,即以鴉片生意為大宗。每次其貨船抵廈,日本領事都派日本警察下船為其起卸鴉片打掩護。1928 年 10 月 24 日,廈門市公安局在局口街取締臺灣籍民蘇扁開設的煙館時,巡官鄭威竟被毆打致受重傷。又如「鴉片大王」葉清和與臺灣籍民陳長福、曾厚坤、林滾等人先後合辦專營鴉片、嗎啡等毒品的「五豐」、「鷺通」、「裕閩」公司,走私鴉片,製造、販賣海洛因、嗎啡等毒品,甚至與臺灣「星製藥」也有業務往來。1938 年 5 月廈門淪陷後設立的公賣局(1943 年 3 月改為禁煙局),實際上先後隸屬日本海軍司令部和興亞院廈門聯絡部經濟部領導,局長始終由臺灣籍民林濟川擔任,下設「福裕」、「福和」、「福慶」(後改名「福隆」)三家鴉片公司,公開製造鴉片等毒品,配售給臺灣籍民和助紂為虐的漢奸頂盤商、二盤商、三盤商。在日偽漢奸、臺灣籍民的荼毒下,廈門成了烏煙瘴氣的「鴉片世界」[30]。

「臺灣籍民因在廈門的鴉片交易上佔有重要地位,故由他們深入閩南內地包辦徵稅,毋寧說是理所當然的。」從罌粟的種植、鴉片的製造、提煉到販運、銷售,閩南一帶與毒品生產、交易的各個環節,差不多全部控制在臺灣籍民手中。如臺灣籍民、公賣局局長林濟川恃仗日寇的淫威,於 1939 年強迫金門農民擴大罌粟種植面積,竟佔金門農地的 1/5[31]。「1944 年,敵人迫使廣東和福建沿海的農戶每戶至少種植一畝鴉片。(罌

[29] 〈廈門的日籍浪人〉,洪卜仁,〈「鴉片大王」葉清和〉,姚自強,〈略述廈門的鴉片流毒〉,《廈門文史資料》第 2、5、20 輯;《廈門政法史實》,鷺江出版社 1989 年版,頁 100。

[30] 〈廈門的日籍浪人〉,洪卜仁,〈「鴉片大王」葉清和〉,姚自強,〈略述廈門的鴉片流毒〉,《廈門文史資料》第 2、5、20 輯;《廈門政法史實》,鷺江出版社 1989 年版,頁 100。

[31] 〈廈門的日籍浪人〉,洪卜仁,〈「鴉片大王」葉清和〉,姚自強,〈略述廈門的鴉片流毒〉,《廈門文史資料》第 2、5、20 輯;《廈門政法史實》,鷺江出版社 1989 年版,頁 100。

粟）福建的金門、晉江和廣東的南澳受日本毒化政策毒害最深，每縣最少有煙地 6000 畝」[32]。蓮河、石井、水頭等地販毒集團來往於金、廈、汕頭淪陷區和同安、晉江、南安沿海地區，與日寇交換毒品，數額鉅大，每次恒在千斤以上[33]。晉江、石獅一帶嗎啡的來源，據說是日本人從海上走私來的。張林村是晉江等縣經銷鴉片、嗎啡的大本營，而當地提煉嗎啡的技術，是 1929 年由一姓鄭的臺灣醫生傳授開的[34]。在廈臺灣籍民還大肆勾結內地國民黨軍政人員、特務、土匪頭子，沆瀣一氣地走私販私。如王慶雲為漳、泉一帶鴉片販子包帶包運，被稱為「保鏢大王」；林身和吳友諒從高崎販運鴉片至同安、泉州一帶，套取糧食；王昌盛等人更組織「金臺成船務公司」，川走漳、廈各埠之間，載運鴉片毒品，套取內地糧食等物資資敵，並暗中搜集政治、經濟、軍事情報[35]。

　　利用鴉片對華南，特別是閩南、潮汕地區進行經濟、政治滲透，達到「以毒攻毒」、「以毒養軍」、「以戰養戰」、「以華治華」的目的，對臺灣總督府這一罪惡陰謀的實現，部分臺灣籍民不愧為衝鋒陷陣的馬前卒，這是日本對華鴉片戰爭中不容忽視的第三次戰役。

---

[32] 王德溥，〈日本在中國佔領區內使用麻醉品戕害中國人民的罪行〉，《民國檔案》1994 年第 1 期。

[33] 黃世勳，〈南安縣開展禁毒的回顧〉，《泉州文史資料》新 9、10 輯合刊。

[34] 蔡爾肇，〈石獅一帶煙毒慘況〉，許金界、李建成，〈鴉片大本營張林村〉，《晉江文史資料》第 1 輯。

[35] 〈廈門的日籍浪人〉，洪卜仁，〈「鴉片大王」葉清和〉，姚自強，〈略述廈門的鴉片流毒〉，《廈門文史資料》第 2、5、20 輯；《廈門政法史實》，鷺江出版社 1989 年版，頁 100；梁華璜，〈臺灣總督府與廈門旭瀛書院〉，轉引自林滿紅前引文。

三十年代臺灣海峽海上走私與海關緝私

　　走私是一種國際（或地區）間的經濟違法犯罪活動，是逃避海關監管的非法、變態貿易行為。在近代中國，走私活動不僅是單純的經濟問題，而且具有深刻的歷史背景和政治因素。這種複雜的社會現象有其地理、歷史乃至社會原因。海關依照國家有關政策、法令執行緝私職責，代表國家行使主權。緝私是國家賦予海關的一項重要權能，國家主權是海關緝私的根本政治保障。二十世紀三十年代臺灣海峽海上走私活動與海關緝私工作頗具典型性。近代中國的社會性質以及國內外政治經濟形勢的變化，直接間接影響、決定了三十年代臺灣海峽海上走私活動的消長與海關緝私工作的成敗。

一

　　走私這門古老的行業，是隨著對外經濟貿易的發展和進出口管理上的限制而產生的。只要還存在國家或地區間的商品差價和進出口管制，就必然會出現走私活動。「中國幾百年來一直是各國走私者滿意的獵食場所。[1]」鴉片戰爭後，中國喪失了關稅自主權，被迫實行不平等條約所規定的極低的海關稅率，實際上經常還不到值百抽五的水準。「曩者海關稅率低微，私運貨物，除鴉片、軍火及違禁物品外，普通貨物，尚屬無多。[2]」由於海關稅率低下，合法進出口貨物與走私進出口貨物的差價很小，走私普通貨物獲利不大，因此犯不著冒走私的風險，普通貨物走私尚不甚嚴重。「從外國入口而言，走私者的真正動機不全是偷漏關稅，蓋因關稅非重負荷，而是運入違禁品，如槍械、鴉片和麻醉品。[3]」走私活動主要不是為了偷漏、規免關稅，而是逃避進出口管制上的限制。南京國民政府建立後，自 1929 至 1934 年先後頒佈實施了 4 部「國

---

[1] Chinese Maritime Customs, *Inspector General s Circulars. Second Series.*（海關總稅務司署，《總稅務司通令》第二輯），第 4913 號，附件。

[2] 海關總稅務司署統計科，《最近十年各埠海關報告（1922-1931 年）》下冊，頁 157。

[3] 海關總稅務司署，《總稅務司通令》第 2 輯，第 4913 號，附件。

定稅則」，較大幅度地提高了大部分商品的海關進口稅率。平均進口稅率由 1930 年的 10.4%提高到 1935 年的 27.2%，最高達到 80%。「海關進口稅率迭經提高，於是沿海各處及陸路邊境，私運之風日熾。[4]」圍繞著關稅自主，國民政府採取了一些相關的經濟措施，其中有兩項與走私的加劇有關。一是開徵貨物統稅，進口商品的統稅由海關代徵。提高海關進口稅率是以裁撤釐金為前提條件的，國民政府以中央財政收入短缺為由，對捲煙、麵粉、火柴、水泥、棉紗等重要民生日用工業品相繼課徵高稅率的統稅，以為彌補。如捲煙統稅稅率起初為從價 22.5%，以後屢次提高，1931 年增加到從價 50%；火柴統稅稅率於 1933 年提高後，稅額一般在貨值的一半左右，有的等於全部成本[5]；水泥統稅稅率也等於水泥淨價的 34%[6]。二是實施海關金單位制。1935 年 11 月貨幣改革前，中國實行銀本位貨幣制。當時中國每年償付外債賠款本息約 800 萬英鎊，均以金價支付。而償還外債賠款的主要抵押品海關稅款收入的卻是銀兩。自 1929 年下半年起，「金價暴漲，銀價跌落，關稅收入，頗有不敷償還之虞」[7]，外債負擔激增 50%。為了避免因世界金融市場金銀價格漲落而帶來的鉅額損失，國民政府改而採用海關金單位，取代海關兩作為海關徵收關稅的計算單位[8]。自 1930 年 2 月 1 日起，「將向納關平銀之海關進口稅，改按海關金單位徵收，於是進口稅則內，所列重（從）量徵稅之貨物，無形中增高稅率」[9]。進口稅負的驟增，強烈地刺激著走私者牟取暴利的貪婪欲望。

　　自海關創設以來，緝私事務「多由各關分任其責，向無特別組織」[10]。1927 年，全國海關總共僅有大小巡船 10 艘和巡艇 43 艘，以小

---

[4]　海關總稅務司署統計科，《海關中外貿易統計年刊（1934 年）》第 1 卷，頁 14。

[5]　青島市工商行政管理局史料組，《中國民族火柴工業》，中華書局 1863 年版，頁 52。

[6]　南開大學經濟研究所等，《啟新洋灰公司史料》，三聯書店 1963 年版，頁 154。

[7]　中央黨部國民經濟計劃委員會，《十年來之中國經濟建設》，南京扶輪日報社 1937 年版，第 4 章，頁 11。

[8]　海關兩是海關徵稅時使用的記賬銀兩，並無實銀，亦稱關平兩，或稱關銀，規定 1 海關兩等於純銀 583.3 英釐；海關金單位亦為海關徵稅時使用的虛擬記賬單位，規定 1 海關金單位的含金量為 0.601866 克。

[9]　海關總稅務司署統計科，《海關中外貿易統計年刊（1930 年）》第 1 卷，頁 2。

[10]　中央黨部國民經濟計劃委員會，《十年來之中國經濟建設》，南京扶輪日報社 1937 年版，

船小艇居多，且建造年代久遠，都已陳舊落後，其數量和品質都遠遠不能適應加強海關海上緝私的需要。沿海分支關卡稀疏，岸上巡緝力量也很薄弱。海關管理航海民船、報關行、關棧、船用物料、退稅存票等各項章程制度不夠嚴密，在在可以走私偷漏。尤其是基於《會訊船貨入官章程》這一領事裁判權產物的走私違章「會訊」制度，對海關緝私起了釜底抽薪的作用[11]。由於喪失了國家主權的根本政治保障，海關緝私對治外法權化的外商沒有多少威懾力。可以說，直至20世紀30年代，並不存在嚴格意義的海關緝私制度和完整的緝私組織機構，海關緝私力量十分有限，「海關辦理[緝私]事務，極感困難」[12]。從海關方面看，顯然還沒做好應付關稅稅負提高後走私加劇局面的防範措施和思想準備，這也給了走私者可乘之機。正如代理總稅務司羅福德（L. H. Lawford）回顧30年代走私加劇的原因時所指出的，由於「事先來不及採取緝私措施妥善管理，以致走私以驚人之速度發展」[13]。

　　三十年代走私高潮的出現，有其必然的外部因素。甲午戰後，日本加速推行其侵華的大陸政策，以經濟滲透作為對華軍事擴張的前奏和補充。九一八事變前，日本對華貿易額一直居於各國之首，差不多佔中國對外貿易總額的1/4。1929-1933年的世界經濟大危機爆發後，各國為保護本國工業，紛紛限制日貨輸入。到1936年，對日貨提高關稅以抵制的有25個國家，用輸入許可證制度拒絕日貨進口的有21個國家，用其他方法如徵收銷售稅、匯兌稅或制定法規以限制日貨的有4個國家，致使日本海外市場急劇縮小。最受影響的是絲類、棉布及人造絲3種，人造絲出口減少了26%，棉布出口減少了30%左右。由於中國人民抗議日本侵佔中國東北而掀起抵制日貨運動，以及1933年海關進口稅則提高日本主要輸華商品稅率的影響，日本商品在中國進口總額中所佔比重由1929-1931年的23.4%降至1933年的9.9%[14]。在對華貿易銳減的情況

　　第4章，頁12。

[11] 參見陳詩啟，《中國近代海關史問題初探》，中國展望出版社1987年版，頁151-160。

[12] Chinese Maritime Customs, *Inspector General s Circulars. Second Series.*No.4746(海關總稅務司署，《總稅務司通令》第2輯，第4746號)，附件三。

[13] 海關總稅務司署，《總稅務司通令》第2輯，第4913號，附件。

[14] 嚴中平等，《中國近代經濟史統計資料選輯》，科學出版社1955年版，頁65。

下，走私便具有特別重要的意義。侵華日軍和特務機關將走私活動作為對華經濟、軍事侵略的先導。據北平特務機關長松室孝良向關東軍密報，「帝國貨物之向華北走私，為帝國之斷然手段，其用意在促進華北特殊政治體系之成立，而隸屬於帝國勢力之下。屆時政、經、軍諸般問題均可依帝國之意而實踐解決」[15]。當時，日本政府稱對華走私為「特殊貿易」，日本侵華重要機構「滿鐵」認為，「特殊貿易……作為日本大陸政策的一環，從商品市場的開拓上看，具有特殊的重要性」[16]。日本割佔臺灣後，與臺澎隔海相望的福建和粵東潮汕地區成了日臺當局極力滲透的勢力範圍。許多具有日本國籍的所謂「臺灣籍民」紛紛渡航大陸，以廈門為中心，麇集福州、泉州、汕頭等地。其中相當一部分濫用了治外法權，在日本領事館的庇護下大肆走私販毒，為非作歹。福建沿海港灣曲折，擁有 3300 多公里的大陸海岸線，沿海島嶼星羅棋佈，島嶼海岸線達 2100 多公里。潮汕毗鄰閩南，兩地地理環境十分相似。臺灣海峽兩岸相距不過 100 多海里，澎湖列島與廈門之間的最近距離僅 75 海里，極其便於海上走私。惡劣的政治、經濟形勢，更加地理環境上的便利條件，理所當然地使臺灣海峽西側的福建與粵東潮汕沿海地區成為1930 年代走私高潮的重災區。

二

在三十年代的走私高潮中，「初則華南一帶肇其端倪，而以香港、澳門及廣州灣為淵藪；繼而延及全國海岸，尤以臺灣對岸為最烈；不法電船，三五成群，潛自臺灣裝運私貨，秘密輸入閩岸島嶼村落，再行分售內地。[17]」當時中國沿海海上走私的策源地，南有香港，北有大連，東有臺灣。北線走私活動範圍多在浙江海寧北面的金山嘴以北。福建和潮汕沿海地區處於東線和南線走私活動範圍內，大致可以福建東山島北面漳浦縣屬的古雷頭為界，南部海上走私主要來自香港，北部海上走私

---

[15] 〈有關日本策動華北走私情況檔案史料選〉，《民國檔案》1987 年第 4 期。

[16] [日]滿鐵產業部，《北支那經濟綜觀》，昭和十三年（1937）印行，頁 110。

[17] 海關總稅務司署統計科，《海關中外貿易統計年刊（1934 年）》第 1 卷，頁 14。

主要來自臺灣，南線走私活動偶而也有到達福建漳浦的大寨和惠安崇
武，東線走私活動則經常光顧粵東潮汕一帶。東南兩線均側重於進口走
私，南線走私進口物品以人造絲、糖精、洋酒、洋參、毛料為主，東線
走私進口物品以白糖、煤油、火柴、布疋為主。「先之以日本煤斤及人
參，大批私運入境，近則糖品、煤油及硫酸錏等，亦自香港先運臺灣基
隆，而後再藉電船及民船，潛運閩省沿海各處，伺隙分轉內地銷售。[18]」
在閩南地區，「此間走私船隻所裝之貨物大都為白糖、煤油與火柴三種，
蓋此均為稅率高大、日常必需、暢銷之貨品。就緝獲走私民船之老大供
述，在臺灣白糖之購價為每包（一百公斤）洋十三元，煤油每珍為一元
六角半，而海關對此項充公貨物之標價，計白糖每包為三十四元六角五
分，煤油為每珍三元八角五分。[19]」走私獲利十分可觀。在潮汕地區，「其
自臺灣運來之私貨，以糖、煤油及火酒（酒精）為最夥。[20]」臺灣海峽
海上走私的主要運輸工具是民船和馬達民船，不少走私分子利用漁船不
必向海關申報查驗之便參與走私。鴉片戰爭後，為了區別於外國輪船和
外國帆船，統稱中國舊式帆船為民船。外國輪船和外國帆船貿易歸海關
管理，民船貿易則歸常關管理。由於廢除釐金，1931 年裁撤五十里內、
外常關後，「沿海各處藩籬盡撤，往來外洋民船無法管理，私運情事，
相繼迭出」，「閩省與臺灣、香港二處，民船往來頻繁，尤以往來臺灣者
為最夥」[21]。「而行駛臺灣之民船，則走私甚烈，防範不易。該項民船，
均攜帶武裝，備抗查緝。[22]」民船裝上馬達，即為馬達民船，也叫機帆
船、電船、電扒、摩托船，或徑稱之為泵泵船（puff-puff boats）。馬達
民船行駛快捷靈活，海關查緝尤其不易。據中國駐臺北總領事館 1933
年 1 月報告，以臺灣為根據地的走私船經常集中在澎湖觀望形勢，等候
大陸密探的情報密電，乘中國海關巡船警備鬆懈時，「一齊由澎湖出航
向廈門、汕頭沿海而去」[23]。因中國海關加強海上緝私，臺灣走私船改

[18] 海關總稅務司署統計科，《最近十年各埠海關報告（1922-1931 年）》下冊，頁 157。
[19] 莊則忠，〈廈門海關區域緝私情形〉，廈門海關檔案，散卷。
[20] 海關總稅務司署統計科，《最近十年各埠海關報告（1922-1931 年）》下冊，頁 186。
[21] 海關總稅務司署統計科，《最近十年各埠海關報告（1922-1931 年）》下冊，頁 144。
[22] 海關總稅務司署統計科，《最近十年各埠海關報告（1922-1931 年）》下冊，頁 143。
[23] 1933 年 1 月 23 日財政部關務署密令，廈門海關檔案，卷 036 號。

變以往直接對華走私方式，多約定中國民船或漁船在半海接駁改裝，運往大陸沿海未設關卡偏僻小港起卸貨物，然後轉運各地銷售。「其所運私貨，多於海中駁入小船，秘密輸入沿海島嶼村落，或閩邊未設置海關分卡之處。[24]」在潮汕地區，「其法係藉小電船由港澳及臺灣運來貨物，私藏海門灣、媽嶼，及南澳等處，再以民船潛運黃岡、井洲及其他沿海各處銷售」[25]。臺灣海峽西側的福建和粵東潮汕地區設有福海、閩海、廈門、潮海等4個海關。臺灣海峽海上走私多以大陸沿海突出部和島嶼為據點或中轉站。大陸方面主要起卸走私貨物地點，在福海關區內有沙埕、秦嶼、硋門、鹽田、福寧、三沙、東沖、可門、下滸、官嶺等數十處；在閩海關區內有黃岐、浦口、筱埕、馬祖、琯頭、閩安、潭頭、白犬、梅花、漳港、海口、高山、龍田、平潭、興化灣、南日島、平海等數十處；在廈門關區內有秀塗、崇武、獺窟、祥芝、永寧、深滬、圍頭、大嶝、小嶝、烈嶼、大寨、古雷、東山、詔安等數十處；在潮海關區內有南澳、柘林、井洲、黃岡、媽嶼、海門等數十處。其中福建福清的高山，東山和廣東南澳是遠近聞名的走私巢窟。據以副領事身份駐臺北的海關總稅務司署人員王文舉1931年報告，當走私猖獗時，穿梭往來臺灣海峽的走私機帆船每天有幾十艘之多，從大陸走私出口的銀元平均每月達四五百萬元[26]。

　　三十年代的走私，特別是海上走私成為海關面臨的嚴重問題。「緝私事務，遂為海關第一要政。[27]」於是海關自上而下地整頓緝私行政。首先，健全海關緝私組織機構。1931年1月於總稅務司署內添設緝私科，專門負責統籌規劃、部署落實全國海關緝私工作，協調各關緝私事務，統一政令，統一領導指揮。接著，將裁撤的五十里內、外常關分別改設海關分關1處、分卡68處、分所21處（不包括東北各口），充實了海關分支機構，在沿海一線布下了一道緝私網。同時，國民政府於1930年頒佈《海關巡輪在本國領海內檢查華洋船隻應守規程》，宣佈中

---

[24] 海關總稅務司署統計科，《最近十年各埠海關報告（1922-1931年）》下冊，頁143。

[25] 海關總稅務司署統計科，《最近十年各埠海關報告（1922-1931年）》下冊，頁186。

[26] 福州海關，《福州海關誌》，鷺江出版社1991年版，頁202。

[27] 海關總稅務司署，《總稅務司通令》第2輯，第4746號，附件三。

國海關巡輪擁有 12 海里領海緝私主權和公海追緝權；1932 年，廢除「會訊」制度；1934 年 6 月，頒佈《海關緝私條例》，隨後設立海關罰則評議會，恢復海關緝私主權和走私違章處分管轄權，在國家法權思想和民族自主精神的基礎上重新奠定了海關緝私制度[28]。海關還先後廢止和釐訂了一批章程規則，嚴密監管制度和程式，堵塞走私漏洞。國民政府責成並支持海關採取措施，切實加強海關緝私力量，著重加強海上緝私，積極籌畫沿海巡緝事務和創建一支相當可觀的海上緝私武裝。到 1934 年底，海關已擁有一支 26 艘巡緝船的主力緝私艦隊和 40 餘艘巡緝艇，「受充分訓練之船員，達一千二百餘人」[29]。還設置專用無線電臺，建立緝私情報協作網，以及在沿海實行分區緝私制度和民船管理分卡計劃，等等。沿海緝私力量顯著加強。

　　臺灣海峽海上走私氾濫成災，因此福建和潮汕沿海地區也是海關加強緝私工作的重點部位。1931 年五十里內、外常關裁撤後，本地區共添設海關分支關卡 20 餘處。潮海、閩海兩關率先於 1929 年和 1932 年組織武裝巡緝隊，增強岸上防緝力量。1933 年，總稅務司署將全國海岸線自北而南順序劃為四大緝私區，每區再分若干附屬緝私區。其中第三區北起舟山群島，南迄遮浪角，覆蓋臺灣海峽西側的福建和粵東潮汕地區。本區以臺灣為重點防範對象，以廈門關為主要緝私巡船根據地，派駐春星、德星、專條等 3 艘主力巡緝艦，下轄兩個附屬緝私區，分別以閩海關、潮海關為附屬緝私巡船根據地，派駐海和、北斗主力巡緝艦。主力巡緝艦專在外海巡緝，各關還陸續將緝獲充公的部分走私電船改造為緝私艇，從事海岸附近及港灣內巡邏緝私，在海上形成了兩道緝私防線。本區查緝工作統歸廈門關稅務司負責管理，廈門關因此特設緝私課專司其責。

　　針對民船走私猖獗的情況，財政部於 1931 年頒行《海關管理航海民船航運章程》，並於 1934 年修訂，逐步確立了海關對民船貿易的管理，使許多從前從事走私活動的民船轉向合法貿易。「閩省各海關註冊

---

[28] 參見拙作〈南京國民政府建立初期海關緝私工作述評〉，《中國社會經濟史研究》1989 年第 4 期。

[29] [英]魏爾特、郭本，《關稅紀實》，海關總稅務司署統計科 1936 年出版，梅樂和序。

往來臺灣貿易之民船較前亦夥」[30]。茲將本區民船註冊登記數量及其在沿海各關中所占的比重統計如下[31]：(單位：艘)

年份 數量 關區	1932	1933	1934	1935	1936	1937	1938
福海關	484	383	482	181	152	614	368
閩海關	1,125	513	337	585	835	745	377
廈門關	506	273	73	273	301	394	59
潮海關	462	174	173	39	43	226	71
合　計	2,577	1,343	1,065	1,078	1,331	1,979	875
沿海各關	11,154	6,022	3,889	4,676	7,228	9,241	4,477
%	23.10	22.30	27.38	23.05	18.41	21.42	19.54

　　本區各關註冊登記民船數量起伏不穩，從總體上看，呈下降趨勢。如果將註冊登記作為納入海關監督管理的標誌，民船註冊登記數量的減少則表明本區海關對民船貿易監管、控制的程度仍是有限的。有些民船詭報進口地點，私自駛往未設關卡地方，海關巡船和沿海關卡無從禁止。總稅務司署緝私科為此籌擬了一個民船管理分卡計劃，在密邇臺灣的福建沿海衝要地點設立 3 個民船管理分卡，嚴密盤查檢驗過往臺灣海峽的民船。東沖分卡位於寧德縣三都澳口的東沖島，觀音澳分卡地處臺灣海峽北口的平潭縣海壇島澳前村，東山分卡設在臺灣海峽南口的東山島澳雅頭碼頭。海關規定，從東山以南的國外地區駛往東山以北中國目的港的民船應向東山分卡報驗；從觀音澳以北的國外地區駛往觀音澳以南中國目的港的民船應向觀音澳分卡報驗；從臺灣駛往連江縣北茭以南各地的民船，只允許進入東山和觀音澳附近海域，在其到達目的港的直接航線上，按風向、潮汐之便就近擇一報關；從臺灣駛往北茭以北各地的民船，如事先呈報中國駐臺北總領事館在其民船往來掛號簿上簽註者，可直接駛往福海關所屬的東沖分卡報驗，否則應向觀音澳分卡報驗；違反規定者按走私論處[32]。自 1934 年 7 月 1 日東山、觀音澳兩民船

---

[30] 廈門海關稅務司署，《海關中外貿易統計年刊（1935 年）》第 1 卷，頁 17。

[31] 據海關總稅務司署，《緝私科通啟》（Chinese Maritime Customs, *Preventive Secretary s Printed Notes.*）第 8、15、20、27、38、39、43 號，附件統計。

[32] 海關總稅務司署，《海關法規彙編》，1937 年，頁 242-245。

管理分卡設立五年間，共監管對外貿易船隻 67 艘次、沿海國內貿易民船 1362 艘次、電船 1245 艘次[33]，對遏止臺灣海峽海上走私發揮了重要的作用。茲將本區各關緝獲走私貨充公變價及罰款金額統計如下[34]。(單位：法幣元)

年份 數量 關區	1932	1933	1934	1935	1936	1937	1938
福海關	10,011	23,184	13,051	28,604	5,477	6,353	5,222
閩海關	104,143	180,464	170,867	505,981	134,006	70,494	47,144
廈門關	523,123	559,862	718,764	1,090,237	540,968	130,789	27,524
潮海關	389,771	468,982	450,565	410,617	401,846	260,171	324,908
合　計	1,027,048	1,232,492	1,353,247	2,035,439	1,082,297	467,807	404,798
沿海各關	3,375,606	6,184,875	7,742,784	7,281,998	5,576,165	3,349,914	2,195,287
%	30.43	19.93	17.48	27.95	19.41	13.96	18.44

海關緝獲走私貨充公變價罰款金額一方面反映了臺灣海峽海上走私活動的消長起落，另一方面又在很大程度上成為衡量海關緝私工作成效的客觀尺度。本區各關緝獲走私貨充公變價罰款金額在沿海各關中佔有較大的比重，其絕對值至 1935 年大致呈上昇趨勢，1936 年以後則急劇下降。表明臺灣海峽海上緝私工作得到一定程度的加強，但進展不盡人意，形勢不容樂觀。隨著海關緝私力度的增強，走私分子不斷變換手法，臺灣海峽海上走私風潮迭起。1932 年，廈門關緝獲白糖走私案 63 起，沒收白糖約 11,000 擔[35]。1935 年 7 月，廈門關緝獲走私煤油 2734 聽；9 月，緝獲 1527 聽[36]。但由臺灣走私進口的白糖和煤油數量仍大幅度增長，迅速佔領廈門市場。1935 年 10 月，廈門市面上的煤油價格表明，「煤油走私情況比過去更加嚴重，市場上到處都是單價 5.6 元的日本產蝙蝠牌煤油……合法進口的煤油在市場上賣不出去」[37]。1935 年上半年，糖在廈門口岸「合法的進口幾乎消失」[38]。臺灣海峽海上走私還

[33] 廈門海關，《廈門海關誌》，科學出版社 1994 年版，頁 81。

[34] 據海關總稅務司署，《緝私科通啟》第 8、15、20、27、38、39、43 號，附件統計。

[35] 廈門海關，《廈門海關誌》，科學出版社 1994 年版，頁 405。

[36] 廈門海關稅務司署 1935 年 8 月《緝私月報》，廈門海關檔案，卷 1781 號。

[37] 廈門海關稅務司署 1935 年 10 月《緝私月報》，廈門海關檔案，卷 1781 號。

[38] 廈門海關稅務司署 1935 年 9 月《緝私月報》，廈門海關檔案，卷 1781 號。

很猖獗，形勢仍然十分嚴峻。

三

　　臺灣海峽海上走私活動時有起伏，海關緝私的阻力來自多方面。首先是日本當局的庇護與縱容。廈門、福州、汕頭等地臺灣籍民在三十年代臺灣海峽海上走私高潮中充當了先鋒和主力的角色。「不少臺灣人也與日本人、朝鮮人一樣當起日本政府的『御用商人』，利用其與中國人間的人脈關係及語言上的便利，走私戰爭所需要的物資致富。[39]」「臺灣籍民」不法走私商利用定期航行於臺灣基隆、高雄與福州、廈門、汕頭等口岸間的「鳳山丸」、「廣東丸」、「地鼇丸」、「大球丸」，雇傭專以走私為業的「水客」，甚至組織「水客組合」，將大量日本產貨物化整為零，充作行李，偷漏關稅攜帶入境。「每期船有所謂走水者二三百人……尤其廈門方面日貨常被偷漏。[40]」這種常川走水達到相當的規模，成為廈門、福州、汕頭等口岸特有的走私形式。「有一種稱為『便利屋』的半走私行業。有很多臺灣人以手提少量的日本貨以低額關稅入關交便利屋售出，1933 至 1934 年間每年約 600 人進口 600 萬元至 1000 萬元的物資，此一情況至 1936 年銀價下跌，1937 年中日戰爭爆發，才告衰微。[41]」「臺灣籍民」水客不僅大量走私各種棉布、人造絲疋頭等日本貨進口，還大量走私銀元出口。1933 年倫敦《白銀協定》簽訂後，世界銀價開始回昇。由於美國大量收購白銀，致使世界市場銀價持續高漲，高於中國國內，中國白銀大量外流，關務署於 1924 年 10 月下令開徵銀類出口稅和平衡稅，並禁止旅客攜帶銀元出口，白銀的合法出口被制止，於是轉而大規模走私出口。大量銀元、銀錠由水客隱藏在身上或行李中，從廈門、福州、汕頭走私到臺灣基隆、高雄等地。僅 1934 年底一個半月內，廈門關就緝沒價值超過 33,000 元的走私銀元、銀塊和銀錠[42]。據臺灣總督

[39] 荻洲生，〈在滬臺灣人の近況〉，《臺灣時報》1937 年 5 月號，頁 157-159。

[40] 1933 年 1 月 23 日財政部關務署密令，廈門海關檔案，卷 036 號。

[41] [日]臺灣總督官房外事課，《臺灣と南支那》，1937 年編印，頁 22-23。

[42] 廈門海關，《廈門海關誌》，科學出版社 1994 年版，頁 250-251。

府的貿易報告，1934 年 11、12 兩個月從中國進口白銀價值 367,787 元，1935 年 1 月達到 329,816 元[43]。可見中國海關緝獲的只是走私銀元中的一小部分。猖獗的「臺灣籍民」水客走水是與日臺當局一貫採取姑息縱容態度分不開的。

據潮海關 1934 年 1 月份的《緝私報告》，抵達汕頭口岸班輪上的官員經常將查獲的走私貨移交給潮海關。而在廈門，這樣的事例卻很少見。海關分析，「原因大概是因為走私到汕頭的貨物基本上是香港貨，相反的，從臺灣走私來廈門的基本上是日本原產的貨物。因此……臺灣政府嚴令輪船公司不要用任何方式給旅客製造麻煩」[44]。中國海關為制止「臺灣籍民」水客的走私活動，曾經採取各種措施，對往來臺灣海峽兩岸的日本班輪加強查緝，「惟福州、廈門兩地，水客攜帶漏稅貨物，自臺灣進口情事，仍未禁絕，海關應付，尚感困難」[45]。由於有日臺當局作後盾，「臺灣籍民」水客漠視中國海關緝私，他們形成強有力的走私集團，並在基隆建立了總部，在走私活動中還動用武力甚至武器對付中國海關查緝。1935 年 1 月 29 日，廈門關查緝人員在檢查「臺灣籍民」水客行李時，20 多名水客沖進海關鬧事[46]。鑒於「臺灣籍民」水客經常行兇毆擊關員，抗拒查緝，廈門關經與日本領事館共同商定《管理小包件輸出商同業公會協定辦法》，對來往廈門、基隆兩埠旅客攜帶小包行李件數、體積、價值及其開驗、納稅等事項作了明確、具體的限制，自 1935 年 9 月 1 日起生效，實行一年後廢止。廈門關「屢欲從嚴處理此項貨件，然因當地日本領事未能充分相助，故尚未為激烈之處置」[47]。1936 年 10 月，廈門關提高行李物品估值，人造絲疋頭稅款每件由 45 元增至 65 元，棉布疋頭稅款每件由 30 元增至 45 元。「臺灣籍民」水客對此「深致不滿」，「故如再欲增加其貨物之估值，恐發生意外變動，在此情形之下，海關嚴厲處理此項貨件自不得不慎重也」[48]。在廈門、潮

---

[43] 〈廈門關與總稅務司署緝私科關於緝私工作來往密函〉，廈門海關檔案，卷 036 號。
[44] 廈門海關稅務司署 1934 年 2 月《緝私月報》，廈門海關檔案，卷 1781 號。
[45] 海關總稅務司署統計科，《海關中外貿易統計年刊（1936 年）》第 1 卷，頁 23。
[46] 廈門海關，《廈門海關誌》，科學出版社 1994 年版，頁 406。
[47] 莊則忠，〈廈門海關區域緝私情形續述〉，廈門海關檔案，散卷。
[48] 莊則忠，〈廈門海關區域緝私情形續述〉，廈門海關檔案，散卷。

海等關檔案中，日本領事向海關索取日本人或「臺灣籍民」被查扣走私貨物的事件屢見不鮮。1935 年 4 月 22 日，廈門關在由基隆抵廈的「鳳山丸」上查獲水客藏匿未報關的一批金貨，價值法幣 7．5 萬元。日本領事以這批金貨是從臺灣走私出口為由，要求廈門關將金貨移交，作為日方對臺灣走私出口貨物進行沒收。廈門關請示總稅務司署和財政部關務署後，最終不得不照辦[49]。川航海峽兩岸的大陸走私船隻多屬福、廈兩埠，走私者經常用小木板將「福字」、「廈字」等編號釘封閉蓋。尤有甚者，「中國籍發動機船多數陸續向高雄市當局請求改為日籍，並擬再行對華『密輸』（按即走私），縱或被我官憲緝獲，將託日帝國主義為庇護」[50]。

源於臺灣的走私活動多由日商三井洋行操縱。在日本領事館的卵翼下，臺灣籍民和不法奸商在以廈門為中心的閩南等地趨之若鶩地公然從事各種走私活動。曾任廈門市臺灣公會議員的曾厚坤開設「厚祥」、「坤吉」兩店，專門走私、販賣日貨、毒品，每次其貨船抵廈，日本領事都派員警為其起卸鴉片百貨打掩護[51]。1931－1934 年，閩南的小嶝、石獅、石碼、雲霄等地先後設立走私貨集結與轉運中心。1934 年後，漳浦、詔安、泉州、廈門等地又形成新的走私貨集散中心。其中以總部設在廈門開元路的走私機構規模最大。廈門漢奸曾燕成、阿章、曾九世等人開設的水德、源發、日興、泰發洋行專營走私，由泰發洋行臺灣籍民包辦運輸起水、搬運上市。1935 年，「四行合作，集資七十餘萬元，組合字號為福安公司」，「藉臺灣洋行為護符」，形成大規模的走私組織，擁有電船 3 艘和民船、漁船 30 餘艘，每月走私出口白銀價值 10 餘萬元。他們利用惠安獺窟同鄉的關係，「勾結海關幫辦兼緝私主任鍾家寶及關艇陳某為庇護」。由於得到賄賂，海關緝私艇保護他們公然從事走私活動。該公司走私船隻如遇風勢不順，難以進口，關艇甚至幫助拖帶入口。有一次，水警隊報告在烈嶼發現大量走私貨，關艇非但不肯前往查緝，反

---

[49] 廈門海關，《廈門海關誌》，科學出版社 1994 年版，頁 477。

[50] 1933 年 1 月 23 日財政部關務署密令，廈門海關檔案，卷 036 號。

[51] 〈廈門的日籍浪人〉，廈門市政協文史委《廈門文史資料》第 2 輯；梁華璜，〈臺灣總督府與廈門旭瀛書院〉，轉引自林滿紅，〈日據時期的臺商與兩岸經貿關係〉。

而通知貨主轉移走私貨物[52]。該公司遍設分支機構於惠安崇武、獺窟、張阪，晉江塔頭、石獅及廈門港等地，僅獺窟一地專此營生者就有百餘人。據時人蔡光華日記，1936 年春晉江塔頭鄉組織大規模走私機關，「其中廈某洋行投資 50 萬……該批股東中有廈門金隆興之老闆魏國棟……該公司因組織嚴密，至今尚未失事」[53]。日本拓務省翻譯官尾田滿等人 1932 年夏視察臺灣及華南各埠後報告，汕頭與對岸的安平、高雄之間靠民船進行走私貿易達到了相當的數量，走私分子蠻橫跋扈，甚至勾結官憲威脅正當業者[54]。「某國人前在福建設立之大走私公司，資本原為一百萬元，自廈門、汕頭、福州及基隆等處分公司成立後，私貨銷路益暢，最近已將資本增至三百萬元，其私運範圍亦普及至廣東省之內地」，「潮汕特殊私梟，因恃有蠻橫者作後盾，並不因緝私當局加緊緝私而稍形斂跡，除饒平、澄海、潮安、揭陽、汕頭五縣市為舊有私貨暢銷區域外，並劃大埔、豐順、梅縣、興寧等縣為私貨沖銷新路線，以汕頭為潮屬私貨運銷總樞紐，潮安為梅屬私貨運銷總機樞，其組織及營業發展之速，殊堪驚人，最近潮陽、揭陽、潮安等處，連獲大宗私貨數起，特殊私梟仍沿用舊伎倆出而頂冒」[55]。據第 155 師師長李漢魂 1937 年 1 月報告，駐汕頭日本特派員太田氏多次召集日籍商行密議組織大規模武裝以抵抗緝私[56]。日本海軍經常為走私船隻通風報信，公然阻擾中國海關在臺灣海峽進行緝私。1935 年初，閩海關「和星」號緝私艦在東引海面追緝一艘走私漁船，漁船掛起日本旗，日本軍艦迅速趕來干涉，保護走私漁船逃往公海[57]。同年 5 月 29 日，廈門關「專條」號緝私艦在福建沿海的烏邱嶼海面緝獲兩艘走私白糖、煤油等貨物的中國漁船，在押解返廈途中，被日本海軍「汐風」號、「夕風」號驅逐艦包圍監視，日艦開炮強迫「專條」號停航接受檢查；6 月 1 日，廈門關「春星」號緝私艦又

[52] 〈廈門關與總稅務司署緝私科關於緝私工作來往密函〉，廈門海關檔案，卷036 號。

[53] 〈蔡光華日記〉，《泉州文史資料》第 17 輯。

[54] [日]尾田滿、井手瑞穗，〈臺灣及南支那視察日誌〉，《臺灣近現代史研究》第 4 號，東京：綠蔭書房 1982 年版。

[55] 香港《大公報》，1936 年 4 月 24 日。

[56] 汕頭海關，《汕頭海關誌》，頁 246-247。

[57] 馮曉等，〈福建海上走私活動的歷史回顧〉，福建省政協文史委《福建文史資料》第 10 輯。

在沿海被兩艘日本軍艦包圍，而無法執行緝私任務[58]。日本政府從不接受中國海關對走私船隻緊急追蹤的原則，日本海軍蠻橫地聲稱，中國海關艦艇如在公海干涉日本船隻，將予以擊沉[59]。為此，總稅務司署於 1936年 4 月致函沿海各關，指示海上緝私應特別註意，「負責緝私的沿海各口岸嚴防任何擴大事態的事件發生」，「海關緝私船不得在三海里以外的海面上阻攔任何船隻……甚至從情況分析可以判定它不是經營正當貿易時，也只能進行追蹤偵察，直到它進入領海才能採取行動」[60]。可見在國家主權不完整的時代，中國海關是不可能正常開展緝私工作的。

其次，臺灣海峽海上緝私也受到國內方面的阻擾破壞。儘管國民政府三申五令，要求各地軍警黨政機關協助海關緝私，然而來自地方上的干擾卻時有發生。1930 年 7 月 11 日，汕頭市員警強行劫走潮海關查獲的一批煙土[61]。廈門海關巡艇行駛海面，「時有被軍隊射擊之事」[62]。1932年 11 月 5 日，「鷺門」號巡船在廈門禾山附近被軍艦扣留搜查。泉州分關秀塗分卡關員在執行職務時，「屢被秀塗水上公安分所越俎干涉，並拘禁職員，勒寫甘結，種種違法濫權行為」[63]。「九一八」事變後，各地紛紛出現「反日救國會」、「抗日救國會」、「抗日後援會」等各種名目組織，下設武裝糾察隊，緝拿走私日貨，與海關爭奪緝私權力。1931 年10 月，泉州分關蚶江分卡緝獲日籍「大洋丸」走私帆船，後被「晉江各界反日救國會」強行扣留，並擅自將走私船賣與原主，復公然派人護送出口，制止無效。該會雖隸屬縣黨部，然「係泉州民眾團體組織，內部情形極為複雜散漫，非官廳能力所能負責干涉」，廈門關幾經交涉，終無結果[64]。1932 年 11 月 27 日，潮海關東山分卡在查緝民船「金順興」號走私臺灣白糖進口一案時，與福建省東山縣「抗日救國會」發生衝突，

---

[58] 廈門海關，《廈門海關誌》，科學出版社 1994 年版，頁 478-480。

[59] 1936 年 4 月 1 日總稅務司署致汕頭海關函，汕頭海關，《汕頭海關誌》，頁 245。

[60] 〈廈門關與總稅務司署緝私科關於緝私工作來往密函〉，廈門海關檔案，卷 036 號。

[61] 汕頭海關，《汕頭海關誌》，頁 28。

[62] 廈門海關檔案，卷 0852 號。

[63] 廈門海關檔案，卷 0850 號。

[64] 廈門海關檔案，卷 0849 號、卷 0850 號、卷 0992 號。

最後報請國民黨福建省黨務指導委員會調解處理[65]。同年，福建省晉江縣也曾發生永寧「抗日救國會」越權擅自緝沒走私臺糖事件[66]。「安海各界反日會」「對於（安海）分卡破獲私貨時出阻擾」。為此，省政府特於1933 年 4 月規定各縣抗日會實施許可權。同年 7 月，省黨務指委會又密令，「反日會係救國團體，非稅務機關，對於走私漏稅之貨，自無處置之權」。但 7 月 5 日又發生了廈門抗日後援會擅自非法在口外金門海面偵緝走私臺糖事件[67]。有些地方軍警無視政府禁令，大肆參與走私，從而增加了問題的複雜性和海關緝私工作的難度。1932 年 7 月，閩海關緝私艇緝獲走私鴉片 9 噸，因為此案涉及 19 路軍，總稅務司署怕引起海關與駐軍的糾紛，密令閩海關暗地將原物送還，不了了之[68]。廈門關 1933 年底報告，由於無法取得通行證而不能檢查 19 路軍控制的貨棧，緝沒已經查知的走私白糖[69]。1934 年 7 月間，東路軍第 4 縱隊指揮部承買軍米人員「竟有挾帶私糖情事」；同年 8 月間，石碼分卡連日發現浮宮、白水營宋希濂部第 36 師運載白糖多次[70]。迭據廈門關稅務司函稱，「當地機關藉詞緝私，實行包庇奸商走漏，或協同緝獲私貨，私自處分罰辦」；「時有水警串通奸商運載私糖情事，或經海關破獲，則藉口緝私，巧為掩飾」[71]。如 1934 年 3 月 24 日夜，水警由廈門口外拖帶兩艘滿載走私白糖的帆船入港[72]。南京國民政府成立後，各地軍閥割據仍很嚴重。特別是以陳濟棠為首的粵系軍閥控制了廣東政局，與南京中央政府貌合神離，爭權奪利，屢屢鬧獨立，自行其是。廣東省政府成立了許多專買、專賣公司，經營幾乎所有的進出口商品，利用軍艦、政府船隻和鹽務局緝私船大量走私，從不報關，並簽發大批免稅護照要求海關放行。1930 年 8 月 14 日，自穗抵汕的「通順」輪載有廣東省政府走私

---

[65] 汕頭海關，《汕頭海關誌》，頁 276。

[66] 廈門海關檔案，卷 0748 號。

[67] 廈門海關檔案，卷 0851 號。

[68] 福州海關，《福州海關誌》，鷺江出版社 1991 年版，頁 211。

[69] 〈廈門關與總稅務司署緝私科關於緝私工作來往密函〉，廈門海關檔案，卷 036 號。

[70] 廈門海關檔案，卷 1002 號。

[71] 廈門海關檔案，卷 1000 號。

[72] 廈門海關檔案，卷 0852 號。

的鴉片 76 箱，由潮海關監督事先通知稅務司予以「照顧放行」[73]。1934 年 11 月，大批白銀從上海經汕頭由軍艦走私運往香港[74]。據九龍關稅務司 1936 年 7 月致潮海關稅務司密函，僅 1934 年 9 月至 1935 年 8 月，西南政務委員會就用「永福」輪走私進口白糖 18．8 萬公擔，走私出口鎢砂 5000 噸，加上人造絲、煤油等其他貨物，單逃稅一項就達 530 萬海關兩[75]。官方走私貨物數量鉅大，種類眾多，從各種高稅率商品到中央政府明令禁止的鴉片毒品和銀元、大米，等等。潮海關緝私人員在執行任務、追蹤走私船隻時，經常遭到當地機關的阻擾。直至 1936 年 7 月間，「粵省政局統一之後，前此利用非法手段，運入私貨之舉，海關始克管理」[76]。對於這種官方走私，海關是無能為力的。正如費正清（John King Fairbank）為撰寫博士學位論文而訪問近代中國最早幾個通商口岸，於 1935 年 1 月間親眼目睹廣東香港一帶走私情形後感歎道，「當廣州政府的炮艦為官辦專利事業運進食糖時，海關緝私部隊也無能為力……面對當地的兩種慣例，即廣州的獨立自主政策和英國的自由貿易常規，中央政府的[緝私]工作是難以開展的」[77]。這就局部干擾和部分抵銷了海關緝私工作，這是近代中國半封建半殖民地社會性質決定的。

　　與其說判定海關緝私工作成效的真正標準在於緝獲走私貨物充公變價及罰款所得，還不如說是將非法走私納入合法貿易的軌道。縱觀各年《海關中外貿易統計年刊》，因走私而消失於海關統計的食糖、人造絲、煤油等商品，自 1933 年再現於一些口岸的海關統計。1935 年，「正式進口列諸各關統計者，較諸以往數載，多見激增」[78]。據廈門關緝私課主任莊則忠 1936 年 11 月、12 月先後擬具的兩份《廈門海關區域緝私情形》報告，閩南沿海走私銳減。廈門關區 1935 年共緝獲走私電船 19 艘、漁船 118 艘、民船 70 艘、舢舨 28 艘；1936 年緝獲走私電船 3 艘、漁船 21 艘、民船 40 艘、舢舨 25 艘。表明從事走私活動的船隻數

[73] 汕頭海關，《汕頭海關誌》，頁 26。
[74] 汕頭海關，《汕頭海關誌》，頁 245。
[75] 汕頭海關，《汕頭海關誌》，頁 245。
[76] 海關總稅務司署統計科，《海關中外貿易統計年刊（1936 年）》第 1 卷，頁 23。
[77] 《費正清對華回憶錄》，知識出版社 1991 年版，頁 136。
[78] 海關總稅務司署統計科，《海關中外貿易統計年刊（1935 年）》第 1 卷，頁 17。

量明顯減少，特別值得註意的是原先作為臺灣海峽海上走私主力的電船幾乎絕跡。海上走私活動收斂的原因有：海關緝私組織機構健全周密，海上緝私力量增強，效率提高；海關將緝獲的走私船隻均予拆毀，而不輕易出售，以免重新投入走私；國民政府於 1936 年 5 月頒佈實施《稽查進口貨物運銷暫行章程》和《躉銷購用轉運應行稽查各進口貨物之商號工廠及轉運公司註冊領照辦法》，規定凡躉銷、購用人造絲、食糖、捲煙紙等 25 種最常見的走私物品，應向指定機關註冊，並向海關繳驗納稅證據，加領運銷執照，強化海關後續監管，堵截走私貨流入內地；同年 7 月又公佈實行《修正懲治偷漏關稅暫行條例》，對走私犯罪分子分別科以徒刑直至死刑，大大增強了海關緝私的威懾力。以上措施都對臺灣海峽海上走私活動產生了一定的遏制作用，但臺灣海峽海上走私活動收斂最主要的原因則是，1936 年日本將澎湖列島的馬公港辟為海軍基地，自 7 月 1 日起不再對一切商船開放，臺灣對中國大陸走私失去了一個最便利的中轉跳板，走私船隻須從臺灣起運，航程增加了將近一倍，益有被中國海關緝獲之虞，海上走私較前困難。因此，白糖、煤油等原主要走私進口貨物「源源來入廈門完稅進口」。1936 年 1 月至 11 月，廈門口岸正式報關納稅進口的白糖達 18,603.08 公擔，煤油進口稅達 234,851.81 海關金單位。「邇來內地各處均向廈門裝運已完關稅之白糖及煤油銷售，就泉州一隅而論，在本年十一月中，曾由廈門裝運入口已完關稅之白糖計七百四十包，煤油七千九百八十七珍。[79]」

　　然而，走私活動銳減並不意味著三十年代臺灣海峽海上走私高潮的終結，臺灣水客走私活動仍持續不衰。日本帝國主義一貫奉行侵華政策及其侵華戰爭的逐步升級，蘊藏著海關緝私工作新的更加嚴重的危機。七七事變後，日臺僑民大部分撤回臺灣，或遷往內地，臺灣海峽兩岸航班停航，臺灣水客走私活動方告截止。中國民船、漁船也因日軍佈雷封港而無法出海，是故 1938 年海關註冊登記民船數驟減，有如前表。日本海軍自 1937 年 9 月起全面封鎖中國海岸，「對於海關巡

---

[79] 莊則忠，〈廈門海關區域緝私情形〉、〈廈門海關區域緝私情形續述〉，廈門海關檔案，散卷。

船任意毀擊」[80]。1938 年初，因局勢惡化，本區各關大型緝私艦相繼調往別處，海上緝私基本停止。1 月 25 日，廈門關停泊於石碼內港的「廈明」、「廈平」、「嶼光」等 3 艘海關緝私艇也被日機炸沉[81]。廈門、汕頭先後於 1938 年 5 月和 1939 年 6 月淪陷，福州也岌岌可危，朝不保夕。日本因尚未完成對英美作戰的準備，礙於中國海關的「國際性」，不敢貿然接管淪陷區海關，但淪陷區海關處於日本勢力的控制之下，緝私工作已無法開展了。為了達到以戰養戰的目的，日偽極力策動不法商販走私毒品、香煙、花布、食糖等物品到非淪陷區換購糧食、燃料、油類、銅鐵等戰略物資。非淪陷區商販也勾結駐軍等地方不法勢力，源源偷運米穀、桐油、木材、柴火、銅鐵等戰略物資出海資敵，再由金門、廈門等地換購毒品和消費品內運銷售。沿海走私活動更加猖獗，幾成公開秘密。皮之不存，毛其焉附。在日本帝國主義的經濟侵略和軍事進攻下，經數年慘澹經營起來的海關緝私工作終於遭到徹底的破壞。

---

80 《一九三八年英日關於中國海關的非法協定》，中華書局 1965 年版，頁 6。
81 廈門海關，《廈門海關誌》，科學出版社 1994 年版，頁 409。

七十年代以來臺灣海峽走私問題

　　走私活動是一種國際（或地區）間逃避海關監管的違法犯罪活動，只要還存在國際（或地區）間的商品差價或進出口貿易上的限制，就必然會出現走私活動。走私活動這種複雜的社會現象有其地理、歷史乃至社會的原因。改革開放以來，隨著國內外政治經濟形勢的變化，中國東南沿海尤其是臺灣海峽一帶的海上走私活動日益猖獗，成為當前一個突出的社會問題。堅決打擊走私活動，是保障對外開放順利健康發展的緊迫任務。

一

　　由於歷史的原因和複雜特殊的地理條件，近代以來，臺灣海峽一帶曾經是走私活動較突出的部位。改革開放前，在雙方軍事對峙的緊張氣氛下，臺灣海峽兩岸沒有發生直接經濟貿易往來，走私活動鮮有所聞。二十世紀七八十年代以來，境內外不法分子利用我國的對外開放政策和發展商品經濟之機，在中國東南沿海大肆進行走私違法活動，形成建國以來又一次走私高潮。隨著兩岸關係的逐步緩和、民間交往日漸熱絡，臺灣海峽迅速成為走私活動的重點區域。臺灣海峽海上走私活動的發展大致可分為四個階段：第一階段（1979-1980 年），海峽兩岸走私活動只是作為香港——廣東走私活動的一個分支出現，規模不大；第二階段（1981-1983 年），走私活動開始蔓延，福建省六個沿海地（市）的 17 個縣出現群眾性的走私活動，福建省內海關、邊防等部門聯合行動，衝擊了走私品的集散地；第三階段（1984-1986 年），在上述嚴厲打擊下，走私活動有所收斂，但有些單位和個人打著 1985 年出現的「對臺貿易熱」牌子進行走私，由於福建、廣東、浙江三省海關等單位的重視，局面得以局部控制；第四階段（1987 年至今），由於兩岸關係進一步緩和，走私活動重新擡頭，並迅速達到前所未有的高潮。從查獲的案件分析，參加海峽走私的人員除大陸沿海不法分子外，還有臺、港、澳和外籍人員。海峽兩岸的臺灣和福建、粵東等沿海漁船參與走私活動越來越多；

走私物品既有香煙和家電、汽車、電腦等高科技產品，也有農產品、珍貴野生動物和金銀、假幣、文物、毒品、軍火、反動黃色淫穢印刷出版物等，近年來轉變為以成品油、化纖、化工等生產性原料、機電產品、鋼材、香煙為重點；走私方向有進也有出，以走私進口為主；走私手法，多以境外走私集團雇傭外籍或港、臺專營走私母船，停泊在我領海線外二三十海里的公海上，聯絡大陸接貨船過駁，小船分散上岸的三環接力販運走私。

　　開始，境外走私集團主要來自香港，他們雇傭臺灣漁船、漁民專營海上走私；或利用外籍船舶、臺灣籍船員從事海上走私活動；還有的是港臺資本家和臺灣漁民合股經營走私。走私船大多來自香港，經粵東沿海北上，通過漁船從公海直接闖入，廈門關區的晉江和金門海面成為走私貨物的交易點。一方面，大陸市場物資較貧乏緊缺。另一方面，由於臺灣漁業趨於衰微，漁民收入偏低，在新竹南寮一帶，10 噸以下漁船的漁民月收入多半在 1 萬新臺幣以下，而走私漁民年收入則在 50 萬新臺幣以上，致使許多漁民轉而從事走私活動[1]。在大陸沿海走私活動較嚴重的地區，很多群眾經不起走私貨主重金厚薪的誘惑，紛紛離開工廠、扔下鋤頭、拋棄漁網，有的甚至棄學經商，參與海上走私交易。據調查，當時晉江沿海走私活動重點村有 70%的漁船、漁民捲入走私風潮中。僅祥芝公社 81 艘漁船中，一度有 61 艘棄漁，到海上從事走私貨物的販運。每艘走私船，走私進口的手錶動輒上萬、收錄機上千、布疋數萬米，而走私出境的黃金、白銀則以成百、上千斤計。如 1980 年 12 月 10 日廈門海關緝獲香港籍「觀大利」號走私船，該船載有走私貨手錶 6 萬隻、收錄機 1,000 臺、電視機 600 臺、電動縫紉機 100 架、尼龍布料 30,000 米、太陽眼鏡 24,000 副、衣服 1,500 件、折骨陽傘 150,000 把，私貨價值人民幣 338 萬餘元。據統計，1980 年 10 月至 1981 年 5 月，廈門海關查獲案值萬元以上的海上走私案件共 18 起，其中案值百萬元以上的有 3 起[2]。據臺灣方面統計，非法經由香港轉口走私至臺灣的大

---

[1]　王建民，〈海峽時有走私潮，國不統一潮難平（上）〉，《廈門日報》1994 年 9 月 18 日。

[2]　馮鷺等，〈海峽走私風乍起——廈門關區走私與反走私大巡蹤（一）〉，《廈門商報》1996 年 6 月 16 日。

陸農產品在 1990－1991 年達到高峰，分別達 1‧3 億美元和 3‧05 億美元。隨著臺灣當局擴大開放大陸農產品進口，走私大陸農產品有所減少，但每年仍達 2 萬美元左右。據臺灣走私嫌疑犯供稱，一頭藏獒在大陸最高成交價為 7000 元人民幣，走私到臺灣可賣 300 萬元新臺幣；每支象牙在大陸買價僅為 8000 元人民幣，來臺卻可賣到 60 萬元新臺幣。1994 年元月，臺灣海關一舉查獲走私象牙 125 支和已切割成材成品 2370 顆，價值上億元新臺幣。從近年大陸查獲的文物走私案例看，凡是一次偷運超過 100 件的，均由港澳臺不法走私商販操縱[3]。

　　八十年代中葉以後，臺灣海峽香煙走私猖獗。1987 年 2 月 7 日，廈門海關在龍海海面查扣菲律賓籍「龍」號香煙走私船，查獲洋煙 2850 箱，價值人民幣 425 萬元，這是中國大陸海關首次查獲海上走私洋煙大案。香港擁有眾多生產萬寶路、健牌、希爾頓、良友、555 和紅雙喜等專供走私中國大陸的地下香煙生產廠家。在香港，不向海關納稅的香煙「水貨」，「良友」每條單價 18 元港幣，「健牌」每條單價 28 元港幣，「555」每條單價 32 元港幣，僅是香港市場價的一半。走私到中國大陸後，純利潤在 100% 以上，每箱香煙至少可獲利 1000 元，每船走私香煙可獲利百萬元[4]。在如此暴利的誘惑下，港澳臺境外集團鋌而走險，勾結大陸沿海不法分子，猖狂走私香煙進口。境外走私集團一般雇傭外籍、香港或臺灣專營走私母船從事香煙走私。這些走私母船噸位大，從 500 噸到 3000 噸不等；艘數多，一般一個航次二三艘，多達五六艘。每一航次每艘走私母船載香煙近萬箱，輪流停泊，以保證充足的走私貨源。走私母船一般停泊在公海上，普遍使用高清晰度雷達和超遠距離、大功率、全自動的通訊設備，按照事先約定好的暗號和經緯度，通過高頻道對講機與大陸沿海走私接貨船聯絡。由於高額走私利潤的誘惑刺激，走私分子置惡劣天氣、大風大浪於不顧，通常選擇在日落之後出海。接貨的信物已經從一張日曆或港幣、人民幣各執一半，發展到接貨人只要自報身份證號碼。進入 1992 年，走私集團以往母船卸貨、沿海接貨船過駁、

---

[3] 王建民，〈海峽時有走私潮，國不統一潮難平（上）〉，《廈門日報》1994 年 9 月 18 日。

[4] 馮鷺等，〈洋煙大戰硝煙漫──廈門關區走私與反走私大巡蹤（三）〉，《廈門商報》1996 年 6 月 30 日。

小船分散上岸的三環接力販運走私。他們或利用舊鐵殼漁船進行改裝，或購買、甚至不惜血本建造鐵殼漁船，作為專營海上走私活動的便捷交通工具，並形象地稱之為「中巴」。他們每次出動 10 餘艘「中巴」，有時多達 20 餘艘，往返於外籍走私母船與大陸沿岸之間，頻繁駁運。為了逃避中國大陸海關的查緝，走私集團將接駁點由以往的臺灣海峽中部移向東海或南海海面，有的甚至直接移到臺灣以東海面。據不完全統計，中國大陸海關方面查獲臺灣海峽海上走私香煙 1990 年為 53 萬件，1991 年為 57 萬件，1992 年為 80 萬件[5]。僅 1992 年廈門海關就緝獲走私香煙船 60 艘，查扣走私香煙 5 萬多箱，私貨估值超過 1 億元人民幣[6]。由於廈門、福州等海關開展海上緝私聯合行動，從 1993 年下半年開始，臺灣海峽海上洋煙走私開始北移。

　　進入九十年代，成品油成為臺灣海峽海上走私的主要商品。據香港方面的資料顯示，1998 年 1－11 月共有 590 萬噸輕質柴油運往中國內地。但與此同時，內地方面的統計只有 3912 噸柴油通過貿易管道由香港進入內地[7]。顯然，這個巨大的差額是通過非正常貿易管道走私進入中國內地了。成品油一直被海關作為打擊走私的重點列名商品，1996 年查獲走私成品油 13 萬噸，1997 年為 21 萬噸，1998 年 1－7 月份就達 26 萬噸。之後，大批量走私成品油活動得到遏制，國內成品油市場價格迅速回昇，0 號柴油價格從 1400 元/噸上昇到 2300 元/噸左右[8]。由於海上走私佔有相當大的比重，近年來，海關、海警等海上執法部門不斷加強海上緝私力度，先後開展了打擊香煙、成品油、化纖原料走私等專項鬥爭。1998 年 4 月 29 日，福州海關緝獲巴拿馬籍油輪「哈曼尼」號走私柴油 4000 噸；6 月 19 日，廈門海關緝獲新加坡籍油輪「海豚」號走私柴油 12,814 噸[9]；12 月 27 日，廈門海關緝獲巴拿馬籍油輪「所羅門王號」走私柴油 2225 噸；1999 年 1－6 月，僅廈門海關就在海上查

5 王建民，〈海峽時有走私潮，國不統一潮難平（下）〉，《廈門日報》1994 年 9 月 25 日。

6 王建民，〈海峽時有走私潮，國不統一潮難平（上）〉，《廈門日報》1994 年 9 月 18 日。

7 章為明，〈透過成品油走私的迷霧〉，《中國海關》1999 年第 6 期。

8 章為明，〈透過成品油走私的迷霧〉，《中國海關》1999 年第 6 期。

9 章為明，〈透過成品油走私的迷霧〉，《中國海關》1999 年第 6 期。

獲成品油和香煙走私案 54 起，緝獲成品油 6783 噸、香煙 5546 箱，價值 3253 萬元；1999 年 7 月 8 日，汕頭海關緝獲巴拿馬、中國雙重國籍「鵬達」輪走私韓國冷軋不銹鋼板 1350 噸[10]；7 月 30 日，廈門海關在晉江深滬海域緝獲走私香煙 2398 箱的臺灣高雄籍「陸勝」號。當然，以上並非完全的統計，海關緝獲的可能只是走私總量冰山的一角。面對打擊走私專項鬥爭的高壓態勢，當私分子改以「螞蟻搬家」的方式零星走私。或改用小型高速摩托快艇，或製造鐵殼橄欖船，普遍使用衛星導航儀、高清晰度雷達和超遠距離、大功率、全自動的通訊設備，有的主機多達 6 部，航速高達 40 節以上，抗風力 8－9 級。臺灣海峽海上緝私面臨著更為嚴峻的形勢。

二

　　海上緝私是阻止走私船貨進出國門的第一道重要防線。臺灣海峽海上走私一直難以從根本上禁絕的重要原因之一，就是境內外不法分子互相勾結，利用臺灣海峽的特殊地位大肆進行走私。由於歷史的原因，海峽兩岸長期分隔，至今軍事對立，雙方海關互不往來。臺灣海峽的港、臺和外籍走私母船一旦發現大陸海關、海警等緝私船，馬上轉航臺灣方向海域或公海，以逃避追緝。如 1991 年 6 月 13 日，巴拿馬籍「鷹王」號走私船在臺灣海峽向大陸漁船交卸香煙時，被廈門海關緝私艇緝獲，臺灣軍方接到「鷹王」號謊報被劫後，出動軍艦強行將「鷹王」號船貨連同已登臨該船執行緝私任務的廈門海關 6 名關員帶往臺灣，並決定不將人、船、貨交由我方司法處理，而單方強行查處[11]。1992 年 11 月 22 日，寧德市「閩寧緝 3 號」在海上緝獲一艘香煙走私船和另一艘運載偷渡去臺人員的臺輪時，被臺灣警方扣押至基隆，並無理地對部分緝私人員進行所謂「判決」[12]。1999 年 8 月 6 日，汕頭海關緝獲走私汽車 69 部，案值 2949 萬元，這艘運載走私汽車的伯利茲籍「長河 8 號」，就是

10　《廈門日報》1999 年 7 月 12 日。

11　《廈門日報》1991 年 10 月 15 日。

12　《廈門日報》1993 年 5 月 9 日。

從香港繞道臺灣高雄載貨,然後駛抵汕頭的[13]。由此可見,若非兩岸合作,臺灣海峽緝私實難奏效。

　　臺灣海峽海上走私活動除了普通商品,還涉及假幣、毒品、軍火等特殊物品,成為嚴重威脅海峽兩岸社會治安的重要犯罪活動內容,從而引起雙方的嚴重關註。有些臺灣不法分子利用在福建、廣東沿海一帶經商之便,勾結大陸不法分子大肆從事走私活動,時有消息報導披露於海峽兩岸報端。1993 年 2 月,汕頭市邊檢人員在臺灣漁船「金勝億」號上查獲海洛因 38,760 克、手槍 2 支、子彈 14 發[14]。1993 年 5 月 11 日,臺灣嘉義市警方從屏東縣東港籍「嘉新發 2 號」起出海洛因 336 公斤,據說這批毒品是以漁船經由大陸外海走私入臺的[15]。1994 年 11 月 24 日,臺灣警方在高雄地區破獲毒品安非他明 31 公斤多和贓款 90 餘萬元,據嫌犯供稱,這批毒品從大陸購得,利用臺灣漁船走私至臺,總數量達 80 多公斤[16]。臺灣私梟走私大陸槍支始於 1988 年,當年 12 月,臺灣警方首次緝獲私梟利用漁船走私大陸虎頭牌獵槍 45 支和紅星牌半自動手槍 12 支;1989 年,臺灣警方查獲走私大陸槍支 687 支,1990 年達 788 支[17]。1989 年 9 月 18 日,廈門市警方破獲臺灣逃兵吳文信等 17 人勾結大陸不法分子走私槍支 1900 支、子彈 4‧55 萬發[18]。1990 年 11 月 9 日,廈門市警方緝獲臺灣犯罪分子林子連等人走私衝鋒槍 4 支、手槍 4 支、子彈 729 發。1992 年 4 月 23 日,臺灣犯罪分子胡清石等人於廈門港沙坡尾欲走私五四式手槍 6 支、子彈 121 發、海洛因 1050 克去臺灣,被廈門市警方緝獲。1994 年 11 月 25 日,臺灣警方在臺南查獲一個龐大的偽造人民幣地下工廠,起獲假幣約 3000 萬元,據調查,印製的假幣通過走私漁船運到福建沿海與不法分子進行毒品和槍支交易[19]。1999 年 10 月 14 日,臺灣新竹遊客在走私漁船出沒的舊南寮漁港

---

[13] 《廈門日報》1999 年 8 月 14 日;《人民政協報》1999 年 9 月 11 日。

[14] 《廈門日報》1993 年 2 月 16 日。

[15] 臺灣《聯合報》1993 年 5 月 12 日。

[16] 臺灣《中國時報》1994 年 11 月 25 日。

[17] 王建民,〈海峽時有走私潮,國不統一潮難平(上)〉,《廈門日報》1994 年 9 月 18 日。

[18] 《廈門日報》1996 年 5 月 14 日。

[19] 臺灣《中國時報》1994 年 11 月 26 日。

發現一個裝有 360 餘萬元新版人民幣假鈔的防水塑膠袋，顯然是準備走私到大陸沿海的[20]。2002 年 4 月 3 日，臺南市警方查獲一家偽造人民幣工廠，起獲假人民幣成品、半成品約 3 億元，據嫌犯供稱，他們是受走私集團的委託，以 1 元新臺幣換 100 元人民幣偽鈔的價格成交的；臺方認為，偽造、走私假人民幣與兩岸黑槍及毒品買賣走私有關[21]。據臺灣方面的統計，自 1990－2001 年 12 年間，警方查獲來自大陸的走私槍支共 1038 支；1999 年、2000 年緝獲來自大陸的走私毒品分別為 971・81公斤和 636・6 公斤，分別占當年緝獲總量的 65・5%和 48%。因此被認為，「兩岸間之犯罪類型，以槍械、毒品居首……可謂是治安之主要亂源」，「顯示兩岸共同打擊犯罪有迫切之需要」[22]。

三

　　鑒於不法分子利用目前兩岸關係的不正常狀態，在臺灣海峽進行走私、搶劫等海上犯罪活動，嚴重破壞臺灣海峽兩岸的社會秩序，早在1991 年 7 月 21 日，「國臺辦」主任王兆國正式建議，海峽兩岸有關方面或經授權的團體、個人進行商談，達成合作打擊臺灣海峽海上走私、搶劫犯罪活動的協議。當年 11 月 3 日，臺灣「海基會」副董事長兼秘書長陳長文一行 7 人抵達北京就此事進行程式性商談。1993 年 4 月新加坡「汪辜會談」協議，確定雙方年內進行 5 項事務性協商，其中就包括共同打擊海上走私、搶劫等犯罪活動問題。據臺灣《聯合報》1993年 6 月 28 日報導，兩岸都已決定參加美國摩托羅拉公司主持的國際超大型衛星通訊網路——「銥計畫」，臺「經濟部」指出，由於這項計畫包括海岸防衛通訊體系，因此海峽兩岸可能在這項計畫中使用相同的衛星資訊，共同打擊海上犯罪，防衛沿海安全。1993 年 3 月 25 日，辜振甫在「海基會」第三屆董監事第十次聯席會議上致辭時說，「希望由兩

---

[20] 臺灣《中華日報》1999 年 10 月 15 日。

[21] 臺灣《中華日報》2002 年 4 月 4 日。

[22] 高政癉，〈兩岸共同合作打擊犯罪之探討〉，財團法人海峽交流基金會《交流》第 63 期，2002 年 6 月。

會就遣返劫機與偷渡犯、保障人身安全、共同打擊犯罪等議題盡速恢復商談」。由於「近來兩岸之刑事犯罪，已有逐步演變成國際性犯罪之趨勢，兩岸不法分子亦企圖利用管轄權之地域限制及現行兩岸互動之特徵，切斷警方偵查線索，年初即連續發生多起涉及兩岸之跨國綁架案，此等犯罪形態已成為新的治安問題」，「海基會」於 3 月 30 日邀集學者專家及司法等機關代表，召開「研析兩岸三地國際刑事犯罪之偵察及司法協助會議」，與會代表建議「基於維護社會治安、確保人民權益之考量，兩岸兩會應盡速就共同打擊犯罪及司法協助等議題進行協商，並早日簽署協議，以有效遏制兩岸間衍生之新形態犯罪」，「進而促成兩岸合作共同打擊犯罪」。5 月 18 日，辜振甫在國際新聞協會臺北年會作「構建和平與穩定的兩岸關係」的演講時再次表示，希望「盡早恢復本人與汪[道涵]先生於 1993 年在新加坡會談中所建立的兩岸制度化協商，並先就攸關人民權益的諸多低層次政治議題，例如：大陸偷渡犯及劫機犯的遣返、兩岸漁事糾紛的處理、兩岸共同打擊犯罪活動等，逐一達成協議」。6 月 22 日，「海基會」秘書長許惠佑也在「立法院」表示，兩岸間不應只在政治議題上做文章，應就走私、共同打擊犯罪等事務性議題進行會商。「陸委會」原則同意「有關共同打擊海上走私、搶劫等犯罪活動問題」可列為最優先商談的專案[23]。可見兩岸合作共同打擊包括走私在內的犯罪活動不單是我方的一廂情願，臺灣當局同樣也有這方面的迫切要求。由於李登輝冒天下之大不韙，公然拋出反動的「兩國論」，破壞了即將成行的「海協會」汪道涵會長訪臺。一旦時機成熟，兩岸合作共同打擊走私問題即可作為事務性商談的首要內容擺上桌面。

　　1992 年，應臺灣方面的要求，廈門市警方將躲避在大陸的臺灣刑事要犯張真移交給臺灣警方，為兩岸警方合作共同打擊犯罪活動開創了先例。自 1990 年 9 月《金門協定》簽訂以來，廈門與金門兩地已完成了數十起人員遣返交接作業。說明海峽兩岸完全有可能合作共同打擊犯罪活動。然而雙方均已矚目多時的兩岸合作共同打擊走私等犯罪活動問題為何遲遲未能提上議事日程、付諸實施？最主要的原因是臺灣當局謀

---

[23] 臺灣《中國時報》1994 年 10 月 2 日。

圖「臺獨」分裂，頑固堅持「三不」。海峽兩岸雙方經貿政策與海關緝私法規制度相去甚遠，也不利於雙方海關合作共同打擊海峽走私活動。七八十年代臺灣海峽恢復平靜後，雙方漁民沿襲歷史習慣，在海上以物易物，互通有無，逐步發展到以貨易貨，以貨換鈔。為了引導這種民間自發的海上交易，將其納入有序管理，制止與之俱來的海上走私，閩、浙、粵沿海陸續開放了數十個臺輪停泊點，成立了數十個對臺貿易公司，專營對臺小額貿易。其間還發展了少量大宗直接貿易。因有厚利可圖，雙方漁民海上直接交易仍然禁而未絕。對臺商、臺灣漁民與我指定對臺貿易公司所進行的小額貿易，以及所謂臺方「特殊客戶」與我指定貿易公司之間所進行的大額貿易，我方視為合法；而視雙方漁民在海上進行的直接交易為非法。在臺灣方面，則一律視為走私行為。在臺灣當局堅持「三不」的情況下，官不通民通，以民間促官方，對臺小額貿易這一特定歷史時期的產物對促進兩岸「三通」交流發揮了特殊的積極作用。其政治意義大於經濟意義。1995 年，福建省對臺小額貿易額只有2420 萬美元（1996 年更下降到 1520 萬美元），還不到全省對臺貿易額25．45 億美元的 1%。況且一些不法分子往往打著對臺小額貿易的旗號從事海上走私活動，不僅嚴重衝擊經濟市場，擾亂經濟秩序，而且危害海峽兩岸社會治安。在加入 WTO 之後的今天，隨著兩岸經貿合作交流的不斷加強與深入，對臺小額貿易的經濟意義日益淡化，必須讓位於兩岸直接貿易。

　　臺灣海峽兩岸合作緝私不但完全必要，而且具有充分的可行性。1986 年 7 月，中國政府正式向關貿總協定申請恢復中國的締約國地位。1989 年以後，臺灣當局加緊推行「彈性外交」，力圖先於中國大陸擠進關貿總協定。1990 年 1 月 1 日，臺灣當局也以臺澎金馬領域的名義提出加入申請。中國外交部嚴正聲明，「臺灣當局以所謂臺、澎、金、馬單獨關稅領域申請加入關貿總協定是完全非法的、荒唐的」。錢其琛也指出，「現在臺灣當局以所謂單獨關稅領域的名義為自己申請加入關貿總協定，這是荒唐的。只有在中國恢復了它在關貿總協定的地位之後，在中國中央政府同意的情況下，才有可能考慮臺灣參加總協定的問

題」。後經關貿總協定作出原則安排，決定臺灣只能在中國大陸之後加入。2001 年 11 月，海峽兩岸先後加入世界貿易組織（WTO），這與「一國兩制」統一中國的構想並行不悖，也為雙方海關合作共同打擊走私犯罪活動提供了前提條件。臺灣《聯合報》1997 年 10 月 19 日報導，臺「經濟部」已完成臺灣是否對大陸援引 WTO「排他性條款」的研究報告，稱為使臺灣順利成為 WTO 成員，不宜對大陸援引「排他性條款」。並認為兩岸都成為 WTO 成員後，臺灣不得對大陸採取歧視措施，而且現階段禁止兩岸「三通」政策和對大陸貨物進口前的審查作業違反 WTO 的規定。12 月 19 日又報導，外經貿部副部長龍永圖接受該報記者採訪時明確表示，大陸不會對臺灣使用「排他性條款」。臺灣當局一再聲稱，兩岸加入 WTO 與是否開放兩岸「三通」沒有必然關係。其實不然，臺灣學者劉大年認為，「兩岸加入 WTO 除了市場化所產生之影響，另一個引起高度關切之問題即是未來兩岸入會後，目前雙方之經貿關係是否有所改變？進一步而言，在 WTO 架構下，是否有引用所謂『排他性條款』之空間？所謂排除條款，簡單而言，係指 WTO 會員由於政治或經濟面之因素認為彼此不適合履行在 WTO 下之義務之條款。不過在引用排除條款時需具有全面性。即應係針對 WTO 協定與附件一與附件二之多邊貿易協定全部排除適用，而非僅選擇部分多邊協定排除適用」[24]。也就是說，臺灣當局不可能既加入 WTO，又繼續不與中國大陸直接貿易。正如臺灣「中研院」歐美所所長林政所說的，兩岸進入世界貿易組織所產生的經濟調整，將使「三通」受到衝擊，臺灣雖將面臨「更大的政治、經濟、軍事壓力」，若放棄考慮加入 WTO，首先就需與 80%的民意為敵，「若由國內大陸政策法規及 WTO 規範而言，兩岸均加入 WTO 後，若不引用排除條款則現行對大陸貨品間接貿易之原則和進口限制可能在 WTO 架構下均需改變。未來兩岸之間的經貿往來模式亦需有所調整」[25]。其實，兩岸之間貨運試點直航已經局部進行了數年。

---

[24] 劉大年，〈加入 WTO 對兩岸產業之衝擊〉，財團法人海峽交流基金會《交流》第 46 期，1999 年 8 月。

[25] 林政，〈新科總統如何因應兩岸關係挑戰〉，財團法人海峽交流基金會《交流》第 46 期，1999 年 8 月。

雖然臺灣當局死命拖延，但兩岸之間開展直接貿易已是大勢所趨，勢在必然。既然加入 WTO 後兩岸直接貿易往來不可避免，雙方海關業務往來也就勢在必行了。

　　海峽兩岸一旦開展直接貿易，雙方海關必然要合作共同打擊臺灣海峽走私。海關作為查緝走私的主要執法部門，比起海軍、海警等軍事敏感部門更適合於海峽兩岸合作共同打擊海上走私活動。中國海關總署早在 1992 年就已明確指出，「要修訂、完善海上緝私政策、法規，特別對臺灣走私船的查緝，要總結經驗教訓，制定切實可行的具體辦法」，強調要遏制住臺灣海峽的走私，「必須積極探討與臺灣海關聯手打擊臺灣海峽走私活動的可能性」。成立於 1953 年 1 月的海關合作理事會，是一個國際政府間有關海關制度的技術性組織。該理事會一直遵循「只談業務，不談政治」的原則，為成員國海關協調海關制度及開展海關業務、技術方面的合作架設橋樑。為制止國際走私集團的猖獗活動，海關合作理事會於 1971 年專門制定了《關於防止調查和懲處違犯海關法罪實行行政互助的國際公約》(簡稱《奈洛比公約》)，這是第一個反走私鬥爭的國際公約。海關合作理事會不像國際刑警組織那樣直接參與調查偵破國際刑警案件(包括重大走私案件)，而是通過匯總各成員國有關的走私查私情報，為成員國提供交流走私情報、查私技術等方面的服務。多年來，海關合作理事會為同國際走私特別是同國際毒品走私作鬥爭，研究制定了一系列對策，以公約、建議書、決議案等形式提供給成員國海關。大陸方面的中國海關協會與臺灣方面的關稅協會曾經互訪，就雙方海關制度與業務進行了初步交流。海峽兩岸海關完全可以從《奈洛比公約》等海關合作理事會有關文件中尋求到可供共同遵循的緝私規範。

菽莊花園與海關稅務司公館訟案始末

筆者最近在廈門海關發現一批關於菽莊花園與廈門海關稅務司公館訟案的原始檔案，彌足珍貴。值此菽莊園主、閩臺商界著名歷史人物林爾嘉先生[1]誕辰 120 週年之際，茲據手頭掌握的有限資料，略述事件始末梗概，以為紀念。舛訛掛漏之處，尚祈識者指正。

一

林爾嘉於民國三年（1914）三月間向鼓浪嶼洪姓購買山地一方、山園 16 段，又於民國四年（1915）七月間、民國八年（1919）九月間，先後向思明縣請領西起今延平公園、東至觀海別墅的毗連海灘，以為造園築橋之地。[2]林爾嘉仿照臺北祖厝板橋林家別墅，依海築橋，迭石為山，營造花園。林爾嘉以其字號叔臧之諧音命名為菽莊。林爾嘉廣交文士騷客，共結「菽莊吟社」於其間，每年秋天邀請各地詩人蒞園參加「菊花詩會」，賞菊吟詩。

菽莊花園位於鼓浪嶼西南隅，依山傍海，景色宜人，與林爾嘉的兒女親家僑商黃奕住的觀海別墅及廈門海關稅務司公館相毗鄰。因山崖陡峭，與觀海別墅咫尺阻隔，交通不便。林爾嘉在園中建造海上長橋——「四十四橋」和招涼亭等勝景，計劃在招涼亭前的海灘上壘石填土，修

---

1 林爾嘉，字眉壽，又字叔臧，光緒元年（1874）生於臺北，祖籍福建龍溪。高祖應寅、曾祖平侯於乾隆年間先後邊臺，經商而成鉅富。平侯以其五子分掌「飲、水、本、思、源」五記商號，其以三子國華「本」字、五子國芳「源」字二號尤盛，人們便以「林本源」作為這個家族的名號。林家後來又在臺北板橋興建花園別墅，故又稱「板橋林家」，以別於「霧峰林家」。國華次子維源以捐銀得官—萬兩販濟晉豫災民，授內閣中書。1879 年臺北建城，督辦城工，事竣授四品卿銜。中法戰爭期間，墊借臺勇餉銀萬兩，後又捐萬金為善後經費，授內閣侍郎，遷太常寺少卿。1886 年，臺灣巡撫劉銘傳奏請林維源幫辦臺灣墾務兼團防大臣，1891 年又以清賦功晉太僕寺正卿。林爾嘉乃維源長子，甲午戰後割臺，隨父內渡，避居廈門鼓浪嶼。1945 年臺灣光復後返臺，1951 年終老於臺北故居。「林本源」家族，俗稱「板橋林家」，夙為研究臺灣史，尤其是閩臺貿易史學者所矚目。

2 林爾嘉，《為菽莊石橋被毀及私權橫受侵害事謹告同胞書》，1929 年 12 月印行，廈門市圖書館藏。

築一座別致的觀海亭，再向東修橋與觀海別墅相通。可當四十四橋造至
招涼亭前，住在山頂的洋人稅務司因下海游泳不便，更加「菊花詩會」
的喧鬧打破了洋人的寧靜，稅務司於是出面阻擾刁難。[3]廈門海關稅務
司公館又稱毗吐廬（Beach House），意即濱海之廬，座落於鼓浪嶼石塑
頂，東至港仔後路，西至海濱，南至大北電報局，北至洪氏住宅，原為
英籍船長菲茨吉本（M. Fitzgibbon）所有，建於 1860 年，1862 年租給
廈門海關，1865 年賣斷。[4]毗吐廬地處菽莊花園背後山上，臨海峭壁嶙
峋，高險的堤岸稱為塑，該地故名石塑頂。

　　林爾嘉於 1914 年購得洪姓山地山園後，菽莊方才與稅務司公館毗
鄰。在此之前，廈門海關曾有一回向洪姓租借稅務司公館圍牆外山地，
並持有洪蘿於光緒四年（1878）所立甘結，具體內容不得其詳。林家購
得洪姓山地山園後月餘，廈門海關稅務司費妥瑪（T. T. H. F erguson，
荷蘭人，1913 年 5 月 3 日—1915 年 4 月 9 日在任）藉口洪蘿於 1878 年
所具甘結，「係訂明稅務司對於鼓浪嶼所住館宅西南畔之山地一所應有
留置權」，「因契約內中文義未甚明晰，恐致日後別生枝節」，於同年五
月初四日將契約作廢，與「地主代表」洪狗（即洪神金）別訂新約三條。
主要規定，東至稅務司住宅圍牆及大北電報局、北至稅務司宅西門外至
海邊石階、西南至海的地界內，稅務司擁有留置權，即「對於該地得以
自由備用，如或要辟路徑，以及刪除草棘之事，均得自由行動。……外
人皆不得任意佔入，如有擅行佔入者，稅務司有斥逐之權。」「地主不
得將該地自行蓋屋，以及租賣外人。若要發賣，當先問明稅務司要買與
否……」[5]。該「留置權契約」由廈門關監督兼交涉員陳恩燾監同畫押，
並於同年六月二十日抄送思明縣，知事來玉林於二十五日函復「業經查
照立案」。[6]留置權是擔保物權的一種，指債權人在債權受清償前，得將
其所佔有的債務人的動產加以扣留的權利。中國民間買賣房地產業，在

<hr />

3　參見白髮漁樵，〈菽莊軼事〉，《廈門日報》1986 年 8 月 10 日。

4　廈門海關，《廈門海關誌》，科學出版社 1994 年版，頁 363-364。

5　林爾嘉，《為菽莊石橋被毀及私權橫受侵害事謹告同胞書》，1929 年 12 月印行，廈門市圖
　書館藏。

6　廈門海關檔案。下文未經註明均同此。

一般情況下，兄弟、族內、典租者或四鄰通常享有優先購買的權利，但這只是一種不成文習慣法，在官方法律上並無約束力。費妥瑪與洪狗所訂契約，從性質作用上看頗類後者，而非前者。

　　該約所謂海關對稅務司公館圍牆外山地擁有留置權地界，正好是林家所購洪姓山地山園範圍，訂立新約的意圖顯係針對菽莊花園，目的在於否認林家購買洪姓山地山園的合法性，而為海關享有購買該地的優先權提供依據。推究其緣故，乃因稅務司唯恐林家於該地營造高於稅務司公館的建築物，盡佔海濱風光，「足以蔽其眺望」，而使毗吐廬黯然失色。該約簽訂後，廈門海關稅務司對林家營造菽莊花園「迭次發生非法要求」，橫加干涉，屢有騷擾。菽莊花園「迭遭侵害。橫逆之來，有加無已」。民國十一年（1922），曾由鼓浪嶼公共租界工部局出面阻止，不讓林家壘石造橋。民國十六年（1927）一月，海關稅務司公館丁役侵入菽莊花園內盜伐樹木。民國十八年（1929）十一月十日清晨，甫上任半個月的廈門關稅務司侯禮威（C. N. Holwill，美國人，1929 年 10 月 28 日—1932 年 1 月 22 日在任，有關文件或譯作夏禮威、侯爾威）帶領工人，毀損菽莊花園內新修石橋之一部分[7]。林爾嘉忍無可忍，憤而於同年 12 月擬具《為菽莊石橋被毀及私權橫受侵害事謹告同胞書》，印成單行本，向社會各界廣為散發。與此同時，就廈門海關之留置權契約，「即海關對洪狗之債權對民無效」，向思明地方法院提起民事訴訟。其實這場官司早在 1922 年已經開始了。由於鼓浪嶼工部局出面阻止菽莊花園築橋工程，引發了山地留置權之爭。當年四五月間，洪水等人向思明縣請求廢除 1914 年所訂廈門海關對稅務司公館圍牆外西南畔山地擁有留置權之契約。七月間，廈門道道尹陳培錕以為該留置權有無之爭，係屬私法上問題，應歸法院解決，並函由廈門關監督唐柯三轉知廈門關稅務司麻振（T. H. Macoun，英國人，1921 年 10 月 16 日—1924 年 4 月 23 日在任）。林爾嘉遂向法院起訴，廈門海關自知理虧，不敢與林家對簿公堂，

---

[7] 林爾嘉，《為菽莊石橋被毀及私權橫受侵害事謹告同胞書》，1929 年 12 月印行，廈門市圖書館藏。

法庭相見[8]。廈門海關仍然死命抱住該留置權契約不放。民國十七年（1928）二月二十一日，廈門關稅務司畢尚（A. L. M. C. Pichon，法國人，1927 年 5 月 7 日—1929 年 10 月 24 日在任）再次致函思明縣縣長吳循南查照，重申「該地並未賣歸[廈門]關有」，但「其地段歸於稅務司住宅之留置權，至今仍屬有效」。林爾嘉對此毫不示弱，派其四子志寬到英國劍橋大學專攻法律，決心把這場官司長期打下去[9]。「十餘年來，雙方向各行政機關函牘往來，互相爭執者不下數十通」，此案一直懸而未決。

　　林爾嘉訴諸法院，侯禮威則向海關總稅務司報告。總稅務司先是命令其會同廈門關監督訂期約請當地官廳人員及林姓會商辦法，侯禮威即於民國十八年（1929）十二月二日函請廈門關監督許鳳藻（江蘇無錫人，1929 年 5 月 18 日—1932 年 9 月 21 日，1934 年 1 月 13 日—1935 年 1 月 26 日在任）代為擬訂開會日期、地點，並轉請思明縣縣長楊廷樞、鼓浪嶼會審公堂堂長羅忠湛、辦理外交事務交涉員劉光謙、日本領事官及林爾嘉蒞會。但因雙方意見不合，終無結果。

二

　　林爾嘉在《為菽莊石橋被毀及私權橫受侵害事謹告同胞書》中，首先以菽莊花園山地灘地契據、執照齊全，「鼓浪嶼工部局歷年均向嘉賃借海灘，以為外人夏季沐浴之所，夏[立士]稅司、赤穀[由助]副稅司亦先後函嘉，商請暫準其經行園內」，證明包括廈門海關在內的中外人士早已承認菽莊花園山地海灘為林家私人產業。其次從實體法和手續法上說明 1914 年所訂留置權契約根本無效。理由是，該地於 1914 年 3 月間由洪姓共有人契賣與林家，所有權已轉移，此後締約屬侵權行為；洪狗生前逢人哭訴，係被稅務司私擅逮捕，強迫締約，違背締約雙方平等原

---

[8] 林爾嘉，《為菽莊石橋被毀及私權橫受侵害事謹告同胞書》，1929 年 12 月印行，廈門市圖書館藏。

[9] 參見白髮漁樵，〈菽莊軼事〉，《廈門日報》1986 年 8 月 10 日。

則；洪狗非地主代表，無權代理；監同畫押的廈門海關監督絕非契約證
人；該約既未經由思明縣辦理於前，又絕不使思明縣聞知於後，手續欠
缺，不完備。接著，林爾嘉引用中外法律論證廈門海關對稅務司公館圍
牆外西南畔山地留置權不能成立。因各國留置權「無一不以債權為前
提」，「乃因債權擔保之故，得留置他人之物之權利」，留置權之發生前
提，要求留置物與債權有牽連關係，而洪狗與稅務司從來毫無債權債務
關係；佔有留置物乃留置權成立、存續之要件，稅務司從未佔有該地；
不能行留置權於賃借物上，藉口賃借關係謂為留置權發生原因，於法理
上不合，何況「稅司與洪姓所結賃貸借契約僅及於稅司住宅，該地原不
在賃貸借範圍內」。最後，林爾嘉理直氣壯地聲明對於私權爭執部分，
即留置權問題，當然依法提起民事訴訟；而對侯禮威故意犯法，毀損石
橋部分，則將依法提起刑事訴訟；稅務司係中國雇傭官吏，侯禮威以中
國官吏資格所犯罪行，「當然適用中國法律，絕對不許其藉口領[事裁]
判權，逍遙法外」。並寄望「法曹當局、社會人士，主持公道，無令洋
員憑藉權勢欺侮同胞，以後我國人民亦庶免受此種種之凌虐也」[10]。

　　林爾嘉向思明地方法院提起民事訴訟的同時，將此事提交「鼓浪嶼
市華人議事會」第 11 次常會討論議決，分別函請思明法院傳訊、財政
部查辦廈門關稅務司侯禮威。該會檢同《為菽莊石橋被毀及私權橫受侵
害事謹告同胞書》致函財政部稱，「鼓浪嶼住民林爾嘉花園與廈門關稅
務司住宅毗鄰，前此迭被稅務司侵入毀損，雖經民向中國法庭起訴，而
稅務司依恃洋勢，抗不到案。當時係屬軍閥統治下，北[洋]政府只知媚
外，偽財政部對於稅務司亦失統馭力，地方法官更復顧顛畏事，遂致該
民申訴無門。最近新任廈門關稅務司夏（侯）禮威復以華人良懦可欺，
效尤前任行為，……毀損園內石橋一部分。……查該稅務司雖係洋人，
然屬我國所雇傭官吏，其犯罪行為自當服從我國法律制裁，況領事裁判
權經國民政府明令公佈自本年元旦起撤銷，則該稅務司無論有否犯罪行
為，均應投案質訊，不得藉詞規避。……查稅務司係屬大部屬員，其非

---

[10] 林爾嘉，《為菽莊石橋被毀及私權橫受侵害事謹告同胞書》，1929 年 12 月印行，廈門市圖
　　書館藏。

法行為有礙官箴，自應由大部依法處分。⋯⋯即希依法究辦該廈門關稅務司夏（侯）禮威，並著令投案質訊，毋任藉詞規避，並飭該稅務司以後毋得恃強蠻行，侵犯人民私權，以重法權，而肅官箴」。南京國民政府繼關稅自主，擬廢除領事裁判權。但西方各國認為中國在法律與物質上保障外僑生命財產安全「仍有未盡滿意之處」，「在中國法律未與西方標準相合時，目前制度仍應存在」，聲稱準備設法逐漸取消在華領事裁判權，惟應與中國政府設法改進法治現狀，「根據現代法學觀念制定法律，並實地執行，同時並進」。[11]為此，國民政府積極仿照各國法律制度，釐定、頒佈了一系列的刑法、民商法、訴訟法、行政法及各種單行法規條例，如「留置權」一章就是 1929 年於《民法·物權編》中增列的。[12]

　　隨著關稅主權的逐步恢復，財政部加強了對海關的控制，總稅務司成為北洋政府太上財政總長、海關乃是總稅務司一人統治之下的獨立王國的局面發生了較大的改觀。財政部接鼓浪嶼市華人議事會函牘後，令廈門關監督查復。侯禮威在回復廈門關監督許鳳藻查詢事件經過的函中，不但矢口否認其毀損石橋、侵犯私權，反而倒打一耙，稱「此案被林爾嘉糾纏已數十年之久」，「林姓利用新稅務司初到任之時機，欲在海關六十餘年留置權下地界內築成此橋，以遂其侵佔之素志」。「海關對稅務司公館圍牆外山地海灘，曾於光緒四年與洪姓訂有契約，復於民國三年重修新約，並由廈門關監督兼交涉員陳恩燾監視畫押」，「以上契約前後均經官廳立案，一在廈防廳，一在思明縣，並由該縣函復準予立案」。該山地海灘「歷年均由本關付給洪姓地租大洋七元，至今仍然照付，有收據可憑」。「本稅務司服務中國，對於一切海關所有產業實負有經理保護之義務，不能任人侵佔」。其實侯禮威提出比較站得住的理由是，林家壘石築橋「未得工部局之建築準單，亦未經理船廳之許可」。廈門口理船章程第二十款規定，「凡未經理船廳批準，不準興築各式碼頭及駁岸，或設置浮碼頭並躉船，以及填築岸淤灘，或興修別項一切沿岸之工程等事。如欲興辦此項建築者，應將所擬建築繪一適當之圖，並另備一

11 參見《申報》1929 年 11 月 10 日，14 日，17 日。
12 參見張國福，《中華民國法制簡史》，北京大學出版社 1986 年版，頁 312。

圖式,指明其安設地點,一併送請理船廳察奪。」中外不平等條約賦予
海關兼管港務設施的大權,因此廈門口理船廳處於廈門關稅務司的管轄
指揮之下。只要海關稅務司憑藉手中權力刁難阻擾,林家填岸築橋便永
無獲準之日。林家築橋通達觀海別墅的計劃終未如擬實現,不知是否與
此有關,尚待考。侯禮威接著向許鳳藻提出總稅務司的「通融辦法」,「係
欲購買由現在築橋處之大石起至大北電報局止一段」灘地。證明該灘地
所有權屬於林家,流露出海關方面理虧心虛,希望調解爭端的意願傾
向。侯禮威即囑託許鳳藻向林家出資購買該段灘地,經與磋商,林家「堅
不承允」。財政部接到廈門關監督署的查復後指令,「此項基地既經海關
與地主洪姓訂有契約,自不能認為無效,現時如欲將此項契約取消,應
由原訂約之洪姓提出前項契約不能成立之理由,呈請主管官廳依法解
決。」財政部雖然站在維護海關權利的立場上,但也不能不尊重法律,
明確規定「呈請主管官廳依法解決」的處理原則。

三

民國十九年(1930)五月,思明地方法院對本案作出判決。判詞有:
「《民法・物權編》規定,留置權係債權人留置,屬於債權人之動產,並
無何種契約。廈門海關前稅務司費妥瑪竟於不動產上設定留置權,且立
有契約,實屬創聞。」「被告沿其前任惡習,以為對該地有留置權,自
是蠻理蠻法。」但又稱,「侯爾威任意侵害原告山地所有權,是否依據
費稅務司與洪狗所立留置權契約,藉詞肆擾,姑不具論。」竟然判決「原
告之訴駁回,訟費由原告負擔」。理由是,稅務司拆毀石橋係個人侵權
行為,不得依公法人審判。本案不能依公法人公務所所在地之規定定其
管轄,即本案不在思明地方法院的管轄範圍之內,鼓浪嶼既設有會審公
堂辦理界內錢債房產等項詞訟,訂有專章,原告起訴係排除稅務司之侵
害,保全山地所有權,須向該山地所在地有管轄權之鼓浪嶼會審公堂起
訴。且被告侯禮威住所地亦在鼓浪嶼,尤當適用專屬管轄之規定。因此,
原告及其訴訟代理人為不合法。鼓浪嶼會審公堂乃根據清光緒二十八年

（1902）《廈門鼓浪嶼公共地界章程》，由中國政府設在鼓浪嶼公共租界的司法機關，它是帝國主義侵犯中國司法主權的領事裁判制度派生的畸型產物。[13]思明法院明知海關設定、堅持該留置權為非法悖理，稅務司侯禮威拆毀石橋屬於侵權行為，卻又以管轄不合不予受理，將本案推給鼓浪嶼會審公堂，顯係畏懼洋人、偏袒海關，是一種極不負責任的瀆職行為。

　　林爾嘉不服思明地方法院原判，向福建高等法院第一分院提起上訴，要求「將原判廢棄，本案發回原審審理，並令被控訴人負擔本審及原審訟費」。林爾嘉在上訴狀中據理力爭，依照法律與事實，針對原判理由，條分縷析，逐一批駁。林爾嘉首先指摘原判根本違法之甚者，為擅改當事人名義一節。重申原審起訴即「依法自以海關為對手」，以廈門海關為被告，海關為國家行政機關，為公法人，稅務司為海關代表人，「故本案為中國人民與公法人之訴訟事件」，而海關公務所設在廈門海後路，應屬思明地方法院管轄區域。原判認侯禮威拆石橋為個人侵權行為，而自然人之侵權行為不得依公法人之審判，故本案不能依公法人公務所所在地之規定定其管轄。林爾嘉指出，本案關鍵問題在於歷任稅務司均代表海關主張留置權，原判錯誤地將稅務司個人侵權行為與其代表海關主張留置權混為一談，曲解了代表制。因此，原判關於訴訟管轄不合的理由不能成立。林爾嘉進而指出，「民既未提出山地所有權之訟爭，而海關亦非對民爭執山地所有權，或其他物權，特藉口海關與洪狗所訂之留置權契約，主張債權，肆行騷擾，民始請求判決該海關之債權對民無效。」該山地所有權歸屬林家為不爭之事實，不成其為問題，「所爭者在海關據為干涉之留置權契約能否對民發生拘束力已耳」，此乃本案訴訟本體，即訴訟的本題、主要問題，「固明在要求否認海關之債權」，「即請求海關對民負不作為之義務」，屬於給付之訴。而原判錯誤地稱本案「不過因山地而發生之訴訟」，「將本案誤為爭執山地所有權及其他物權問題」，即誤為確認之訴，乃倒因為果，置訴訟本體於不顧。林爾

---

[13] 參見《廈門政法史實》，鷺江出版社 1989 年版，頁 287-288。

嘉最後指出,「原審對於原起訴狀理由,苟非未詳加考究,妄生誤解;即為不諳法理,並訴訟原因與訴訟本體之辨,確認之訴與給付之訴之分。」總之,「原判理由支離滅裂,殊不成立」。

　　省高一分院受理林爾嘉控告案後,於民國十九年(1930)七月五日致函廈門海關,通知開庭日期,「希即委任代理人屆期到庭應訊」。八日,侯禮威致函許鳳藻,以「此案前曾奉有部令在案,本稅務司未便擅專」,「即希呈請財政部核示」。同時又以「本案管轄問題,法律上深有研究價值,本稅務司未便擅專」,已「函請廈門關監督署轉呈財政部核示」函復省高一分院。其實財政部此前已有明令,本案應「呈請主管官廳依法解決」。海關分明是攪出財政部作為護身符,以此遁詞拖延應付。九日,侯禮威為此案拜會了許鳳藻,二人「面談甚快」。十日,侯禮威又將稅務司公館與林家交界地圖檢送許鳳藻,研究解決辦法。省高一分院應林爾嘉「狀請迅予傳訊」,又先後於同年八月二十八日、十二月九日兩次函請廈門海關「希即委任代理人屆期到庭應訊」。侯禮威均以「業經呈請部示,尚未奉到指令,未便派人應訊」,「業經呈報財政部核辦去訖,加以管轄問題未能確定,本稅務司認為礙難委任代表蒞庭應訊」,拒不出庭,亦未提出辯訴。「旋聞法院將有缺席判決之表示」,嗣經許鳳藻「邀集當地官紳,力向雙方調解,以期和平了結。彼此意見漸趨融洽。又以和解契約及圖說附件等項字句修改,復經往返磋商,折中酌改。」侯禮威將和解契約及附件圖說呈奉總稅務司批準後,雙方於民國二十年(1931)五月六日同往該處定界。七日,到廈門關監督署簽約。這場長達十餘年的官司最後以和平解決告終。

　　林爾嘉具有較強的法治意識,懂得如何使用法律的武器來維護自己的合法正當權益。他依據法律和公理,充分利用社會輿論與民眾的支援為後盾,訴諸法庭,與洋人稅務司控制的廈門海關分庭抗爭。作為一名中國人,敢於民告官,而且告的是洋官,特別是公開向領事裁判權挑戰,沒有相當的勇氣和骨氣是辦不到的,可謂大義凜然。這種不畏洋人的民族主義精神十分難能可貴,從中透露了 1920 年代中華民族覺醒、民族民主革命運動風起雲湧的時代氣息。在法律的威懾下,終於迫使廈門海

關稅務司不得不和平解決，大挫了洋人不法橫行霸道、視華人如草芥的威風，這在當時實屬不易。從這個意義上可以說是「告」倒了洋人，打贏了官司。從本案審理過程看，思明地方法院明知廈門海關稅務司理屈，卻不敢依法秉公審理，為中國公民主持公道，伸張正義，而推諉責任，藉故駁回原告林爾嘉起訴，不予受理。省高一分院對控告人林爾嘉是以「傳票飭吏送達」，傳訊出庭。而客客氣氣地「函請貴海關查照，希即委任代理人屆期到庭應訊」，對外籍稅務司一再藉詞推託，抗不到案，絲毫沒有辦法。儘管海關稅務司是中國政府雇傭的官吏，但是中國法律和法庭對海關洋員根本起不到應有的威懾、約束作用，因此結果不是法庭判決林爾嘉勝訴，而以庭外調解告終。不知法律的公正性與權威性何在？

　　筆者沒有見到和解契約原文。據林爾嘉夫人龔銀環的侄兒說，後來海關每年付給林家十元租金，表示承認這片海灘山地是林家的，林爾嘉特地偕同夫人到招涼亭前的新填土方上照一立像，以示勝利。[14]雖然海關方面不得不承認該海灘山地為林家產業，但和解契約內載有，「該處山地應劃出路徑一條，面積首尾各寬二十五英尺，撥歸稅務司管業。」當初海關欲向林家購買築橋處至電報局時曾聲稱，「除此之外，其餘山坡等處一切留置權均可放棄，但海關既犧牲享有六十餘年留置權之利益，而林姓亦不得在此項區域內任意大興建築。」侯禮威對此耿耿於懷，念念不忘，特地於和解契約簽字前致函林爾嘉，「鼓浪嶼石塀頂敝寓園牆外山地與貴府花園壤地相連，未識貴府有無欲在該處山地起蓋高於敝寓圍牆之屋舍，相應函希查照見復為荷。」林爾嘉則以「該處山地，鄙人不欲在此起蓋高大屋舍」函復。看來林爾嘉為了事件的和解了結，也作出了一定的妥協讓步。可見在司法主權遭受帝國主義侵犯，外國勢力把持中國海關的時代，林爾嘉是不可能完全打贏這場官司的。

　　林氏家道殷實，富甲一方，堪稱素封之家。林爾嘉同時或先後任廈門保商局總辦兼商務總會總理 6 年，鼓浪嶼公共租界工部局華董 14 年，

---

[14] 參見白髮漁樵，〈菽莊軼事〉，《廈門日報》1986 年 8 月 10 日。

廈門市政會會長 4 年，清政府農工商部顧問、度支部幣制議員，福建全省礦務議員，南京臨時政府參議院候補議員，福建省行政討論會會長等職。[15]作為本案當事人，林爾嘉是位頗有實力的地方紳士，其社會地位、活動能量及影響、作用自然不可輕視，案件結局尚且如此，如果換成一般細民百姓，其遭遇可想而知。通過本案，我們不難窺見民國時期司法狀況之一斑。

15　《廈門商會檔案史料選編》，鷺江出版社 1993 年版，頁 496-497。

近代中國通商口岸與內地文化關係探析

鴉片戰爭後，原先默默無聞的海隅蠻荒之地上海、廈門、汕頭、營口、青島等港埠由於地理上的優勢，先後被闢為通商口岸，後來居上。通商口岸充當了對外傳播中華民族文化和吸納外來文化的樞紐，同時也必然首當殖民文化之衝擊。在文化方面，通商口岸與生俱來就擁有對內地的優越感。在經濟貿易方面，通商口岸華商得以分沾外國商人所享有的特權利益之餘瀝，並力圖保持和維護這種經濟貿易主從關係的優勢地位，這在中國近代社會是一種相當典型的現象。

一、潛移默化

從字面上看，口岸（Port）是與內地（Inland）相對應的地理概念，分別指沿海港口和內陸腹地。內地與口岸的概念及其內涵是發展變化的。起初，內地與邊地相對而言，相當於腹裡，如《後漢書·南匈奴傳》有「還南虜於陰山，歸河西於內地。」內地有時特指王朝京畿以內地區，如《史記·漢興以來諸侯年表》有「而內地北距山以東，盡諸侯地也。」

明末清初，清鄭對峙。為困絕鄭氏，黃梧上「平海五策」，其中最要害的是「遷界」：「金、廈兩島，彈丸之區，得延至今日而抗拒者，實由沿海人民走險，糧餉、油、鐵、桅船之物，靡不接濟。若從山東、江浙、閩粵沿海，人民盡徙入內地，設立邊界，佈置防守，不攻自滅也。[1]」在此，內地與沿海相對應。

施琅進擊澎湖，迫使鄭氏納土歸降後，在處理臺灣善後及東南海防等事宜時，多次提及「內地」：「官兵遵制削髮，移入內地⋯⋯[2]」「先將要緊之人載入內地安插。[3]」「將要緊之人，先即載入內地。[4]」「茲朱桓等宗室數人，應載入內地，移交督撫，聽其主裁安插。」「今臺灣既

---

[1] [清]江日昇，《臺灣外記》卷十一。

[2] [清]施琅，《靖海紀事·臺灣就撫疏》。

[3] [清]施琅，《靖海紀事·賚繳冊印疏》。

[4] [清]施琅，《靖海紀事·報入臺灣疏》。

平，海外可以無患，請就福建內地陸營先行酌量裁撤……」「至偽藩鄭克塽，偽侯伯劉國軒、馮錫範等，及各眷口，應即一併載入內地。[5]」「將各官陸續載入內地。[6]」「數省內地，積年貧窮遊手奸究罔作者……乘此開海，公行出入汛口。……夫臺灣難民。尚蒙皇上德意，移入內地安插。今內地之人，反聽其相引而之外國，殊非善固邦本之法。[7]」以上所謂內地，均泛指大陸的福建等沿海省份。相對「海表」、「海外」的臺灣，大陸稱為「海內」、「內地」。如施琅所作臺南天妃宮《平臺紀略碑記》有：「臺灣遠在海表，昔皆土番，流民雜處，未有所屬。及明季時，紅彞始有築城，與內地私相貿易。」「臺郡人民，半自內地冒重險而來……豈肯戀戀海外。[8]」「臺灣雖在海外，實隸福建行省。……府城同善堂者，海內遊客之所稅舍，而久於其地之寓賢，經營締構以供行李者也。[9]」

與臺灣相對而言，大陸沿海亦稱內地。康熙三十八年（1699），鄭克塽奏準將乃祖、乃父棺柩歸葬福建南安康店鄉覆船山祖墳。其所作〈鄭氏附葬祖父墓誌〉云，「念臺灣遠隔溟海，祭掃維艱，具疏陳請，乞遷葬內地。[10]」康店鄉覆船山離南安石井鄭氏故里不遠，屬於沿海地區。鴉片戰爭期間，姚瑩為臺灣防務與鎮道會稟《臺灣十七口設防圖說狀》：安平四草海口，「臺灣大商船自內地來，皆停泊於此……」淡水廳大安港「昔年水口寬深，內地大商船可到……」淡水廳香山港「內地商船遭風，每寄泊於此。[11]」庚子年（1840）「五月十九日奉憲臺會箚，以內地查辦嚴緊，奸夷勢必趨入臺地，飭即整備巡哨船隻……[12]」臺灣「水師汛兵，不敷巡守，自當酌調陸營弁兵貼防。惟腹內地方緊要，奸民伺隙即起，未便多發，致令空虛。……此項水勇，必須召募。除臺灣額準召

[5] [清]施琅，《靖海紀事·舟師抵臺灣》。
[6] [清]施琅，《靖海紀事·移動不如安靜疏》。
[7] [清]施琅，《靖海紀事·海疆底定疏》。
[8] [清]鄧傳安，《蠡測匯鈔·牒臺灣府城隍文》。
[9] [清]鄧傳安，《蠡測匯鈔·臺灣府公建同善堂記》。
[10] 廈門市鄭成功紀念館編，《鄭成功文物史蹟》，文物出版社 2004 年版，頁 98。
[11] [清]姚瑩，《東溟文後集》，中國史學會編《鴉片戰爭》第 4 冊，上海人民出版社、上海書店 1972 年版，頁 495、499。
[12] [清]姚瑩，《東溟文後集》，《鴉片戰爭》第 4 冊，頁 482。

募名數外，其內地各營換班額內，現有班滿事故未經換到補額者，不下數百名。應準於召募水勇中，挑其尤為精壯者，賞給補充，諮明內地，暫免補換。[13]」以上所謂內地，均指大陸沿海，顯然不是自然地理概念。

鴉片戰爭前，內地是與國外、海外相對應的中國的同意語。如雍正五年五月上諭：「因今洋禁新開，禁約不可不嚴，以免內地民人貪利漂流之漸。[14]」「著令洋行通事，將內地禁例告識彝商」，令洋商「帶信外國，宣示漢人。如有貿易彝船，令搭載回籍。[15]」雍正五年諭令：「輕去其鄉而漂流外國者愈眾矣。嗣後應定限期，若逾限不回，是其人甘心流移他方，無可憫惜，朕意不許其復回內地。[16]」鴉片戰爭中，清政府照會懿律：「煙土入於內地，所值無多」，「一經奉有嚴旨，通飭內地商販，不準與貴國之人互相交接，又孰敢私買私賣？即如上年廣東省奉旨封港後，貴國之貨物兩年未能行銷，而內地販去之貨，實為貴國之所必需。此內地之所以能與貴國絕市，而貴國必欲與內地通商……[17]」

鴉片戰爭後，《南京條約》規定中國開放廣州、廈門、福州、寧波、上海等五個口岸對外通商，從此賦予口岸與內地截然不同的意義。在近代中國，口岸是指根據中外不平等條約的規定而對外開放的商埠，稱為通商口岸，或稱條約口岸（Treaty Ports）、約開口岸。結束鴉片戰爭的《南京條約》規定開放廣州、廈門、福州、寧波、上海等五口通商。「外國人從南京條約中取得了不但在廣州而且還在中國其他四個口岸隨時居住和貿易的權利，不再是建立在中國人的容忍或寬宏上，而是條約所保證了的。因此，外國人可以攜帶家眷居住和『不受騷擾或約束地』進行貿易的口岸，就稱為『條約口岸』。[18]」「很多這些『口岸』既不在沿

---

[13] [清]姚瑩，《東溟文後集‧上督撫言防夷急務狀》，《鴉片戰爭》第4冊，頁488。

[14] [清]《雍正實錄》卷五八。

[15] 《明清史料》丁編，第八本，第79頁。

[16] [清]《雍正實錄》卷五八。

[17] [清]文慶等纂，《籌辦夷務始末（道光朝）》，中國史學會編《鴉片戰爭》第1冊，上海人民出版社、上海書店1972年版，頁56-57。

[18] [英]菲利浦‧約瑟夫著，胡濱譯，《列強對華外交》(P. Joseph, *Foreign Diplomacy in China*.)，商務印書館1959年版，頁6。

海,甚至也不在海洋輪船可以航行的河流上,而是遠在中國的內地。[19]」
《煙臺條約》曾經重申內地的涵義:「至通商善後章程第七款載明洋貨
運入內地及內地置買土貨等語,係指沿海、沿江、沿河及陸路各處不通
商口岸,皆屬內地⋯⋯[20]」。也就是說,通商口岸之外,不論山區沿海,
即便是沿海港口亦屬內地。這是完全不同於自然地理概念的政治地理概
念,是近代中國半殖民地社會的特殊產物。

　　作為近代對外通商口岸崛起而後來居上的新興城市,廈門之於泉
州、同安,猶如汕頭之於潮州,上海之於揚州、寧波。在老廈門人中間,
普遍流傳著「內地仔」的口頭禪,類似於上海人說「江北佬」、「江北豬
玀」,大有鄉下人、山裡人、鄉巴佬、老土的意思。曹聚仁先生曾以自
嘲的口吻,入木三分地刻畫開埠之後通商口岸與內地之間這一觀念上的
微妙變化:

> ⋯⋯中國歷史上最悠久最熱鬧的大城市,也正是揚州,並非上
> 海。至於上海,是在長江黃浦江的交流處一個小港口,三百年前
> 比不上瀏河,百五十年前,只敢以蘇州相比,誇下口來說:「小
> 小上海比蘇州」。至於揚州,實在太光輝了,高不可攀,怎麼敢
> 比擬得上?像我這樣的土老兒,在上海被看作是「洋盤」。其實
> 「洋盤」乃是「揚盤」之誤,土老兒到了揚州,會被揚州人當作
> 「揚盤」看的,直到蘇北人在上海被嘲笑的日子,揚州人早把我
> 們「南蠻子」嘲笑了一千五百年了。[21]
> 在香港,「阿拉順德人」是一句眾所周知的笑話。順德在廣東,
> 上海人要冒充廣東人混入香港,說「阿拉順德人」,豈不笑煞人。
> 但「阿拉上海人」,是不是對呢?也一樣可笑。「阿拉」乃寧波話,
> 「阿拉寧波人」才對了頭。在上海數百萬市民中,有五分之一是
> 寧波人⋯⋯[22]
> ⋯⋯「上海」這一實際界限,決沒有香港人士想像中的「上海國」

[19] [英]威羅貝著,王紹坊譯,《外人在華特權和利益》(W. W. Willoughby, *Foreign Rights and Interests in China.*),三聯書店 1957 年版,頁 447。

[20] 王鐵崖編,《中外舊約章彙編》第 1 冊,三聯書店 1957 版,頁 349。

[21] 曹聚仁,《上海春秋》,上海人民出版社 1996 年版,頁 3。

[22] 曹聚仁,《上海春秋》,上海人民出版社 1996 年版,頁 234-235。

那麼大，卻也不像上海土老兒所想像的那麼小。北四川路、天通庵路或是寶山路，在我們看來，當然是上海了；可是，住在那兒的土老兒，他們決不承認自己是上海人，他們是道地的寶山人，要過了蘇州河，才是上海縣界；因此他們到南京路去，就算是到上海去的。[23]

……寶山縣人士，要說他們是上海人，他們就會和你拼命。[24]

有位自稱「內山兄，說內山話」的人這麼描寫民國時代的廈門[25]：

廈門雖然是個小島，可是閩南一帶的經濟命脈，卻握在這島上的人們手中。現在都市新興了，馬路洋化了，不但島上的人們，自誇著為第二上海，並有人替他綽號「巴爾幹」，也有人想把他改成「瑞士」化。名詞越來越摩登，人口越來越稠密。如果你站在十字街頭，你可以看見破衣藍縷和洋裝革履的男人，也可以看弓鞋短小和高跟旗袍的女人。這是一個人種展覽會的場合，這是一個十八世紀至廿世紀的人物博物院。……所謂廈門的女人，真實廈門土著的女人，卻真少數。他們有從內地被「老虎趕出來」的內山阿嬸，有從外洋被「鱷魚吃不了」的馬來姑娘，有粉面嫩膚的福州太太，有粗身硬骨的惠安阿姑，有出賣靈肉的江西「野雞」，有特殊環境的淡水小姐，有渡海而來的西洋番婆，有流浪而至的白俄少女……

食廈門水，不肥也「水」。這無異表示廈門為美人之發祥地，而廈門美人之多也。廈門女人亦常以此自驕，遇著一個衣著較不入時的女人，總是笑她是「山內被虎趕出來的」，或是「山內婆」。其實「三分人才，七分打扮」，廈門人居尊處優，自然心寬體胖，面色也就「油潤」三分，加以裝（妝）飾入時，當然來得窈窕娉婷。若論廈門人的祖宗，誰個不從內地來的呢？

「不怕火燒曆，只怕墮茅坑」這句話本來是廈門人贈給中產同志的，現在卻移冠在自己頭上了，尤其是一班女人來得更其屬害！……

23　曹聚仁，《上海春秋》，上海人民出版社 1996 年版，頁 8。
24　曹聚仁，《上海春秋》，上海人民出版社 1996 年版，頁 16。
25　水行，〈閒話廈門女人〉，見廈門圖書館編，《廈門軼事》，廈門大學出版社 2004 年版，頁 238-240。

　　顯然，這位「內山兄」與曹聚仁先生批評來自寧波等地的「上海人」一樣，批評這些來自內地的「廈門人」數典忘祖。

　　觀念意識的潛移默化，蘊涵著文化的演繹。思想文化畛域之別最終必然導致立場觀念上的根本轉變，進而引起經濟貿易鬥爭。如通商口岸廈門的商人，就力圖保持和維護對內地泉州在經濟貿易主從關係上的優勢地位[26]。

二、魚龍混雜

　　通商口岸充當了對外傳播中華民族文化和吸納外來文化的橋樑與樞紐，西方文化通過西洋生活方式及其物質文明首先湧入通商口岸。尤其是在租界，華洋雜處，魚龍混雜，衣食住行時尚崇洋，引領風氣之先，每每都有不俗的表現。1902 年，《鼓浪嶼公共地界章程》簽訂，於是這個不足 2 平方公里的彈丸之地鼓浪嶼實際上成為各國的公共租界。通商口岸廈門乃至鼓浪嶼在近代對外文化交流上亦有不少可圈可點之處，正是通商口岸對近代中國影響的縮影。

　　宋元以來，閩南人大量移居南洋各地。到了近代，閩南更成為著名的僑鄉。閩南華僑均由廈門口岸出入境，他們多將廈門作為祖籍港。如祖籍同安，出生於馬來亞檳榔嶼，學貫中西的一代怪才辜鴻銘（1857-1928，名湯生，字鴻銘，號立誠，又號漢濱讀易者，晚年自稱東西南北老人），就自稱「廈門辜」。華僑出入境口岸作為廈門商埠的重要特色，也成為廈門對外文化交流的一大特點。由於租界的特殊地位，落葉歸根的南洋各地閩南籍華僑麇集鼓浪嶼。在洋人興建教堂、領事館等各種西式洋房的同時，歸僑們也紛紛在鼓浪嶼營建具有南洋風格的樓房，通常被稱為「西洋風」或「南洋風」。鼓浪嶼因此有「萬國建築博覽園」之稱。而著名僑領陳嘉庚先生在建築集美學村和廈門大學校舍時，卻給西洋式樓房加上閩南傳統建築的燕尾翹脊大屋頂，形成嘉庚式

---

[26] 參見拙作〈近代中國通商口岸與內地——廈門、泉州常關內地稅個案研究〉，《廈大史學》第一輯，廈門大學出版社 2005 年版。

風格建築特色，被形象地稱為「穿西裝，戴斗笠」。在鼓浪嶼的各式洋樓中，只有菲律賓僑商黃秀琅建於鹿兒礁的別墅等為數不多的建築屬於嘉庚式風格。

20 世紀初，洋人在鼓浪嶼開闢足球場，俗稱「番仔球埔」。於是，足球、籃球、排球、網球運動成為鼓浪嶼乃至廈門的傳統體育運動項目，1930 年代經常公開舉行廈鼓或全廈門足球、排球賽事，鼓浪嶼的英華中學足球隊和健群足球隊、健群排球隊等都是當時的勁旅。1948 年 5 月，廈門女子籃球隊曾代表福建省參加在上海舉辦的第七屆全國運動會，榮獲亞軍。廈門基督教青年會印行的《廈門青年》，主要反映了青年人活動的特點，諸如滑冰、划艇、鋼琴演奏、籃球比賽等。

鼓浪嶼曾因鋼琴密度居全國之冠，而享有「琴島」（鋼琴之島）的美譽。究其緣起，不能不歸結於教會教堂的聖詩班。但閩南華僑也通過廈門，把家鄉的宗教、民間信仰和南音帶到南洋各地。南音又稱南曲、弦管、南管、南樂、五音、郎君樂、郎君唱、南詞、南腔等。「南音」在典籍裡曾是「南方音樂」的意思，泛指中國南方音樂。閩南南音歷史悠久，相傳唐末五代閩王王審知時期，把唐大曲中的「遍」和「破」等宮廷音樂移植到福建地方音樂中，發展為南音。南音在流傳過程中，又汲取了元曲和佛曲的精華，揉合昆曲、弋陽腔和閩南民歌，進一步豐富起來。南音保留了許多古曲，號稱中古音樂的活化石。如陳後主時代的名曲《後庭花》，唐代名曲《陽關曲》，唐宋時代最流行的大曲《三臺令》，漢張騫出使西域帶回來的古曲《兜勒》等。留存於南音中的《子夜歌》、《清平調》、《折柳吟》、《梅花引》等，都是唐以前的古曲。歷史上，南音受到閩南士大夫的重視。相傳康熙帝六十大壽祝典時，普天同慶，安溪人漢大學士李光地曾邀故里晉江吳志、陳寧，南安傅廷，惠安洪松和安溪李儀等五人，合奏南音於御苑，康熙帝御封「御前清客，五少芳賢」，並賜彩傘宮燈。南音從此被稱作「御前清曲」，備受社會各方推崇。泉州是孕育南音之地。廈門自成為近代中國重要商埠後，逐漸成為南音的另一重鎮，與泉州相互呼應，並駕齊驅。出現「金華閣」、「同華閣」等南曲館和不少名師。20 世紀初，有一英國音樂團體到東方搜集南樂資

料，在廈停留七天，慕名欣賞了《八駿馬》、《梅花引》等南樂名曲，讚歎不已，譽為「東方音樂之花」。後來又在西歐音樂雜誌著文介紹，推崇備至，也引起歐洲唱片公司註意，接踵派人至閩南，重金禮聘南曲藝人演出，錄音灌唱片，銷售歐洲市場。由美國歸正教會創辦於 1870 年的毓德女中（Loktek Girls' School），故曾從廈門請南曲樂師到鼓浪嶼毓德女中教授學生南音。1910 年前後，菲律賓歸僑蔡資深（1840-1911，乳名淺，字永明，號安亭，南安人）獨具慧眼，在鼓浪嶼灌制南曲唱片，暢銷菲律賓等國，並傳到西歐。廈門「集安堂」、「南樂別墅」和「南樂研究所」曾為上海高亭、興登堡等唱片公司灌制南曲唱片，風靡海內外。

　　近代廈門曾經誕生過一批著名的影人和影事，值得在中國電影史上書上一筆。如吳村（1904-1972），廈門人，電影導演兼作曲。參與導演《漁光曲》、《天涯歌女》和拍攝《女兒經》等影片。曾任長江影業公司、北京製片廠導演。「赴滬後，任復旦、明星諸影業公司導演之職。所導各片，亦以一貫幽默輕鬆名於一時。今春由吧磋星，就任邵氏影業公司廠務，撮制三影片後，視此間經濟有限，人才缺乏，無可展其才能。近已回港，摒擋家眷，將再改任廈門建華影業公司之聘。[27]」還有薄命紅顏的影壇才女艾霞（原名嚴以南，祖籍廈門，1912-1934），「廈語片姊妹花」鷺芬、鷺紅（1930-）、反串「梁兄」（梁山伯）的凌波（原名黃裕君，藝名小娟，1940-）、「臺語片」第一代導演、臺灣第一代影評人白克（1914-1962）、臺灣電影第一代導演李嘉（1923-）、影壇多面手羅泰（1924-）、香港影壇奇才邱剛健（1940-）[28] ……甚至還有與「國語片」、「粵語片」分臺對壘的「廈語片」（廈門語對白有聲電影），上世紀五六十年代風行港、臺、菲律賓。早在上世紀 20 年代中葉，由上海友聯影片公司攝製了第一部「廈語片」《荔鏡傳》，取材於廣泛流傳閩南、潮汕一帶的民間故事《陳三五娘》，編劇和導演是原籍晉江安海後遷居

[27] 謝雲聲，〈紀吳村、吳再炎兩藝術家〉，見廈門圖書館編，《廈門軼事》，廈門大學出版社 2004 年版，頁 262。

[28] 參見洪卜仁主編，《廈門電影百年》，廈門大學出版社 2007 年版，頁 16-45。

廈門的俞伯岩。有人估計，「廈語片」總產量超過 400 部。[29]

　　作為鼓浪嶼工部局董事會的華董，印尼歸僑富商黃奕住（1868-1945，祖籍南安）和甲午割臺後內渡的臺灣縉紳林爾嘉（1874-1951）等人，他們還帶頭修築廈門市區的馬路，興辦電燈、「德律風」（電話）和自來水公司等市政公共事業。

　　閩南各地華僑通過廈門口岸，把閩南話帶到南洋僑居地，同時不斷吸收外來語借詞來豐富閩南話。如英語「撇仔」（plate 碟子）、「馬擎」（machine 縫紉機）、「嘜」頭（mark 商標）；法語「雪文」（savon 肥皂）、「基羅」（kilo 千克、公斤）；荷蘭語「甲」（kop 地積量詞）；馬來語、印尼語「峇峇」（baba）、「五骹記」（kaki 呎、腳——騎樓走廊）、「拾扳」仔（sepitan 扳手）、「洞葛」（toeng kat 手杖）；日語借詞「便當」（飯盒、盒飯）、「便所」（廁所）、「寫真」（照相、照片）、「料理」；等等。[30]

　　中文拼音運動這件大事也不能不提及廈門。「發明中文拼音方案的人士層出不窮。這些始作俑者都生活在廈門、上海、香港、天津、杭州等通商口岸。」盧憨章是福建同安人，蔡錫勇是福建龍溪人，沈學是上海人，力捷三是福建永泰人，王炳耀是廣東東莞人，居香港；吳稚暉是江蘇無錫人，王照是直隸寧河人，居天津；勞乃宣是浙江桐鄉人，居杭州。[31]生活在廈門鼓浪嶼的盧憨章第一個發明漢字拼音方案，第一個提倡白話文，第一個發明標點符號，第一個提倡國語，第一個提倡簡化漢字，第一個提倡漢字橫排橫寫，第一個提倡註音識字，成為中文拼音運動的揭幕人。中文拼音運動肇端於廈門，決非出於偶然。

三、迷失自我

　　鴉片戰爭前，泉州一直是閩南地區的政治、經濟、文化中心，因此泉州腔理所當然成為閩南方言的代表音。鴉片戰爭後，閩南人輻輳通商

---

[29] 參見洪卜仁主編，《廈門電影百年》，廈門大學出版社 2007 年版，頁 79。

[30] 參見林寶卿，《閩南方言與古漢語同源詞典》，廈門大學出版社 1999 年版，頁 430-432。

[31] 參見郜元寶，〈母語的陷落〉，《書屋》2002 年第 4 期。

口岸廈門，既有說泉州腔的五邑人，也有說漳州腔的七邑人，兩種口音逐漸混合成為廈門腔。近代廈門興起後出現的這種帶有泉州腔和漳州腔混和性質的廈門口音，逐漸取代泉州音成為閩南話的代表音。[32]隨著閩南人通過廈門口岸移民海外人數的增多，廈門方言（閩南話）被帶往南洋各地，成為一種通行語言。明清以來，廈門逐漸發展為一個重要的港口商埠，傳教士等來華人士經常選擇廈門居住或通過廈門港轉往內地，廈門方言成為外國傳教士等來華人士必須學習的語言。因此，許多外國傳教士紛紛編纂廈門方言詞典。第一部問世的福建方言字典，是由英國倫敦會傳教士麥都思（W. H. Medhurst）編纂的《漢語福建方言字典》（*A Dictionary of the Hok-Keen Dialect of the Chinese Language*），1832 年出版。1838 年，倫敦會傳教士戴爾（Samuel Dyer）編纂出版《福建方言詞彙》（*Vocabalary of the Hok-Kien Dialect*）。這兩部所謂「福建方言」辭書都是廈門方言。1866 年在新加坡出版了由 J.A.Winn 彙編的另一本《福建方言詞彙》（*A Vocabulary of the Hokien Dialect*），副標題明確指出，福建方言是在廈門和新加坡通行的口語。1853 年美國歸正教會傳教士羅啻（Rev，Doty Elihu）編纂的《英漢廈門方言羅馬註音手冊》（*Anglo-Chinese Manual With Romanized Colloquial In the Amoy Dialect*）是第一部標明廈門方言的漢英字典，在新加坡、臺灣廣為流傳。1873 年出版由英國長老會傳教士杜嘉德（Cartairs Douglas）編纂的《廈門腔註音字典》（*Chinese-English Dictionary of the Vernacular or Spoken language of Amoy*），是廈門方言漢英字典中最常用的一部。後由英國長老會傳教士巴克禮（Thomas Barclay）增補續編，上海商務印書館 1923 年出版。倫敦會傳教士麥嘉湖（John MacGowan 又名麦高温、馬約翰）編纂《英漢廈門方言字典》（*English and Chinese Dictionary of the Amoy Dialect*），1860 年他又出版了《廈門方言手冊》（*A Manual of the Amoy Colloquial*）。荷蘭人德吉利與佛蘭肯也合編了《荷華廈門方言字典》（*Chinecsch-Hollandsch Woordenboek Van Emoi Dialekt*）使用廈門方言的

---

[32] 參見林寶卿，《閩南方言與古漢語同源詞典》，廈門大學出版社 1999 年版，頁 413-414。

重要性，突出反映在傳教過程中。傳教士將羅馬字母略加變更，制定
23 個字母聯綴切音，凡廈門、福州、莆田等方言均可拼切成「白話字」。
無論男女老幼，只須學習一二個月，就可以讀寫純熟「白話字」。傳教
士用「白話字」來拼寫《聖經》、《聖詩》。《聖經》廈門方言譯本共 32
種，其中 31 種為羅馬字拼音，含《新約全書》7 種，《舊約全書》3 種。
最早的是 1852 年出版的《約翰福音》。1860 年前，歸正會傳教士胡理
敏（Alivin Ostrom）又翻譯出版了廈門話《馬可福音》，均為羅馬字拼
音。1856 年《新約全書》被譯成羅馬字拼音廈門方言。同年，在廈門
傳教的倫敦會、大英長老會、歸正會等三差會決定把《舊約聖經》譯成
廈門話，譯本直至 1880-1884 年問世。1908 年，廈門白話字《新舊約》
出版，被稱為「中國僅有的羅馬拼音的完全譯本」。傳教士用羅馬字拼
音翻譯各地土白的《聖經》，影響極大，不僅《聖經》得以流行，許多
目不識丁的民眾百姓也因此學會用白話字來應付日常生活，這就有力地
推動了清末一批民眾教育家基於改良思想而發動的聲勢浩大的漢字註
音或拼音文字運動，聞風而動的是文字改革家盧憨章。

　　盧憨章（1854-1928），18 歲考秀才未中，移居廈門。曾到新加坡謀
生，學習英文。25 歲回廈門，以教華人英語和西人華語為業，曾參加
編譯《華英字典》。當時提倡變法維新，多有主張教育救國。他受民間
方言韻書《十五音》和教會羅馬字（廈門白話字）的影響，認為普及教
育必須先有一套「字話一律」的切音字（拼音文字）。他認為漢字是發
展的，趨勢是趨易避難，拼音文字有易認、易懂、易寫三大優點，因此
主張利用註音識字。漢字拼音化的目的在於節省國人學習文字的時間，
好從事實學的學習，以求國家富強。經十載潛心研習，盧憨章仿照拉丁
字母，編制成「天下第一快切音新字」，共 55 個字母，以拼寫廈門音為
主。1892 年，《一目了然初階》（又名《中國切音新字廈腔》）出版。這
是中國人編著的第一本拼音著作，也是中國人自己制訂的第一套拼音文
字方案。早期漢字改革運動也因其「切音新字」而被稱為「切音字運動」。
他的第一套拼音方案採用拉丁字母，從而成為清末中文拼音運動中採用

拉丁字母之第一人；第二套拼音方案採用日文假名系符號，第三套拼音方案採用漢字筆劃式。盧憨章的拼音方案既借鑒了西方拼音文字的便捷，又繼承了中國傳統的漢語反切。他採用聲韻雙拼法，而沒有採用音素制，實行「詞素連寫，詞間分開」，註意詞的連寫、標記調號、橫行書寫、使用標點符號等，這在中國都屬首創。

在中國近代社會發展和思想文化轉型過程中，學術界有一種自覺的文化努力。即努力翻譯介紹外來學術思想，吸收外來思想以熔鑄本土學術文化，成為一種非常突出的文化現象。美國城市社會學派學者派克等人認為，大城市從來就是各種民族，各種文化相互混合，相互作用的大熔爐，新的種族、新的文化、新的風格與新的社會形態，就是從這些相互作用中產生出來的。完全是一種「雜交」的文化形態。[33]以傳統價值觀念和倫理道德為中心而建立起來的傳統城市，在個性風格上具有很強的保守性和封閉性，對於與自身文化淵源關係較為疏遠的異質文化往往持有較多的排斥態度。而在通商口岸，則呈現出與異質文化雜交的多元文化形態，帶有某種程度的買辦文化特徵。通商口岸由於更多、更直接地受到殖民文化的猛烈衝擊，自然也就更容易滋生買辦文化。作為文化的載體，近代西方物質文明和生活方式是負載於殖民主義侵略擴張的基礎上首先被引進到對外通商口岸的。背後隱藏著特殊的價值觀，隱藏著對中華民族的政治奴役、經濟掠奪和文化壓制的目的動機。文化影響始終依附於政治影響。[34]近代中西文化交流並不是平等的，在當時的語言環境下，近代西方文化作為強勢文化，作為一種政治話語，無疑具有極大的話語權。而處於弱勢的中華文化及其亞文化閩南文化，則經常處於文化「失語」的現象。語言作為文化最重要的載體和最明顯的標誌，是文化認同和民族凝聚最重要的物質性紐帶。「語言是一切文化擴張政策的基本的、特有的工具，文化則是這種政策的對象。[35]」「文化擴張首先

33 參見忻平，《從上海發現歷史——現代化進程中的上海人及其社會生活》，上海人民出版社1996年版，頁474。

34 [法]路易·多洛著，孫恒譯，《國際文化關係》，上海人民出版社1987年版，頁29。

35 [法]路易·多洛著，孫恒譯，《國際文化關係》，上海人民出版社1987年版，頁25。

是語言的擴張。……只有瞭解語言才能使文化影響卓有成效，才能進入外國的靈魂，進入其文學、智力和精神遺產。[36]」在清末民初白話文運動這場不平等的「語言接觸」中，幾乎所有知識份子眾口一詞，對母語——漢字、漢語持基本否定態度，這是十分可悲的。這種危險的喪失自我的「文化偏至」，有人稱之為「母語的陷落」。[37]在近代中國，知識份子面對著文化轉型的重大時代命題。白話文運動的出現，被視為清末民初文學革命的第一步。白話代替文言是一種歷史的進步，胡適等人提倡文學革命是對中國近代文化的鉅大貢獻，這幾乎成為「五四」以來的一種社會共識。只有極少數學人提出反對和質疑，如錢穆說：「近人為慕西化，競倡白話文，不知白話與文言不同。果一依白話為主，則幾千年來之書籍為民族文化精神所寄存者，皆將盡失其正解，書不焚而自焚，其為禍之烈，殆有難言。[38]」但微弱的聲音淹沒在歷史的驚濤駭浪中。白話文運動、「漢字革命」作為「文學革命」和「新文化運動」的重要內容，文化菁英們在「五四」時期高呼「打倒孔家店！」甚至近乎荒唐地提出「廢孔學」、「廢漢字」的極端主張。[39]幸虧最終實行漢語註音方案而沒有廢除漢字、漢語，否則如何振振有詞地自詡中國是四大文明古國中唯一一個沒有中斷傳統歷史文化的國度？！

　　費孝通先生晚年極力主張提倡的「文化自覺」，是指生活在一定文化中的人對其自身文化有自知之明，即明白它的來歷、形成過程及其所具特色和發展趨向，以加強對文化轉型的自主能力，取得決定適應新環境、新時代的文化選擇的自主地位。就世界範圍而言，文化自覺還包括「美美與共」。即要理解多種多樣的文化，增強在多元文化世界中確立自己位置的能力，然後經過自主調適，和其他文化一起建立一個共同認可的基本秩序，從而形成聯手發展的共處守則。對個人而言，文化自覺

---

[36] [法]路易・多洛著，孫恒譯，《國際文化關係》，上海人民出版社 1987 年版，頁 24。
[37] 參見部元寶，《母語的陷落》，《書屋》2002 年第 4 期。
[38] 錢穆，《文化中之語言與文字》，載氏著《中國文學論叢》，三聯書店 2002 年版，頁 27。
[39] 錢玄同，《中國今後之文字問題》，《新青年》第 4 卷（1918 年）第 4 期。

即具有自我反思、自我批判的能力。[40]在清末民初文學革命和白話文運動中，由於喪失文化自覺，迷失自我，矯枉過正。對母語——中華傳統文化的基本否定和對西方文化的崇尚認同傾向，對文言和儒家經學的偏激聲討，付出了中華民族文化斷裂的重大代價。任繼愈先生曾經建議，中小學教科書增加繁體字，「識繁用簡」，以繼承優秀文化遺產，避免文化脫節現象。[41]在孔子學院風靡全球和韓國「漢字申遺」的今天，亟須對近代中國思想文化轉型過程中迷失自我進行深刻的文化自覺反省。

---

[40] 費孝通，〈反思•對話•文化自覺〉，載氏著《從實求知錄》，北京大學出版社 1998 年。

[41] 任繼愈，〈繼承優秀文化遺產　避免文化脫節現象——關於中小學教科書增加繁體字（識繁用簡）的建議〉，《歷史文獻研究》北京新八輯（1997 年）。

《臺灣通史》早期版本考略

　　《臺灣通史》成書百年來，相關研究論著不少，主要有楊雲萍的〈史家連雅堂〉[1]，方豪的〈「臺灣通史」藝文志訂誤述例〉[2]、〈連氏「臺灣通史」新探〉[3]，毛一波的〈「臺灣通史」新探〉[4]，鄧孔昭的《〈臺灣通史〉辨誤》[5]，翁佳音等的《臺灣通史類著作解題與分析》[6]，林元輝的〈以連橫為例析論集體記憶的形成、變遷與意義〉[7]，倪仲俊的〈連橫「臺灣通史」中的國族想像〉[8]，褚靜濤的〈國學大師與「臺灣通史」〉[9]，林朝成的〈「中心」與「邊疆」兩種定位——從「臺灣通史·循吏列傳」探討連橫思想中的臺灣民族精神〉[10]。《臺灣通史》在臺灣經歷了微妙的評價變遷[11]，可謂毀譽摻半。論者很少顧及《臺灣通史》的版本問題，藉由《臺灣通史》早期版本入手，或許有助於釐清其中的蛛絲馬跡。

一、《臺灣通史》版本問題

（一）《臺灣通史》版本概要

　　日本大正九年（1920）11 月、12 月和次年 4 月，連雅堂所著《臺灣通史》分為上、中、下三冊，由位於臺北市大稻埕建昌後街二番戶的

---

[1] 楊雲萍，〈史家連雅堂〉，《臺灣風土》第 8 期（1948 年）。

[2] 方豪，〈「臺灣通史」藝文誌訂誤述例〉，《臺灣文化》第 6 卷第 2 期（1950 年 5 月）。

[3] 方豪，〈連氏「臺灣通史」新探〉，《文獻專刊》第 1 卷第 4 期（1950 年 12 月）。

[4] 毛一波，〈「臺灣通史」新探〉，《臺北文物》第 10 卷第 2 期（1961 年 9 月）。

[5] 鄧孔昭，《「臺灣通史」辨誤》，江西人民出版社 1990 年版，自立晚報社文化出版部 1991 年增訂本。

[6] 翁佳音等，《臺灣通史類著作解題與分析》，業強出版社 1992 年版。

[7] 林元輝，〈以連橫為例析論集體記憶的形成、變遷與意義〉，《臺灣社會研究季刊》第 31 期（1998 年 9 月）。

[8] 倪仲俊，〈連橫「臺灣通史」中的國族想像〉，《通識研究集刊》第 4 期（2003 年 12 月）。

[9] 褚靜濤，〈國學大師與「臺灣通史」〉，《南京社會科學》2012 年第 1 期。

[10] 林朝成：〈「中心」與「邊疆」兩種定位——從「臺灣通史·循吏列傳」探討連橫思想中的臺灣民族精神〉，《南臺學報》2015 年第 2 期。

[11] 參見陳思，〈如何看待「臺灣通史」在臺灣的評價變遷——兼論其學術價值與現實意義〉，《臺灣研究集刊》2018 年第 5 期。

臺灣通史社先後出版發行，是為《臺灣通史》首版。[12] 1946 年、1947
年，商務印書館分別於重慶、上海出版《臺灣通史》，這是《臺灣通史》
在中國大陸首版。此後，《臺灣通史》在臺灣海峽兩岸陸續出版了三十
幾個版本。

《臺灣通史》版本一覽表

出版機構	出版年份	出版地	冊數	版　式	字體
臺灣通史社	1920-1921 年	臺北	3	32 開精裝豎版	繁體
商務印書館	1946 年	重慶	2	32 開平裝豎版	繁體
商務印書館	1947 年	上海	2	32 開平裝豎版	繁體
編譯館中華叢書編審委員會	1955、1985、2001 年	臺北	2	32 開精/平裝豎版	繁體
中華書局（臺灣銀行本）	1962 年	臺北	2	32 開精裝豎版	繁體
臺灣銀行經濟研究室	1962 年	臺北	6	32 開平裝豎版	繁體
臺灣省文獻委員會	1976 年	臺中	1	大 32 開精裝豎版	繁體
幼獅文化事業公司	1977 年	臺北	1	大 32 開精裝豎版	繁體
眾文圖書公司	1979 、 2009 年	臺北	1	大 32 開精裝豎版	繁體
商務印書館	1982 、 1983 年	北京	2	32 開平裝橫版	簡體
大通書局	1984 年	臺北	2	32 開精裝豎版	繁體
文海出版社	1990 年	臺北	1	32 開精裝豎版	繁體
上海書店	1991 年	上海	1	32 開精裝橫版	繁體
臺灣省文獻會	1992 年	臺中	3	32 開精裝豎版	繁體
中國國民黨黨史館	2003 年	臺北	3	32 開精裝豎版	繁體
廣西人民出版社	2005 年	南寧	1	32 開精裝橫版	簡體
華東師範大學出版社	2006 年	上海	1	大 32 開平裝橫版	簡體
財團法人兩岸和平發展基金會	2007 年	臺北	3	16 開精裝豎版（手稿影印本）	繁體
九州出版社	2008 年	北京	1	大 32 開平裝豎版	繁體
人民日報出版社	2009 年	北京	1	16 開精裝豎版	繁體
商務印書館	2010 、 2017 年	北京	2	32 開平裝橫版	簡體
三聯書店	2011 年	北京	2	32 開精裝橫版	簡體
人民出版社 廣西人民出版社	2011 年	北京 南寧	1	大 32 開平裝橫版	簡體

---

[12] 參見鄭喜夫，《民國連雅堂先生橫年譜》，臺灣商務印書館 1979 年版，頁 129-131。

臺海出版社	2013 年	北京	3	16 開精裝豎版影印	繁體
河南人民出版社	2017 年	鄭州	3	16 開精裝豎版影印	繁體
五南圖書出版股份有限公司	2017 年	臺北	1	大 32 開平裝豎版	繁體

其中，2007 年財團法人兩岸和平發展基金會本係據手稿殘卷影印。此外，可以分為兩大類。一是 1920-1921 年臺北臺灣通史社版，及據此書影印本，如 2013 年北京臺海出版社版和 2017 年鄭州河南人民出版社版。其餘則是在 1920-1921 年臺北臺灣通史社版基礎上整理修訂而成的各種版本，其中又以 1946/1947 年商務印書館本為最早。

（二）商務印書館初版與臺灣通史社版及其手稿本比較

1946 年 1 月，商務印書館在重慶據連震東所藏臺灣通史社版重新排印出版《臺灣通史》，平裝大 32 開本，上、下二冊。[13]1947 年 3 月，商務印書館據 1946 年重慶初版在上海重印《臺灣通史》。「此版係以上年重慶本紙版重印，除紙質之異外，內容及裝訂均與重慶初版本全同」[14]。此後出版發行的各種版本《臺灣通史》，均以臺灣通史社 1920-1921 年版及商務印書館 1946/1947 年初版為藍本增刪而成。

據鄭喜夫先生考訂，商務印書館 1946 年重慶版「略（臺灣通史社）原版冠圖及六日人序等，至所存之序及本文內容亦略加增刪」[15]。查臺灣通史社 1920 年版《臺灣通史》上冊目錄，「卷首」列有著者之像、明石臺灣總督閣下題字、田臺灣總督閣下題字、臺灣銀行頭取（董事長）中川白雲先生題字（刊在中冊）、下村總務長官閣下序、臺南新報主筆西崎巒洲先生序、臺灣日日新報主筆尾崎白水先生序、臺中林南強先生序、自序、凡例。鄭喜夫先生所謂商務印書館 1946 年重慶版「略原版冠圖及六日人序等」，應是刪除著者之像（冠圖）和日人題字 3 幅、序

---

13 參見鄭喜夫，《民國連雅堂先生橫年譜》，臺灣商務印書館 1979 年版，頁 263。
14 參見鄭喜夫，《民國連雅堂先生橫年譜》，臺灣商務印書館 1979 年版，頁 264。
15 參見鄭喜夫，《民國連雅堂先生橫年譜》，臺灣商務印書館 1979 年版，頁 263。

文 3 篇。「至所存之序及本文內容亦略加增刪」，即增加了新作的「張溥泉先生序」、「徐炳昶先生序」、「徐仲可先生序」。

2007 年，財團法人兩岸和平發展基金會影印出版《臺灣通史》手稿殘卷。《臺灣通史》手稿殘卷彩色影印精裝本，約計 223 頁，全三冊，豎排，蝴蝶裝，含卷八「田賦志」、卷九「度支志」、卷十「典禮志」、卷十一「教育志」、卷十二「刑法志」（殘卷）、卷二十八「虞衡志」及卷二十九「顏鄭列傳、寧靖王列傳、諸臣列傳、諸老列傳」。《臺灣通史》手稿殘卷經紅筆修改過，並有拼貼稿件的痕蹟。該手稿應為雅堂先生親筆手訂，現藏臺北歷史博物館。1936 年雅堂先生去世後，其子連震東「攜此手稿由上海而西安、西安到重慶、重慶又到臺灣，輾轉數千里。尤以抗戰期間，為逃避日機空襲，每聞警報就隨身攜帶躲避窰洞，故得以完好至今」[16]。手稿殘卷各卷首標題篇名之下，原先自署「臺南連橫撰」，後均改為「臺南連雅堂撰」。臺灣通史社版書名頁徑作「連雅堂著」，並附「著者連雅堂」照片，版權頁「著作兼發行者」欄，亦作「連雅堂」。各卷首標題篇名下自署「臺南連雅堂撰」，各卷首序文按語則多保留「連橫曰」。[17]1946/1947 年商務印書館初版《臺灣通史》，封面、書名頁、版權頁均署「連橫著」，各卷首標題篇名下均未署名。

（三）臺灣通史社版卷四被改為過渡紀，商務印書館初版恢復為獨立紀

《臺灣通史》於臺北初版，曾經日據殖民當局審查。據黃潘萬先生語，曾親聞雅堂先生述及。『《臺灣通史》刊印順利過關，而未遭日吏干擾者，乃因先生事前請總督、總務長官及其他聞人題字或寫序，彼輩有所顧忌故。雖然，若輩心猶未甘，仍強令先生改「獨立紀」篇名為「過

---

[16] 連雅堂，《臺灣通史·弁言》，臺北：財團法人兩岸和平發展基金會 2007 年手稿影印版，頁 1。

[17] 連雅堂，《臺灣通史》上冊、中冊，臺灣通史社大正九年（1920）版；連雅堂，《臺灣通史》下冊，臺灣通史社大正十年（1921）版。

渡紀」也」[18]。《臺南新報》主筆西崎順太郎序《臺灣通史》云：「……
余見其全書，凡三十有六卷，起開闢紀，次建國、經營、職官、戶役、
田賦，以及商務、工藝、風俗，事關史實，悉纂錄之。殊如虞衡一篇，
網羅本島所關博物之數據，史實之外，更俾（裨）大益。……[19]」西崎
不像是無意中恰巧省略或漏掉了卷四「獨立紀」和卷五「疆域志」，其
中似有難言之隱。其實臺灣總督府民政長官下村宏的序文已經道出其中
緣由：「……竊以唐巡撫獨立倡亂之事，寔非所以忠於清朝、仁於臺疆，
愆義喪禮，蒙昧殊甚。與鄭氏護持明朝殘局者，全異其選。惟以我朝視
之，則勝國游魂，寧為可憫耳。狂暴何咎？較諸《臺灣外記》，恨史料
既有軒輊，余頗為雅堂氏惜之。……」這恐怕才是臺灣通史社版《臺灣
通史》卷四篇名被刪改的真正原因。

　　因此，臺灣通史社版《臺灣通史》上冊目錄中，卷四篇名被改為「過
渡紀」，並標註「起清光緒二十一年，終於是年九月。此篇原名獨立，
嗣以字義未妥，故易之」。正文卷四篇名原為「獨立紀」，後來迫不得已，
貼上「過渡紀」的小紙片，但該卷邊款標題仍保留「獨立紀」，沒有改
動。以卷四篇名貼改觀之，《臺灣通史》應是以排版清樣送審，目錄經
過重排。商務印書館初版《臺灣通史》的另一重要改動就是，目錄及正
文卷四標題篇名均恢復「獨立紀」。

二、雅堂先生的名與字

　　1920/1921 年臺灣通史社版《臺灣通史》及手稿殘卷均署名連雅堂
著，1946 年商務印書館初版方才改署連橫著。民國三年（1914）連雅
堂向國民政府申請恢復中國國籍，並更名連橫。這是雅堂先生人生的重
大事件之一。關於雅堂先生的原名、表字、雅號，乃至為何恢復中國國
籍並更名連橫，坊間說法不一，似有必要略加考證，還其原本，以正視
聽。

18 鄭喜夫，《民國連雅堂先生橫年譜》，臺灣商務印書館 1979 年版，頁 132。
19 連雅堂，《臺灣通史》上冊，臺北：臺灣通史社大正九年（1920）版。

（一）臺灣通史社版《臺灣通史》署名連雅堂著

1920-1921 年臺灣通史社首版的《臺灣通史》，書名頁逕作「連雅堂著」，書前作者照片下署「著者連雅堂」，書末版權頁「著作兼發行者」欄亦作「連雅堂」。各卷首題下自署「臺南連雅堂撰」，各卷首序文按語多有「連橫曰」。[20]

《臺灣通史》手稿影印本各卷首標題之下，原來自署「臺南連橫撰」，後均改為「臺南連雅堂撰」。經與臺灣通史社首版《臺灣通史》對照比較，應是臺灣通史社臺北首版之前的改定稿。各卷首標題之下均已改為「臺南連雅堂撰」，而按語中的「連橫曰」未及更改。

據連震東先生家藏雅堂先生二十歲前後親筆所書《臺南連氏家乘》（以下簡稱《家乘》）手稿：「余姓連氏，名允斌，字雅堂，號慕陶，乳名重送。行四……」[21]

1945 年連震東所作《連雅堂先生家傳》（以下簡稱《家傳》）則稱：「先生諱橫，字武公，號雅堂，又號劍花。[22]」

鄭喜夫《民國連雅堂先生橫年譜》（以下簡稱《年譜》）云：「先生姓連，初名允斌，乳名神送，譜名重送……字雅堂，號慕陶。及長，改名橫，字天縱。一字武公，又號劍花。[23]」可見《年譜》基本出自《家乘》，增加乳名神送，重送作為譜名；改名橫，又取字天縱。「一字武公，又號劍花」，應是受連震東《家傳》影響。

2007 年，財團法人兩岸和平發展基金會影印出版《臺灣通史》手稿殘卷，書前有連戰「敬筆」（弁言）：「先祖連橫（1878-1936）字武公，號雅堂」。與《家傳》似有先後因襲關係，與《家乘》、《年譜》不同的是，均直書連橫先生名諱，不記先生原名；且以雅堂為號，而不是字。

1924 年 2 月出版的《臺灣詩薈》第一號發佈該刊發行所的「《臺灣

20 連雅堂，《臺灣通史》上冊、中冊，臺灣通史社大正九年（1920）版；連雅堂，《臺灣通史》下冊，臺灣通史社大正十年（1921）版。

21 汪毅夫主編，《連橫研究論文選》，廈門大學出版社 2006 年版，圖版。

22 連橫，《臺灣通史》，北京：商務印書館 1983 年版，頁 733。

23 鄭喜夫編撰，《民國連雅堂先生橫年譜·譜前》，臺北：臺灣商務印書館 1980 年版，頁 1-2。

通史》減價發售啟事」：「我臺連雅棠先生，以十數年之精力，集數百部之秘書，訪尋耆舊，參考遺聞，撰成《臺灣通史》三十六卷。……[24]」

　　1924 年 5 月出版的《臺灣詩薈》第四號發佈「《臺灣通史》廣告啟事」：「是書為連雅堂先生所著……[25]」以上均自署或自稱連雅堂（棠）。

　　1920 年版《臺灣通史》上冊「目錄」，列有「凡例」與「自序」。「一九一八年秋八月朔日」雅堂先生所作《臺灣通史·自序》自署「臺南連橫雅堂自序於劍花室」[26]。

　　「菽莊林先生暨德配雲環龔夫人結婚三十年帳詞」，落款自署「臺北連橫雅堂」[27]。林爾嘉與夫人龔雲環舉行結婚三十週年歡祝會在民國十年（1921）十一月十六日。

　　以上二例，為標準的名、字連署。但前者恐為後來再版時所為。此前臺灣通史社版自署、自稱連雅堂，或將連橫改為連雅堂，當是以臺灣人只認識連雅堂而不曉得連橫故也。

　　字或稱表字、表德，是指在本名以外所起的表示德行或本名意義的名字。顏之推《顏氏家訓·風操》曰：「古者，名以正體，字以表德。」後故以「表德」指人之表字或別號。古時男子 20 歲、女子 15 歲，不便直呼其名。另取一與本名涵義相關的別名，稱之為字，以表其德。凡人相敬而呼，必稱其表德之字。

（二）恢復中國國籍並改名連橫

　　民國三年（1914）1 月 31 日，連雅堂向中華民國內務部呈請「回復」（恢復）中華民國國籍[28]：

---

[24] 連橫著，鄭喜夫輯，《雅堂先生集外集》，1976 年版，頁 129；連橫，《連雅堂先生全集〈臺灣詩薈〉雜文抄》，臺灣省文獻委員會 1992 年編印，頁 129。

[25] 連橫著，鄭喜夫輯，《雅堂先生集外集》，1976 年版，頁 133-134；連橫，《連雅堂先生全集·〈臺灣詩薈〉雜文抄》，臺灣省文獻委員會 1992 年編印，頁 133-134。

[26] 連橫，《臺灣通史·序》，北京：商務印書館 1983 年版，頁 8。

[27] 連橫著，鄭喜夫輯，《雅堂先生集外集》，1976 年版，頁 229-230；連橫，《連雅堂先生全集·〈臺灣詩薈〉雜文抄》，臺灣省文獻委員會 1992 年編印，頁 229-230。

[28] 汪毅夫主編，《連橫研究論文選》，廈門大學出版社 2006 年版，圖版。

呈為出具願書請準復籍事。茲依《中華民國國籍法》第十八條及《施行規則》第六條所規定，願回復中華民國國籍，並遵守中華民國一切法律。理合出具願書，謹呈內務總長鑒核。

具願書人：連雅堂（印）
（原籍福建龍溪縣，新聞記者）

中華民國三年一月三十一日

具呈人連雅堂
（原籍福建龍溪縣馬崎社，現籍日本臺灣臺中廳臺中街，現寓北
京南柳巷晉江邑館。）

為呈請事，茲依《中華民國國籍法》第十八條及《施行規則》第六條所規定，呈請許可復籍。理合另具願書及保證書，謹呈內務總長鑒核施行。

具呈人：連雅堂（印）

中華民國三年一月三十一日

為保證事。茲因福建龍溪縣人連雅堂願仍依《中華民國國籍法》第十八條及《施行規則》第六條所規定，回復中華民國國籍，查與《中華民國國籍法》之規定相符，甘願出具保證書。此證。

北京南柳巷晉江邑館　具保證書人：李聰海（印）
北京南柳巷晉江邑館　具保證書人：林少英（印）

中華民國三年一月三十一日

民國三年（1914）2 月 11 日，連雅堂又向中華民國內務部呈請更名為連橫[29]：
具呈人連雅堂，原籍福建龍溪縣，年三十七歲，現住本京南柳巷晉江邑館。為呈請事，茲將連雅堂之名更正為連橫。理合懇請大部俯准存案。謹呈內務總長鑒核施行。

連雅堂（印）

中華民國三年二月十一日

---

[29] 汪毅夫主編，《連橫研究論文選》，廈門大學出版社 2006 年版，圖版。

　　雅堂先生在向中華民國內務部申請恢復中華民國國籍的正式文檔中，是署名連雅堂的。正式更名連橫後，依然經常自署連雅堂。但是在關鍵重要場合，他自稱連橫：

　　1931 年 4 月 10 日，致張溥泉（繼）先生書，自署「愚弟連橫頓首」[30]。

　　1934 年 8 月 8 日，致張溥泉（繼）先生書，自署「弟連橫頓首」[31]。

　　總而言之，當以雅堂先生《家傳》自書為是。雅堂先生原名允斌，字雅堂。更名連橫後，似因傳播未廣，原名不彰，故以字雅堂行世。

三、復籍更名種種

　　1912 年 11 月 18 日，《中華民國國籍法》頒佈[32]。1913 年 11 月 18 日，林祖密（1878-1925 年，原名資鏗，字季商）獲得北京國民政府內務部發給的恢復中國國籍執照，是為恢復中國國籍第一人。1914 年 2 月 5 日，北京國民政府內務部頒發執照，準許連雅堂恢復中國國籍，並令行福建民政長[33]：

　　　　……據連雅堂呈稱，原籍福建龍溪縣，現籍日本臺灣臺中廳臺中街，茲依據《中華民國國籍法》第十八條所規定，出具願書及保證書，請許可復籍。等情前來。查連雅堂所請回復福建龍溪縣原籍，核與《國籍法》第十八條所規定相符，業經本部批准註冊。除將復籍執照填給外，合行令仰該民政長轉飭該縣備案。此令。

（一）何時更名連橫

　　《年譜》云：雅堂先生改名連橫，「此清德宗光緒二十二年至二十八年事。據《（臺南）連氏世系》及《（連雅堂）文集》卷一《惜別吟詩

---

[30] 連橫著，鄭喜夫輯，《雅堂先生集外集》，1976 年版，頁 120；連橫，《連雅堂先生全集·〈臺灣詩薈〉雜文抄》，臺灣省文獻委員會 1992 年編印，頁 120。

[31] 連橫著，鄭喜夫輯，《雅堂先生集外集》，1976 年版，頁 125；連橫，《連雅堂先生全集·〈臺灣詩薈〉雜文抄》，臺灣省文獻委員會 1992 年編印，頁 125。

[32] 《中華民國國籍法》，《重訂現行法令輯要》，上海文明書局 1916 年版，頁 258-261。

[33] 汪毅夫主編，《連橫研究論文選》，廈門大學出版社 2006 年版，圖版。

集·序》[34]。《鷺江報》第 61 冊刊載雅堂先生 1902 年 11 月 14 日所作「《惜別吟詩集》序」，開篇曰：「臺南連橫歸自三山，留滯鷺門……」落款「壬寅（1902）冬十月望日，臺南連橫天縱甫書於鼓浪洞天之下」。[35]此乃最早見諸文獻記載自署「連橫」之文字。或說雅堂先生 1897 年春入上海聖約翰大學，入學註冊使用「連橫」之名；並認為，連橫之名出自戰國時期合縱連橫的典故，同時取意齊國壯士田橫[36]：

> 通過研究世界時局，連橫認為東亞是日俄兩強爭雄的格局，大可利用日俄兩國的矛盾來進行抗日鬥爭。於是，他毅然決定赴上海到有名的聖約翰大學攻讀俄文，以便今後研究俄國，參與「聯俄抗日」活動。
>
> 1897 年春，連橫到上海進入聖約翰大學學習（一說就讀於上海共學社）。入學時，註冊的名字是他自取並使用終身的「連橫」二字。「合縱連橫」是中國戰國時代蘇秦、張儀這兩大權謀家的著名外交戰略方針，同時「連橫」又有仿效齊國救國壯士「田橫」的含意。

《年譜》載，光緒二十三年（1897 年）春，雅堂先生「赴上海，入聖約翰大學攻俄文」。乃據雅堂先生外孫女林文月《記外祖父連雅堂先生》[37]，及毛一波《連橫的一生》，「就讀過上海的共學社」，「並擬留滬入某學堂」。[38]

雅堂先生後人則稱：甲午戰爭後二年，雅堂先生「遂決然西渡京滬，擬入某學堂攻讀」[39]。雅堂先生後人尚且未能確定雅堂先生入學上海聖

---

[34] 鄭喜夫編撰，《民國連雅堂先生橫年譜·譜前》，臺北：臺灣商務印書館 1980 年版，頁 1。

[35] 鄭喜夫編撰，《民國連雅堂先生橫年譜·譜前》，臺北：臺灣商務印書館 1980 年版，頁 43-44；《連雅堂先生全集·〈連雅堂文集〉》，臺灣省文獻委員會 1992 年編印，頁 48-49。

[36] 許清茂、邵凡軒，〈連橫在廈門的辦報活動及其思想立場〉，《閩江學刊》2010 年第 1 期，頁 70-76。

[37] 收入王大鵬編著，《百年國士》，商務印書館 2010 年版；《山水與古典》，三聯書店 2013 年版。

[38] 鄭喜夫編撰，《民國連雅堂先生橫年譜》，臺北：臺灣商務印書館 1980 年版，頁 31。

[39] 連戰，〈雅堂先生家書序〉，連橫著，鄭喜夫輯，《連雅堂先生全集·雅堂先生家書》，臺灣省文獻委員會 1992 年編印，頁 1。

約翰大學，並無學籍檔案證明以連橫之名註冊，更遑論取名連橫之典故出處。

如前所述，雅堂先生是於 1914 年 2 月 11 日向中華民國內務部呈請更名為連橫的。

（二）為何更名連橫

雅堂先生曾一再作詩明志，多次提及田橫島：

> 田橫島上有奇人，孤憤延平志未伸。巾幗也知亡國恨，英雄兒女各千春。[40]
>
> 拔劍狂歌試鹿泉，延平霸業委荒煙。揮戈再拓田橫島，擊楫齊追祖逖船。眼看群雄張國力，心期吾黨振民權。西鄉月照風猶昨，天下興亡任仔肩。[41]
>
> 傷心昔日田橫島，弔古來登赤崁樓。萬派濤聲喧落日，四圍老木慘經秋。元龍湖海餘豪氣，庾信江關又暮愁。功業未成年已冠，倚欄無賴對吳鉤。[42]
>
> 回首前塵事已非，聽歌載酒每依依。櫻雪千里傷分袂，萍水三年感解衣。自笑窺斑知豹變，豈因鎩羽弱鵬飛。吟槎曾泊田橫島，香火詩緣弔五妃！[43]

1931 年 4 月 10 日，連橫先生特地致函國民黨元老張繼（溥泉），託請他關照兒子連震東：「……且弟僅此子，雅[堂]不欲其永居異域，長為化外之人，是以託諸左右。昔子胥在吳，寄子齊國；魯連蹈海，義不帝秦。況以軒黃之華胄，而為他族之賤奴，泣血椎心，其何能愁？所幸

---

[40] 〈五妃廟題壁〉，連橫，《連雅堂先生全集·〈劍花室詩集〉》，臺灣省文獻委員會 1992 年編印，頁 87。

[41] 〈重過怡園晤林景商〉（之三），連橫：《連雅堂先生全集·〈劍花室詩集〉》，臺灣省文獻委員會 1992 年編印，頁 92。

[42] 〈秋感〉，連橫，《連雅堂先生全集·〈劍花室詩集〉》，臺灣省文獻委員會 1992 年編印，頁 95。

[43] 〈柬林景商〉（之二），連橫，《連雅堂先生全集·〈劍花室詩集〉》，臺灣省文獻委員會 1992 年編印，頁 101。

國光遠被，惠及海隅，棄地遺民亦沾雨露。則此有生之年，猶有復旦之日也……[44]」

可見，連橫之名實出自《史記·田儋列傳》典故，徐悲鴻先生於日寇全面侵華前夕創作《田橫五百士》以明志，雅堂先生是把臺灣島直比田橫島，自比田橫，取意不當亡國奴、不做日本殖民統治下的順民。前引效法戰國合縱聯橫以「聯俄抗日說」，實乃論者主觀臆度。

（三）復籍緣由蠡測

雅堂先生並未說明為什麼更名連橫，也沒有說明為什麼要恢復中國國籍。我們只能在當時的歷史背景下，從蛛絲馬跡中推測一二。

《馬關新約》第五款規定[45]：

> ……本約批准互換之後，限二年之內，日本準，中國讓與地方人民願遷居讓與地方之外者，任便變賣所有產業，退去界外。但限滿之後尚未遷徙者，酌宜視為日本臣民。……

日本割佔臺灣後，雖然編入臺灣戶籍的中國人依據《馬關條約》的規定被「視為日本臣民」，即已自動取得日本國籍。但被「視為日本臣民」的臺灣人並不等同於日本本土國民，二者之間顯然有別。習慣上，他們被稱為「臺灣籍民」或「本島人」。

日本大正十五年（1926）9月，日本駐廈門領事井上庚二郎為參加東京第一次南洋貿易會議，寫作了「廈門的臺灣籍民問題」。「所謂臺灣籍民者，固然指明治二十八年割臺時，在臺住民依《馬關條約》之規定整體獲得日本帝國國籍者，以及其子孫。但除此之外，尚有依據①歸化、②編入臺籍之手續，而成為日本帝國國民者。[46]」首先提出「臺灣籍民」這一概念的，就是駐廈門領事井上庚二郎。所謂「臺灣籍民」，指「日

[44] 連橫，《連雅堂先生全集·〈臺灣詩薈〉雜文抄》，臺灣省文獻委員會1992年編印，頁120；《臺灣通史》張溥泉序，商務印書館1946年版，頁1。

[45] 王鐵崖編，《中外舊約章彙編》第1冊，三聯書店1957年版，頁615。

[46] [日]井上庚二郎，〈廈門二於ケル臺灣籍民問題〉，臺灣近現代史研究會編，《臺灣近現代史研究》第3號，東京：龍溪書舍1980年版。

本統治下的臺灣本島人，居住在日本本土及臺灣以外的海島，尤以對岸的廈門為中心的中國各地乃至南洋等地者」[47]。也就是說，將在中國大陸的臺灣人稱為「臺灣籍民」，將取得日本國籍的臺灣人稱為「（臺灣）本島人」，把具有日本國籍的臺灣人和日本本土的日本人區別開來。

昭和十八年（1943）4 月，日本大政翼贊會第十委員會制定了《關於華僑對策報告書》：「在將來應成為我方直轄地域內，對現在居住的華僑，考慮在一定的條件下，為給予相當我國國籍待遇地位而必須實行登記制度。即使得到準日本國籍地位者，也應與本島人（臺灣人）或半島人（朝鮮人）區別對待，相信可使之漸次接近」[48]。日本政府遵循對臺灣、朝鮮等殖民地人民與日本本土的日本人區別對待的一貫政策，對殖民地內部及其與「新附之地」的華僑也是區別對待的。

日據時代的臺灣人雖然具有日本國籍，但是二等公民，這是「棄地遺民」——成為亡國奴的臺灣人（尤其是知識份子）心中揮之不去之殤痛。雅堂先生致函託請張繼關照其子連震東：「雅[堂]不欲其（震東）永居異域，長為化外之人，是以託諸左右」。1931 年 4 月連震東甫歸中國，雅堂先生即於 10 月 7 日致函叮囑其子：「……時局如何，尚未可料。汝如決定『在國脫去』之事，須早辦理，以免罣礙。或歸京後行之……」[49]

不當亡國奴，不當日本殖民統治下的順民，應當是雅堂先生恢復中國國籍的根本原因。

---

[47] 參閱戴國煇，〈日本の植民地支配と臺灣籍民〉，臺灣近現代史研究會編，《臺灣近現代史研究》第 3 號，東京龍溪書舍 1980 年版。

[48] [日]大政翼贊會，《關於確保實現大東亞建設基本經濟策略需要共榮圈內諸民族配合事項報告書》，參見拙作〈1940 年代初期日本南洋華僑政策初探——以日本的南洋華僑調查為中心〉，《一九四〇年代的中國（下卷）》，社會科學文獻出版社 2007 年版。

[49] 連橫著，鄭喜夫輯，《連雅堂先生全集‧雅堂先生家書》，臺灣省文獻委員會 1992 年編印，頁 16、121。

餘 論

　　雅堂先生為何發奮修《臺灣通史》？他於自序開宗明義云：「夫史者，民族之精神，而人群之龜鑒也。……國可滅，而史不可滅。……然則臺灣無史，豈非臺人之痛歟？」他出於歷史責任感，感慨道，「顧修史固難，修臺之史更難，以今日而修之尤難。……然及今為之，尚非甚難。若再經十年、二十年而後修之，則真有難為者。是臺灣三百年來之史，將無以昭示後人，又豈非今日我輩之罪乎？」他要昭告世人尤其是臺灣人，「臺灣之人，中國之人也，而又閩粵之族也」[50]，臺灣自古屬於中國。其實連雅堂當初完全可以選擇在中國大陸出版發行《臺灣通史》，以逃避日據殖民當局的政治審查。但《臺灣通史》若不在臺灣出版發行，其教育臺灣人民的功效勢必大打折扣。當年，臺灣應該罕有人知悉連雅堂恢復中國國籍並更名連橫。《臺灣通史》手稿原署「臺南連橫撰」，面對審查難免引起不必要的麻煩。《臺灣通史》出版時改署連雅堂，恐怕與此不無關係。

---

[50] 連雅堂，《臺灣通史》卷二十三，〈風俗誌〉，臺灣通史社大正九年（1920）版，頁675。

閩臺連氏源流續考

筆者曾經利用族譜資料對閩臺連氏源流作過初步考證[1]，本文試圖依據地方誌及私人筆記文集等有關著作進一步稽考，以彌補譜牒缺失謬誤之不足。

一

臺灣愛國史學家、《臺灣通史》作者連橫（1878-1936），原名允斌，字雅堂，號劍花，乃當今臺灣政要連戰的祖父。連橫之子連震東所作〈連雅堂先生家傳〉開篇寫明：「我始祖興位公，生於永曆三十有五年……少遭憫兇，長懷隱遁，遂去龍溪，遠移鯤海，處於鄭氏故壘之臺南，迨先生已七世矣。[2]」連橫手稿〈臺南連氏家乘〉自書祖籍福建漳州府龍溪縣萬松關馬崎社二十七都[3]。今存臺南兵馬營連氏入臺二世祖連吉墓碑亦鐫刻祖籍「龍溪」[4]。連橫祖籍龍溪馬崎原屬定論，本不成其為問題。

1993 年 5 月，臺灣影視界名人凌峰率臺視「八千里路雲和月」專欄節目攝製組來閩拍攝節目，道聽途說，貿然將泉州市惠安縣山腰鎮灞頭村（今屬泉港區）當作連戰的祖籍地，聲稱「連戰祖上五代前由泉州東北的連氏聚居地遷臺」，「可基本推斷為連戰祖籍地的惠安灞頭連姓聚居地」[5]。消息傳出，海內外傳媒競相轉載，以訛傳訛，一時間輿論沸沸揚揚，使原來不成問題的定論變得撲朔迷離。1994 年 12 月，廈門市地方誌專家洪卜仁先生在南京中國第二歷史檔案館發現民國三年（1914）連雅堂恢復中國國籍、更名連橫的原始檔案文書。甲午戰後，

---

[1] 參見拙文〈閩臺連氏源流考略〉，見《連橫學術思想暨學術成就研討會論文選》，海峽文藝出版社 1994 年版。

[2] 連橫，《臺灣通史》，商務印書館 1983 年版，第 733 頁。

[3] 鄭喜夫，《民國連雅堂先生橫年譜》譜前，臺北：商務印書館 1980 年版。

[4] 參見張紅、李坷、李堅，〈連戰之根〉，《港臺信息報》1994 年 4 月 3 日。

[5] 參見秦島、程楠，〈臺視跨海尋拍辜振甫、連戰祖籍地〉，《中國新聞》1993 年 6 月 16 日。

日本割佔臺灣，富於民族主義精神的連雅堂不願俯首充當日本殖民統治的順民，他在呈請內務部民治司恢復其中華民國國籍的願書中親筆書寫道「原籍福建龍溪縣馬崎社」[6]。這才重新恢復歷史的本來面目，連橫、連戰祖籍龍溪馬崎，終於確認無疑。

鄭喜夫《民國連雅堂先生橫年譜》據《上黨氏纂連氏族譜》及連橫手稿〈臺南連氏家乘〉，稱龍溪馬崎連氏分自長泰江都，其上源為漳平縣感化里和龍岩和睦里白泉鄉。1994 年 4 月在漳州市召開的「連橫學術思想暨學術成就研討會」特地組織與會學者到連橫祖籍地馬崎社考察，筆者從中發覺，對馬崎連氏上源存在歧異看法，尚有繼續考證的必要。馬崎連氏宗祠「思成堂」與附近的「詒燕堂」、「慶善堂」、「昭訓堂」等連氏各小宗祠堂，均奉明正統年間開基馬崎的連佛保為始祖，同時又奉宋代名臣連南夫為鼻祖。

《上黨氏纂連氏族譜》稱，馬崎連氏始祖佛保係分自長泰江都，乃奉母避難遷居長泰江都的連壘之長子[7]。馬崎連氏則承認佛保為開基始祖，但否認自長泰江都分支開來，並擡出宋人連南夫為鼻祖。鼻祖與始祖同義，即最早的祖先。佛保為明人，南夫為宋人，孰先孰後，一目了然。既奉佛保為始祖，復奉南夫為鼻祖，豈不自相矛盾。這就提出馬崎連氏上源的新問題：究竟誰是馬崎連氏真正的始祖？馬崎連氏是否分自長泰江都，抑或源於何處？為何既奉佛保為始祖，復奉南夫為鼻祖？

二

《長泰江都連氏族譜》歷代世系圖中可見三世祖時沖（佛保字）及其四子名字，均與《上黨氏纂連氏族譜》所載相吻合，不同之處在於時沖不是分往馬崎，而是前往臺南小腳腿[8]。光緒《漳州府誌》載，馬崎連氏俉有「家譜」。據該族人云，原藏有《萬松關馬崎連氏族譜》手抄

[6] 參見《港臺信息報》1995 年 3 月 16 日。

[7] 鄭喜夫，《民國連雅堂先生橫年譜》譜前，臺北：商務印書館 1980 年版。

[8] 參見王海僑，〈海峽兩岸骨肉情——江都連氏遷臺史略〉，《長泰文史資料》第 3 輯。

本，正楷謄錄，分正、副二本，由族中長輩二人保管，均已亡佚。惜無從與《上黨氏纂連氏族譜》、《長泰江都連氏族譜》及龍巖、大田、德化、沙縣、僊遊等地連氏譜牒稽核對接，馬崎連氏與長泰江都連氏是否存在分支衍派關係，尚有待於將來新的發現。

光緒《漳州府誌》卷五十〈紀遺〉載有：

> 連南夫，應山人。累官經略安撫使，知廣州。時金人歸河南地，南夫表賀有：「虞舜十二州，昔皆吾有；商於六百里，當念爾欺。」為秦檜所惡，謫泉州。尋隱於龍溪尚書峰之麓，後因名其葬地曰連山。南夫五世孫秀璿，字康居。據家譜所載，與文信國天祥，招募勤王，拒元兵於五坡嶺，一族戰死三十八人，而史不傳，忠義英靈，幾於磨滅，可勝浩歎。按，尚書峰之麓有連南夫墓碑，鐫寶謨閣學士，謨字恐誤。《文獻通考》載：「《奏議》二本，寶文學士連南夫著。」考寶文閣自治平間已置，而寶謨閣至嘉泰間始有此號，南夫之卒在紹興年間，似當以寶文為正也。

乾隆《龍溪縣誌》光緒五年補刊本卷十七〈人物傳〉、〈流寓傳〉亦有南夫因表賀開罪秦檜、謫知泉州、隱居終老並安葬於龍溪尚書峰麓的記載，文字幾與前引《漳州府誌》雷同。同治《福建通誌》卷一九三〈人物傳〉、〈宋僑寓傳〉連南夫條則顯係抄錄乾隆《龍溪縣誌》。乾隆《廣東通誌》卷三九〈職官誌〉僅記南夫知廣州、兼領廣南東路經略安撫使時事而已。前引邑誌所記南夫故宅墓葬早已無存。馬崎連氏宗祠「思成堂」收藏石碑一方，高約 1.5 米，寬約 0.8 米，正面鐫刻「宋寶謨閣學士任廣東經略安撫使諡忠肅連公墓道」，與府誌所記相符，碑陰銘文為：

> 霞漳連氏鼻祖諱南夫，宋學士，贈太子少傅，諡忠肅，應山人也。紹興間忤權相，官寓於漳，隱郡東尚書峰麓，丘墓在焉。詳龍溪邑誌。經六百餘年，乾隆丙申孟春，士瓊、天柱、宗英、蒼、士選等鳩族修封。宗英之子臚聲，為余弟庶吉士雲從婿，走書京邸屬記。余重其請，為揭碑陰，以垂不朽云。清賜進士出身、榮祿大夫、禮部尚書郡人蔡新撰。

　　連南夫，《宋史》無傳，嘉靖《應山縣誌》有傳，引自《中都誌》，惜所記過於疏漏簡略。宋人韓元吉，字無咎，開封雍邱人，門下侍郎韓維之子，龍圖閣學士，官至吏部尚書，晉封潁川郡公。元吉本文獻世家，乃程子再傳弟子，與朱子最善。其他詩詞酬酢者，如葉夢得、張濬、曾豐、陳巖肖、龔頤正、章甫、陳亮、陸遊、趙蕃諸人，皆當代勝流。故其學問淵源頗為醇正，文章矩矱亦具有師承[9]。其文集《南澗甲乙稿》卷十九收錄〈連公墓碑〉，乃於淳熙十一年應南夫長子龑之請而作。碑文對南夫生平事蹟考訂敘述甚詳，為瞭解南夫身世提供了寶貴資料與重要線索。其中不僅詳記其宦旅業績、終年月日、享年及安葬日期，尚可見南夫上至曾祖父、下至子孫較為完整的世系。惟其所記南夫終老處所及歸葬地與《福建通誌》、《漳州府誌》、《龍溪縣誌》所云大相徑庭：「公字鵬舉，年二十四進士……官至中大夫，贈左正奉大夫。娶王氏，鄰臣之女……男三人：龑，朝奉郎，權發遣邵州；穀，承奉郎，監秀州華亭縣袁步鹽場；瑩，承奉郎。女二人……孫男二，孫女九。」「紹興十三年正月二十六日終於福州寓舍，春秋五十有八。」「紹興十五年十一月十五日，葬於懷安縣稷下里崇福山之原」。「公蓋應[山]處士之曾孫也。處士德安人，諱舜賓，歐陽文忠公表其墓，所謂孝友溫文以教其鄉者，贈至金紫光祿大夫。其第三子諱庸，公之祖也。考則諱仲涉，贈至通議大夫。妣楊氏、高氏，贈淑人。……兄喆夫……」著名史學家、譜牒大家歐陽脩《居士集》中有〈連處士墓表〉，文曰：「連處士，諱舜賓，字輔之。其先閩人，自其祖光裕嘗為應山令，後為磁、郢二州推官，卒而反葬應山，遂家焉。處士少舉毛詩，一不中，而其父以疾廢於家，處士供養左右十餘年，因不復仕進。……處士生四子，曰：庶、庠、庸、膺。其二子教以學者，後皆舉進士及第。[10]」庶以尚書職方員外郎致仕，庠官至尚書都官郎中。歐陽脩自幼失怙，「生四歲而孤」[11]，時在大中祥符

---

[9] [宋]韓元吉，《南澗甲乙稿》，文淵閣四庫全書，紀昀等提要。

[10] 《歐陽脩全集》上冊，《居士集》卷二四，中國書店1986年版；並見[明]嘉靖《應山縣誌》卷下，〈藝文〉。

[11] [宋]蘇轍，《欒城後集》卷二十三，〈歐陽文忠公神道碑〉，上海古籍出版社1987年版。

三年庚戌。脩叔父曄，時任隨州推官，脩母攜脩往依之，遂家於隨，年少家貧[12]。按，漢置隨縣，西魏改隨州，南朝梁分隨縣地設永陽縣，隋改應山縣。德安府本漢江夏郡地，唐曰安州，宋宣和元年置德安府，治所在安陸縣，應山隸之。是故間或稱諸連為安州應山人、德安人也。歐陽脩「幼居隨州，嘗游連處士家，與二連相友善」[13]。「庶始與弟在鄉里，時宋郊兄弟、歐陽脩皆依之。[14]」「宋元憲公暨其弟景文公皆遊於處士門，而歐陽公交際尤密。[15]」歐陽脩與連家有通家世交之好，既作〈連處士墓表〉，又欲表庠墓，「然文未成而薨矣」[16]。《歐陽脩全集》中尚可見答連氏兄弟書簡七首[17]。

歐陽脩、韓元吉先後作〈連處士墓表〉、〈連公墓碑〉，前呼後應，互相補充。證諸宋人李心傳《建炎以來系年要錄》及明嘉靖《應山縣誌》、清光緒《德安府誌》，皆確鑿有據，翔實可信。由歐陽脩〈連處士墓表〉可知，舜賓生四男：庶、庠、庸、膺。韓元吉〈連公墓碑〉云，南夫係舜賓三子庸次孫，南夫考諱仲涉，兄喆夫。王莘〈連都官墓誌〉稱，連庠生二男：仲熊、仲熙。從張耒〈四賢堂記〉又可見連庶之孫端夫[18]。均符昭穆排行，無一有誤。相形之下，《龍溪縣誌》、《漳州府誌》、《福建通誌》有關連南夫的記載以及蔡新所作墓道碑則紕漏屢現，經不起推敲稽考，頗有捕風捉影、牽強附會之嫌。茲列舉數端：

其一，關於南夫的官銜、封贈、謚號。

紹興六年五月，南夫自提舉太平觀知廣州，旋領廣南東路經略安撫使，進寶文閣學士。「思成堂」所藏墓道碑鐫「宋寶謨閣學士任廣東經略安撫使謚忠肅……」、「贈太子少傅」，又將寶文閣誤作寶謨閣。相傳馬崎連氏宗祠及各小宗祠堂均用「兵部尚書」燈號，遍查史書，從未見

---

[12] 《歐陽脩全集》上冊，年譜，中國書店 1986 年版。

[13] [明]嘉靖《應山縣誌》卷上，〈職官〉。

[14] [明]嘉靖《應山縣誌》卷上，〈人物〉；並見《宋史》卷四五三，〈連庠傳〉。

[15] [宋]王莘，〈連都官墓誌〉，[明]嘉靖《應山縣誌》卷下，〈藝文〉。

[16] [宋]王莘，〈連都官墓誌〉，[明]嘉靖《應山縣誌》卷下，〈藝文〉。

[17] 《歐陽脩全集》下冊，〈書簡〉卷八一，中國書店 1986 年版。

[18] [明]嘉靖《應山縣誌》卷下，〈藝文〉。

南夫任兵部尚書。蔡新所撰碑銘亦未提及任兵部尚書事。當時高宗、秦檜一意求和，紹興十一年十二月，抗金名將岳飛被害；十二年七月，南夫以遽釋杜充之子杜嵓而落寶文閣學士；南夫終於紹興十三年正月二十六日，《建炎以來系年要錄》不見記載，對這位反對議和、力主抗金的名臣，貶官治罪猶恐不及，當然不可能有「太子少傅」之贈、「忠肅」之諡。

其二，關於南夫謫知泉州、隱居龍溪。

龍溪等誌云，南夫之隱居龍溪尚書峰麓，乃因表賀反對議和、為秦檜所惡，而謫知泉州。紹興七年八月，南夫因平定惠州曾袞之亂，「詔書獎諭，遷官一等」。「其帥嶺南，懼涉瘴癘，自誓不受俸給，以祈全家生還。及被賞進官，力辭不肯受」[19]。於是力請奉祠，乃於八年十一月提舉江州太平觀[20]。此係自請，並非落職。南夫一貫反對議和，紹興九年正、二月間，曾上封事、賀表，力主抗金，由是秦檜惡之[21]，終因釋放杜嵓而落寶文閣學士[22]，事情均在自請奉祠之後。南夫確曾知泉州，事在紹興三年至六年間[23]。南夫自紹興十一年己亥罷廣南東路經略安撫使知廣州，提舉江州太平觀，迄紹興十三年正月二十六日終於福州寓舍，未再復知泉州。其間知泉州者先後為趙思誠、趙鼎、林季仲、陳彥才、富直柔、汪藻[24]。確無南夫謫知泉州之事。至於隱居龍溪尚書峰麓，那就十分令人懷疑了。

另外，蔡新所作墓道碑文對南夫生平事蹟撰述過於簡略，疏漏紕謬如此，甚至未記南夫卒年，於通例不合。子孫後代居然連自家「鼻祖」生辰忌日都不清楚，亦於常理不通。歐陽脩、韓元吉均為當代名家大儒，

---

[19] [宋]韓元吉，《南澗甲乙稿》卷十九，〈連公墓碑〉；並見[宋]李心傳，《建炎以來繫年要錄》卷一一三，紹興七年八月丁未條。

[20] [宋]李心傳，《建炎以來繫年要錄》卷一二三，紹興八年十一月己亥條。

[21] [宋]李心傳，《建炎以來繫年要錄》卷一二三，紹興九年正月戊子條。

[22] [宋]李心傳，《建炎以來繫年要錄》卷一二三，紹興十二年七月癸卯條。

[23] [清]乾隆《泉州府誌》卷二六，〈文職官上〉；並見李心傳：《建炎以來繫年要錄》卷一二六，紹興九年二月壬申條。

[24] [清]乾隆《泉州府誌》卷二十六，〈文職官上〉；並見李心傳《建炎以來繫年要錄》卷一三五，紹興十年四月壬戌條、丁卯條。

或與諸連關係親密，所述言必有據，翔實可信。何況韓元吉嘗宦閩中，必不至南夫隱居終老葬於龍溪而未聞，更不至貿然將其終老處所誤作福州寓舍。《龍溪縣誌》、《漳州府誌》、《福建通誌》及蔡新所作墓道碑文均修撰於清代，距南夫所處年代十分久遠，故其撰述的可靠性很成問題。因此，當以韓元吉所作〈連公墓碑〉為是。

三

譜牒資料中蘊涵著正史和其他官方文獻不可能具有的豐富內容，對於研究社會經濟史、家族、宗族組織和制度、人口變遷、區域開發、民間意識形態和宗教信仰諸方面，特別是對明清以降的移民歷史與社會，都有重大的價值。這是人所共知的，也是毋庸置疑的事實。但因修譜的重要目的之一，是提高本宗、本族的社會地位。「氏族之譜……大抵子孫粗讀書者為之，掇拾訛傳，不知考究，抵牾正史，徒詒嗤笑。[25]」致使譜牒資料本身存在嚴重的錯誤與缺陷。著名史學家譚其驤故云：「天下最不可信之文籍，厥為譜牒。」並特別指出，「譜牒之不可靠者，官階也，爵秩也，皇帝作之祖，名人作之宗也。」[26]標榜出身顯赫高貴、血統純正，就連帝王顯宦亦不例外。如唐高祖李淵係出隴西胡族，卻自認老子李耳為祖宗；近人孔祥熙乃山西太谷人，則自詡山東曲阜孔子後裔。譜牒在補充正史記載不足方面既有其不容忽視的價值與不可替代的作用，但同時又存在某種程度不一的失實缺陷與局限。因此，譜牒不可不信，又不可全信。譜牒資料可以用，而且必須用。但切不可盲從，而必須認真考證，有鑒別地謹慎使用。譚先生在研究湖南人的由來時，為我們樹立了科學利用譜牒的榜樣，他對譜牒資料的真偽及其可靠性作出了合理的詮釋[27]：

　　而內地移民史所需求於譜牒者，則並不在乎此（按指上述譜牒中

---

[25] [明]黃宗羲，《南雷文案三集》卷一，〈淮安戴氏家譜序〉。
[26] 譚其驤，《長水集》卷上，〈湖南人由來考〉下篇，人民出版社 1987 年版。
[27] 譚其驤，《長水集》卷上，〈湖南人由來考〉下篇，人民出版社 1987 年版。

所記官階爵秩及攀附帝王名人作祖宗等記載），在乎其族姓之何時自何地轉徙而來。時與地既不能損其族之令望，亦不能增其家之榮譽，故譜牒不可靠，然惟此種材料則為可靠也。

就是說，譜牒中所述縹緲無稽的遠祖和郡望是不可靠的，必須捨棄。而時代較近的家族遷徙過程，通常是譜牒所在之某地始遷祖遷徙的起迄地、途經地，是比較可靠的，可以取這段材料來研究移民史。

各種譜牒中標榜的郡望和年代久遠、難以稽考的祖先名人，不少是虛偽的，不足為據。因此須將私家脩纂的家乘、族譜與官脩正史、方誌文獻、私人筆記文集等著述中的有關記載，以及墓葬碑銘、祠堂楹聯牌匾等文物遺蹟，乃至於口碑史料，互相參照，印證考核，去偽存真，去蕪存菁，方可避免其中的謬誤。攀附名人望族的現象在閩粵贛連氏譜牒中也有所表現，試舉數例：

福建省僊遊縣前連村《鳳阿連氏阿頭族譜》載，六世次系欽公「字舜賓，奉雙親卜居浙江，轉河南懷慶府濟源縣西鄉南姚村，改地名連福文，佔住一派。後生二子，其兄弟同榜進士。又考歷史上，即係湖北應山縣二連：兄庶，字君賜，舉進士，任壽春令，一縣大治，民稱連底清；弟庠，字元禮，舉進士，任宜城令，敏政嚴肅，民謂連底凍。可謂難兄難弟，其清風如此。」鳳阿連氏宗祠還有「絲綸世冑，清凍名家」；「清凍家聲光歷史，臺鉉世澤衍後人」等楹聯。歐陽脩《連處士墓表》云，「處士諱舜賓，字輔之。」「處士生四子，曰：庶、庠、庸、膺。」《阿頭譜》誤將舜賓附會為欽公表德。處士四子中以庶、庠名顯於世，而庸、膺則為《阿頭譜》所不知，故未收錄記載。嘉靖《應山縣誌》所收歐陽脩《連處士墓表》云，「處士以天聖八年十二月十四日卒，享年五十有九。」據此推算，當生於宋太祖開寶五年（972）。《阿頭譜》則謂欽公之兄銘公生於宋真宗天僖己未（1019），此誤顯矣。連氏難得出現這麼一位讓歐陽脩稱頌的名人，更加二連兄弟並號良吏，皆有政聲，名重一時。難怪會被《阿頭譜》攀附，引以為榮。《阿頭譜》始修於南宋建炎年間，後經元大德、清康熙、乾隆、同治數度重脩。《阿頭譜》附會舜

賓之誤，當係後人重修時所為。

　　無獨有偶，江西石城珠坑連氏族譜亦尊立舜賓之祖父光裕公為始祖。廣東省龍門縣龍江鎮嶺嘴八嶺旗村和廣東省龍川縣黃布鎮歐江連屋連氏族譜同奉光裕公為十世祖，並稱元仁宗時（1312-1320），光裕公之子進步、道步、達步兄弟三人自閩地遷居粵東潮陽惠州府長樂縣（今五華），然後分派廣東各地。[28]凡此種種，不辨自明，皆謬甚矣。

　　南夫果流寓隱居龍溪馬崎，有落籍傳宗接代長子孫者，南夫亦不應與佛保平起平坐。在佛保稱南夫為鼻祖尚可，而南夫豈能稱 300 年後的佛保為始祖？！馬崎連氏出現鼻祖、始祖並列的紊亂不合式現象，實在是個難解的迷。從蔡新所作墓道碑文可知，該墓係乾隆丙申（1776）孟春鳩族修封，此時已稱南夫為鼻祖。而馬崎連氏始祖佛保之墓係重修於康熙壬申（1692）[29]。清人張爾岐《蒿菴閒話》卷二曰：「近俗喜聯宗，凡同姓者，勢可藉，利可資，無不兄弟叔侄矣。此風大盛於唐，其時重舊姓，故競相依附。」竊以為，馬崎連氏尊南夫為鼻祖抑或是清初聯宗合族的結果，同樣屬於攀附名人之舉。南夫「其先閩人」，連氏不是大姓，宗支衍派相對沒有那麼複雜，南夫派系或與馬崎連氏存在某種血脈淵源關係亦未可知。但在發現更有力的證據之前，仍宜以長泰江都為馬崎連氏之上源。

---

[28] 參見連敏主編，《上黨連氏族譜集錦》，1994 年印行。

[29] 參見一夫，〈馬崎訪古記——關於連橫家世及祖籍地的調查〉，《現代臺灣研究》1993 年第 3 期。

閩臺江都連氏源流

福建省長泰縣江都村連氏播遷臺灣，主要聚居於臺北縣雙溪鄉（今新北市雙溪區）和臺南縣小腳腿（今臺南市柳營鄉篤農村）。臺灣海峽兩岸同樣的瞻依堂、三忠廟與舉人厝，見證著閩臺江都連氏一脈源流。

一

長泰縣東北部的江都村古稱崗兜，宋至清屬善化里，今屬枋洋鎮。江都村三面環山，中為谷地平原，龍潭溪穿村而過。長泰江都連氏尊四八公為始祖。四八，謚法進，原居龍巖和睦里白泉社（今屬漳平市），後徙居鄰近的感化里牛過路社。四八娶歐氏，生二子，長子壘，字大襲，號襄德；次子季，後遷居永春。明正統十四年（1449），因避「沙尤之亂」（按指沙縣、尤溪一帶的鄧茂七起義），連壘扶母徙居長泰縣，初居善化里崎岸社（今屬枋洋鎮江都村），而後傳衍江都村所屬各社。

長泰江都連氏族譜名《武安江都連氏族譜》，始修於明萬曆年間，第五世子奎公主修。清康熙五十年（1711），第十世廷選公重修。現存乾隆三十四年（1769）重修、嘉慶十六年（1811年）續修殘卷 12 冊。據清嘉慶十六年（1811）重修《武安江都連氏族譜》記載，連壘生於明永樂壬辰（十年，1412），卒於成化辛丑（十七年，1481），娶陳氏，傳三子：長子佛保，字時沖，生於景泰庚午（元年，1450）；次子佛祖，字時崇，號侃濟，生於景泰壬申（三年，1452），卒於嘉靖乙酉（四年，1525）；三子尾，字時美。佛保傳朝恩（孫）、朝遂（男）、朝燦（炯）、朝高（陸）四子，其後裔分衍江都、南安、龍溪、同安、臺灣等地。佛祖傳朝敬（寅）、朝賢（清）、朝敏（暢）、川、朝靜（仁）五子。朝賢傳明奎（通）、仲奎（迴）；朝敏傳子奎（偓）、道奎（儒）、儀奎（脩）；朝靜傳應奎（全）、育奎（田）。此「七奎」分七房，其後裔主要傳衍於江都，有後裔遷居外縣和臺灣、南洋等地。目前，江都連氏已傳至第二十四世，人丁興旺，蔚為望族。

明末清初，江都連氏佛保、佛祖的後裔相繼到臺灣各地定居謀生。有的從江都直接去臺，有的從江都遷外縣，後裔再遷臺，有的已成當地望族，人丁興旺。如臺北雙溪、臺南府城及柳營等地。江都連氏遷臺後裔，曾多次回故鄉江都續譜。據《武安江都連氏族譜》記載，明清時期由江都開基臺灣部分情況如下[1]：

江都連氏分派臺灣一覽表

世次	名　字	遷臺住地
八	操（伯充）	鳳山
九	陳、固（君貞）、炫、完（君完）、熊、陳、亨	鳳山
九	富	諸羅
九	部（君冊）、午	臺灣
十	岩、巍、軌（廷軾）、回	臺灣
十	鵬	臺南小腳腿
十一	忍、示、英、雄	臺南小腳腿
十一	宗、天賜	艋舺
十一	鑒	鳳山
十一	國盤	彰化
十一	鈸、沛、甘、帝、鍊、錧、錦、鏰（評）、漂、挺、赤、球、鐔（邦深）、鍁、榮祖、簡、冀、校	臺灣
十二	集、創、戾、象、暢、充（國盛）、淋（有容）、詔、恰、照、全、雅、秉、賽、認、錐、冒、天成、璧、瑳	臺灣
十二	淺	諸羅
十二	拙	三朝
十二	岐山、光美	艋舺
十二	火興、天一（生水）	彰化
十二	湘（國錡）	臺北雙溪
十三	元櫛、元橋（士樑）	臺北雙溪
十三	啟祥	彰化
十三	棫、文曲、文龍、福天、推、長、福、旺、晶、感、星、晲	臺灣
十四	聽、欽、灼華	臺灣
十五	玉麟	臺灣

長泰江都連氏祖祠「瞻依堂」始建於明代，屢有修建。瞻依堂坐西向東，依坡而建，大埕、廳堂逐層昇高。屋頂飛簷翹角，牆壁築以石板青磚。堂前設「三川門」，堂中留天井，後廳為退階構式，地板分兩層，前低後高，有三對圓木柱。樑間正中高懸「瞻依堂」匾額，堂中龕供祀

[1] 長泰江都連氏宗親理事會編，《長泰江都連氏誌譜》，2011 年印行，頁 639-642。

歷代先祖牌位；柱上楹聯：「父為作子為述由上黨連江都源頭初無二脈，祖有功宗有德自大田開長泰支派唯有一家」、「我家自昔本和睦，此地將來鼎高安」、「源頭由和睦和睦千秋，匾額樹瞻依瞻依百世」，寓意子孫登斯堂而興瞻仰之情，勿忘先人創業之艱，又勉勵後人銘記祖先故里，永葆骨肉深情。江都連氏瞻依堂前有二層大埕，下埕立有一座旗杆石臺，為舉人連日春所立。瞻依堂內懸掛福建巡撫丁日昌題贈北臺灣第一位舉人連日春的「文魁」匾額。

目前臺北雙溪和臺南小腳腿等地連氏聚居地，也建有同名的「瞻依堂」祖祠，也以江都村的郊墘、圳古頭、石倉、溪洲、東溪、倉後、田中間等地名來命名在臺灣的居住地，以誌子孫後代不忘祖地故土。兩岸江都連氏有著同樣的一首昭穆詩：「法襄時朝華（奎）鏘之奏（伯）君廷邦，國士昇華光世德，維思懋建克昌宗，斯文挺起家聲遠，毓秀鐘音慶澤長。」

早在 1988 年 11 月 27 日，臺南柳營小腳腿連氏就已返回長泰江都對接族譜。1997 年 4 月 10 日，受連戰宗長的委託，連四國率臺南連氏宗親會赴大陸省親團一行 18 人，回長泰江都尋根謁祖。之後，江都實業家連文成回訪臺南柳營小腳腿連氏宗親。近年來，兩岸江都連氏往來頻繁。

二

清乾隆四十六年（1781），江都連氏第十三世孫連元橋（字士樑），隨父湘、兄元櫛經廈門渡臺，居小雞籠，勤於墾種，漸成家業，後徙三貂九份洋開發。臺防同知仝卜年曾作〈脩三貂嶺路記〉[2]：

> 憶余宰高明時，林君方司鹺潯州，治皆兩粵之交，繡壤相錯，常得因公晤聚。領其言論，洞達諳練，宜蔣礪堂相國一見而許為幹濟才。未幾移守柳州，而余奉諱歸里，距今一星終且過矣。辛卯，

---

[2] [清]同治《淡水廳誌》卷十五，〈附錄一·文徵〉。

余通守蘭陽，路出新莊，乃知君賦閒後，為淡寓公。淡去蘭不遠，
遂匆匆就道。踰三貂嶺，見夫蠶叢萬仞，拾級而登，無顛趾之患，
欲悉其詳，求碑文不可得，咸嘖嘖頌君砌石之功不置。君義聲眾
著，費不訾無足異，獨異君與余盤桓竟日，凡蘭中之風土人情，
歷途之險易修阻，瞭若指掌，而於此不聞齒及，則君久視為固然；
而他類此者正多，又何足異？雖然，《記》有之：為民禦災捍患
則祀之，有功於民則祀之，以云報也。君即美報不期，口碑不朽，
後之人將勿以官斯土者為陋而嗤之！余生平樂道人之善，矧此舉
一力獨肩，深合禦災捍患，有功於民之義乎。今余赴任臺防，重
越三貂，為誌數言，俾履道者知所自焉。

是役也，鳩功於道光三年歲在癸未仲春，兩閱月而工竣。君名平
侯，號石潭，龍溪人。

　　這位道光三年（1823）修臺北三貂嶺路的漳州龍溪人林平侯，就是
大名鼎鼎的臺北板橋林本源家族的創始人。嘉慶末年，江都連氏十三世
連元橋率眾組成「連同興」墾號，開發北臺灣的三貂嶺、雙溪地區。在
擔任董事的 40 年裡，開荒拓植，發展農業；沿溪築壩，興修圳渠；開
三貂孔道，方便交通；同時，設市貿易，合力修築雙溪市，使之成為北
臺灣的經濟重鎮。連元橋墾拓北臺灣的事蹟，流傳遐邇。至今留有奉憲
示禁《嚴禁砍伐三貂嶺路樹碑記》[3]：

署臺灣北路淡水總捕分府、加十級、紀錄十次朱為示禁事：
本年三月初三日，據生員連日春、林俊英等僉稱：「切生等住居
三貂，該處所有三貂大嶺，逶迤十里，係淡、蘭來往必經之途，
羊腸鳥道，險峻非常。所幸綠陰夾道，遮護行人。詎邇來無知之
徒只顧利己，恣意燒林，將兩旁樹木漸行砍伐。遂使行者薰蒸之
苦而無陰涼之遮，舉步維艱，息濱無地。生等郡行經此，目擊心
傷。緣思蘭前憲徐，曾於轄內草嶺示禁，道旁左右留地三丈，不
準斬伐。三貂嶺倍□於草嶺，非蒙出示嚴禁，諭飭該處隘丁及總
董正副人等，嶺路兩旁留地，不準砍伐樹木。其已砍之處，不準
開墾，以俟萌芽之。生旅可以有賴，憲澤可以覃敷。伏乞恩準示

---

[3] 江都連氏宗親理事會編，《長泰江都連氏誌譜》，2011 年印行，頁 81。據原碑攝片校錄。

禁，嚴飭隘丁等著意看守嶺路樹木。遇有故違者，即當論止稟究，永遠遵行無懈。則此嶺樹之陰森，無異甘棠之蔽芾。遐邇被德，萬代公侯。切叩。」等情。據此，除批示外，合行三貂保等處衿者、總董莊正副、隘丁人等知悉：爾等須知，道旁留樹原為遮蔭行人。三貂嶺道路崎嶇，相距何止十里。若非樹蔭遮蓋，夏秋炎熱，行旅維艱。自示之後，該處路旁樹木，各宜加意保護。前經砍伐者，毋許開墾，俟其萌芽復生。未經砍伐者，不準再砍，以俟蔭庇。如敢故違，著該地總董莊正副責成巡嶺民壯隨時諭止。倘有不法頑民恃強不遵，仍然砍伐，許即扭稟赴轅，以憑究處。其各凜遵毋違！特示。

茲我眾等，恐示文久後毀壞，鳩集資費，爰立石碑，以垂永遠。咸豐元年五月，林□□、連合成、連初敬、林士彥、連同興、謝文根、莊恒茂、新雙源全立碑。

新北市雙溪區長安街頭有座臺灣島內唯一的「三忠廟」，供奉「大宋三忠王」文天祥、陸秀夫、張世傑為主神。長泰縣江都連氏始祖連法進為崇仰三忠公忠烈大義，特雕塑其神像奉祀，以教誨後代子孫效法。由於原鄉戰亂頻仍，他帶領家人以竹簍挑三忠公神像及連家祖先神主牌位逃難到長泰縣江都鄉，因途中未帶武器，卻能安全脫險，認為是三忠王庇佑所致，故代代相傳，奉為恩主。乾隆四十六年（1781），江都連氏十三世連元橋率眾東渡臺灣，翻山越嶺，發現雙溪大片荒野，乃定居開墾。並引祖先連襄德公在江都西山南侖崙上建的三公廟香火入臺，在定居地雙溪造「土角茅屋」供奉三公神祇。同治七年（1868），連日春倡議，於現址新建三忠廟，奉祀文天祥、張世傑、陸秀夫三公。三忠廟從此成為雙溪地區的民間信仰中心，至今與祖地長泰江都的三公廟同樣，香火旺盛。

三

連日春（1827-1887年），又名季春，字藹如、華魁，號笑山，江都連氏第十五世「華」字輩，生於臺北雙溪，連元橋之孫。連日春曾多次

返回祖地長泰江都求學，他親筆題書的〈募建敬聖亭小引〉至今完好地
保存在江都村玉珠庵的粉牆上：

> 寰中皆陋境也。自字成鳥跡，精泄龍潛，雨粟祥呈，結繩政易，
> 遂以洗乾坤之陋而煥乎文章矣。
>
> 獨慨祖龍御宇，欲王天下人，收百家書於咸陽而火之，此上下千
> 古之奇禍也。雖然，火能為禍，亦能為功。斷簡殘篇，委諸草莽，
> 單詞隻字，辱在泥塗，蠢蠢者類皆然矣。與其棄而躪之，何若焚
> 而化之。未付清流，先投烈焰，此敬聖亭之所由設也。
>
> 江都千百家，泰東一大村落也，吾宗居此殆五百年。山溪奚谷雄
> 奇之勝，非無磊落英多者，出而黻黼簪纓，終焉寢之，安知非敬
> 聖一道缺而不講者乎？讀聖賢書即不能本所學而措理家國，奈何
> 並此區區分內事而亦忘之。今諸先生長者悉躍躍有是心，謀諸族
> 人，亦多出鏹相助。予贊而成之，卜地於清溪之崖，奇石森列，
> 遠峰聳秀，甚得所焉。揆諸形勝以及諸先生長者尊文惜字之心，
> 族人好義集腋成裘之意，是吾鄉大轉貴之機也。弁數言，預為吾
> 宗賀。
>
> 公鬱公獻地一所，綸如捐銀四元，請講、文真、懷環、國器、傳
> 吾、淇沃各捐銀二元。懷德、懷盛、光前、加摻各捐銀一元二角。
> 藹如、六振、梧桐、春華、寶球、國謹、正德、明卿、朱弁、士
> 典各捐銀一元。容丹、老彪、新權各捐銀三錢二分。四箴、文足、
> 興、甯安、興公、花梅、綱滿、新短、士容、士杼、儀奎公、初
> 慶、清藻各捐銀五角。登莘、金興號各捐錢四百。四狀捐錢四百
> 六十。士螺捐錢三百。晴光捐錢二百四十。士果捐錢一百七十。
> 東吳、文旦、玉燕、士澳各捐錢一百二十。大致捐錢三十六文。
> 咸豐拾年捌月　日，庠生連日春序。

連日春後就學臺灣仰山書院，師從「臺北文宗」陳維英。光緒二年
（1876），連日春赴省垣福州應試中舉，成為北臺灣地區第一個舉人，
福建巡撫丁日昌題贈「文魁」匾額。光緒十年（1884），連日春等人協
助臺灣軍務大臣劉銘傳抗擊侵臺法軍，制定「放棄基隆、集中兵力、扼
守淡水」的軍事戰略，籌措糧餉，組織團練、修築工事，立下功勳。

位於江都寨倉仔的衍慶堂，始建於清順治元年（1644），光緒二年（1876）重修。衍慶堂供奉初之、真之及祖妣，是遷居臺北雙溪的江都連氏認祖歸宗寶地。裔孫連日春由臺北返鄉求學曾居住該處，後來高中舉人，衍慶堂因此俗稱舉人厝。衍慶堂坐西向東，土石木結構，二進式，兩廳八房，中留天井，佔地面積 320 平方米，建築面積 187 平方米。整體構築樸素大方。牆體用「土塊」壘砌，天井用鵝卵石鋪底，樑檁未飾精美木雕，體現了山區古大厝特色。門口石埕上有旗杆石臺，係光緒二年（1876）臺北雙溪連日春中舉後回江都所立，至今保存完好。對聯：「衍椒聊而碩大經文緯武家聲振，慶瓜瓞以無疆毓秀鐘英世澤長。」

現臺北雙溪也有連日春故居舉人厝。雙溪境內多山，牡丹溪與平林溪在境內匯合，故得名雙溪，被林衡道先生譽為「山中的威尼斯」。沿著雙溪區太平路直走，經過平林橋和雙溪高中不遠，就可見到連舉人古厝。連日春中舉後榮歸故里，當年清廷欽命提督鎮臺總兵劉明燈巡察噶瑪蘭（今宜蘭縣），路過雙溪時，親自登門拜訪連舉人。後人將連日春宅第稱為連舉人古厝。連舉人古厝為閩南傳統三合院，兩旁房舍倒毀，未重建，除了屋頂改建過，其他大體保持原貌。古厝門當、牆面石雕、仿竹石窗、木雕草尾拱均極有古趣。正廳門上懸掛福建巡撫丁日昌題贈的「文魁」匾額，左右門對「藏豹」、「仰貂」，右牆面卷軸式的「出忠」，左牆面卷軸式的「入孝」，繪畫與浮雕結合得很精緻。連日春不僅在宅第前建旗桿座，還專程回到長泰江都告慰先祖，同樣在瞻依堂祖祠門口大埕上豎石旗桿，在祠中懸掛「文魁」匾。

閩臺民間信仰蠡測

——《閩南民間信仰》代序

民間信仰或多或少都帶有宗教成份，顯然屬於廣義的宗教範疇。嚴格意義上的宗教，如佛教、道教等既成宗教、制式宗教、寺院式宗教，必定與信仰有關，而信仰則未必都是宗教。二者既存在密切的聯繫，又有所區別。一般民間信仰只要約定俗成，並無嚴格的規定限制；而宗教則是規範的信仰崇拜，必須具備一定的條件。各種宗教都自有一套比較完整的理論體系或倫理道德規範為其文化內涵，並以一定的經典教義、宗派組織、教規教儀為載體，方能獨樹一幟，自成體系。所謂民間信仰，「應該是除了既成宗教如儒釋道三教以及新興教派之外，屬於庶民的、擴及庶民生活各層面的信仰。[1]」「是以祭拜天地鬼神之信仰需求展開的公眾祭祀為主，間以一些個體性的求神問卜行為。[2]」李亦園先生則以相對於「制度化宗教」的「普化宗教」來指稱民間信仰：「所謂制度化的宗教是指有系統化的教義與經典，有相當組織的教會或教堂，而且其宗教活動與日常生活有相當程度隔開的宗教」；「所謂普化宗教又稱為擴散的宗教，亦即其信仰、儀式及宗教活動都與日常生活密切混合，而擴散成為日常生活的一部分，所以其教義也常與日常生活相結合，也就缺少有系統化的經典，更沒有具體組織的教會。」

> 百分之八十以上臺灣居民的宗教都是擴散式的信仰，一種綜合陰陽宇宙、祖先崇拜、泛神、泛靈、符籙咒法而成的複合體，其成分包括了儒家、佛家和道家的部分思想教義在內，而分別在不同的生活範疇中表明出來，所以不能用「什麼教」的分類範疇去說明它，因此宗教學者大多用「民間信仰」或「民間宗教」稱之，

---

[1] 林美容編，《臺灣民間信仰研究書目·臺灣民間信仰的分類》，中研院民族所 1991 年 3 月，頁 X。

[2] 林美容編，《臺灣民間信仰研究書目·臺灣民間信仰的分類》，頁 VIII。

而絕大多數人的宗教信仰都應屬於這一範疇……[3]

　　宗教有拜物教、拜神教之分，一神教、多神教之別。中華民族尤其漢族是個多神信仰的民族，漢族多神信仰的特點，突出表現為因地而異的民間信仰、品類眾多的地方神系列。漢族多神信仰的原因，既與漢人分佈地域廣闊、地理環境差異而帶有相對獨立性有關，更因漢民族不斷發展歷史過程中所形成的兼容並蓄文化傳統。閩南是一個移民社會，由於獨特歷史、地理諸因素的作用，閩南既傳承了中原民間信仰的傳統，同時又帶有鮮明的閩南地方特徵。閩南移民在向外遷徙的過程中，又把閩南民間信仰廣泛傳播到臺灣和南洋各地。「臺灣孤懸海外，為我先民遠涉重洋，篳路藍縷，斬荊披棘，以啟山林，備盡辛勞，慘澹經營，遂成此一新園地。初期移民，雖多來自閩粵兩地，惟民間信仰，經久遞嬗，既非故土之直接延續，而具有其獨特性。蓋被臺灣之地理環境與歷史背景所孕育故也。[4]」臺灣民間信仰固然具有某些自身的特點，但因閩南與臺灣兩地地緣、血緣上親近，閩南移民在開發臺灣歷史過程中發揮了特殊的作用，臺灣民間信仰不能不深受閩南民間信仰的影響。宗教信仰在其形成發展過程中離不開對一定歷史背景下的整個文化的不斷融化吸收，宗教文化的發展傳播是一個不斷適應整個文化的發展而進行重構的過程。民間信仰與宗教同樣具有濃厚歷史傳統文化的積澱，閩南民間信仰在影響臺灣民間信仰的同時，充當了在臺灣傳播閩南文化的重要橋樑。

　　「民間信仰界說，迄無定論，莫衷一是。臺灣情形，更呈錯綜複雜，一言以蔽之，乃初期移民所信奉，極富地方色彩之日常信仰。」劉枝萬先生接著對臺灣民間信仰之主要功能、分類及其產生原因概述如下：「其卓越信仰，尤反映於守護神之功能面，較為明顯。渡臺先經風浪之險，必祈佑於護航神，此其一。抵臺即遭瘴癘，水土不服，需求護於保健神，此其二。就地開墾，難免原住民抗拒，阻力頗大，因而託庇於驅番神，

---

[3] 李亦園，《文化的圖像》下卷，允晨文化實業股份有限公司 1992 年版，頁 180。
[4] 林美容編，《臺灣民間信仰研究書目》，劉枝萬序，頁 I。

此其三。開疆闢土，應有開拓神保佑，順理成章，此其四。初墾成功，並祈五穀豐登，合境平安，乃祀土地神，此其五。迨莊社發展，偶因細故，發生摩擦，導致分類械鬥，更須藉地緣關係，團結鄉黨，以拒外侮，於是崇祀鄉土神，此其六。因為開發艱難，犧牲特多，枯骨遍野，助長信鬼尚巫之風，厲神崇拜有加，此其七。隨著社會進步，環境愈趨繁複，世態變易，感觸日多，祈禱救苦神，解脫苦海，乃是常情，此其八。[5]」在閩南和臺灣民間信仰中，經常鳩占鵲巢、相安並祀、共用香火，出現佛道不分、歸屬混亂的現象：東嶽廟、城隍廟和玄天上帝廟等本屬道教宮觀，有些地方卻混雜供奉佛像，或由僧人住持；清水祖師本是和尚，但在臺灣，「清水祖師被認為是亦佛亦道的神明」[6]。

　　臺灣的宗教、民間信仰幾乎全和大陸有關，大多由移民傳自一水之隔的閩南、粵東，與閩南關係尤為密切。寺廟宮觀林立，神靈眾多，信徒廣泛，是臺灣社會一大特色。據臺灣「內務部」1987 年 1 月統計，全臺共有各種宗教信徒 598 萬餘人，占當時臺灣總人口的 31%；登記在案的各種寺廟和教堂為 11,757 座，未進行法人登記的有 2 萬多家；全臺共有神靈 300 多種，其中 80%是從福建分靈過去的[7]。臺灣民間信仰既有自然崇拜，也有神靈崇拜，而以神靈崇拜為主。臺灣民間信仰的神靈崇拜大多與閩南有關，從而形成臺灣民間信仰最重要的特徵，即閩臺民間信仰的關聯性、共同性、從屬性。臺灣民間信仰的神靈，諸如天公、觀音、孔子、文昌、財神、灶神、八儡、各行業神及其他天神，土地公、地獄神、有應公、義民爺及其他自然、動植物神靈，等等，絕大多數可以從閩南民間信仰中找到其原形。在臺灣民間信仰林林總總的眾多神祇中，以媽祖、王爺、保生大帝、臨水夫人、開漳聖王、清水祖師、三平祖師、廣澤尊王（郭聖王）、靈安尊王（青山王）與關帝、城隍等最具典型，最有特色，最能體現臺灣與閩南民間信仰之間的歷史淵源關係。

---

[5] 林美容編，《臺灣民間信仰研究書目》，劉枝萬序，頁 I。
[6] 轉引自宋光宇，〈臺灣民間信仰的發展趨勢〉，見張炎憲主編，《歷史、文化與臺灣——臺灣研究研討會五十回紀錄》下冊，臺灣風物雜誌社 1988 年版，頁 374-375。
[7] 參見林其泉，《閩臺六親》，廈門大學出版社 1992 年版，頁 150。

媽祖是福建特產的世界級航海保護神，福建移民自然把祖籍地的媽祖奉為橫渡臺灣海峽、戰勝驚濤駭浪的首選保護神。開發臺灣之初，瘴氣癘疫橫行，於是驅瘟之神王爺、專業醫神保生大帝、婦幼保護神臨水夫人，這些閩南民間信仰神祇備受閩南籍移民崇奉。大陸渡臺移民以閩南、粵東為眾，尤以閩南的泉州、漳州二府佔絕大多數。閩南籍移民紛紛將祖籍地的神祇奉入臺地，作為團結本府、本縣移民的鄉土保護神。泉屬移民多奉祀清水祖師、廣澤尊王、靈安尊王；漳屬移民則奉祀開漳聖王、三平祖師。有些原來隸屬儒釋道的神祇，如清水祖師、三平祖師原來都是禪師，演變為民間信仰。傳入臺地後，成為祖籍地移民的鄉土保護神，如臺灣各地龍山寺和彰化元清觀成為泉屬移民的信仰中心。這種情況突出表現在臺灣的關帝、城隍信仰中，是閩南與臺灣民間信仰淵源之深又一典型例證。關帝本是儒釋道三教共祀的全國性顯赫神祇，由於臺灣各地關帝廟多分自泉州通淮關岳廟和漳州東山銅陵關帝廟，因此成為泉漳二府各屬移民的保護神，也是閩南籍移民最普遍的一種民間信仰。城隍廟向為官設，雖然京城與省、府、州、縣城隍爵秩品位有差，但各地城隍都有固定的轄境，互不干涉，因此城隍信仰崇拜從來並無分爐、分香、分靈之說。但閩臺城隍信仰崇拜卻打破了這一慣例定制，屢屢出現私設、分爐、分香之舉。晉江永寧衛城隍於明嘉靖倭亂中移駕尚無建城的石獅，後又分靈各地，均屬私設。隨著大量移民渡臺，永寧石獅城隍香火又分爐彰化鹿港分府城隍。無獨有偶，臺灣還有眾多的清溪（安溪）城隍分香子廟。聞名遐邇的臺北市大稻埕松山霞海城隍廟，或說是清溪（安溪）城隍廟分爐[8]，或說分自同安縣五鄉莊[9]。凡此種種，總而言之，臺灣民間信仰與閩南民間信仰同根同源，一脈相承，密不可分，處處體現了海峽兩岸之間親密的人文歷史淵源。

如果說宗教是因超凡脫俗的深邃哲理而頗具感召力，那麼民間信仰

---

[8] 劉枝萬，《臺北市松山祈安建醮祭典》，中研院民族所專刊之14，頁28。
[9] 參見迫云燕，《臺灣民間信仰諸神傳》，逸群圖書有限公司1984年版，頁316；李祖基，〈城隍信仰與臺灣歷史〉，《臺灣研究集刊》1995年第3期。

則是以貼近民間、深入生活、富於鄉土氣息的草根性、人情味而永葆其
旺盛生命力。民間信仰以其存在的廣泛性、民眾性而在宗教信仰範疇中
佔有不可替代的位置，無疑是瞭解和溝通臺灣海峽兩岸宗教文化聯繫的
重要途徑，有利於消除海峽兩岸人民思想認識方面存在的某些差距與隔
閡。臺灣民間信仰蘊涵著中華民族傳統歷史文化的積澱，寄託著祖國大
陸移民及其後裔對故鄉故土的無限思念，是臺灣同胞血緣鄉土情節的外
在表現。如前所述，閩南民間信仰在祖國大陸移民開發臺灣歷史過程中
發揮了特殊的積極作用。當外族入侵時，臺灣民間信仰的民族意識表現
得尤其顯著，很能體現臺海兩岸共同的民族文化心理，這是民間信仰民
眾性、民族性的集中體現。臺灣民間流傳著中法甲申滬尾之役中，霞海
城隍和清水祖師派神兵助戰，驅走法軍的傳說[10]。日本據臺時期，奉行
殖民同化政策，極力推行「皇民化運動」，妄圖在臺灣消滅中華文化，
泯滅臺灣同胞的民族意識，割斷臺灣人民與祖國大陸的精神、文化淵源
關係。正因為民間信仰具有強烈的民族意識，日本侵略者以臺灣民間信
仰的普化現象為口實，發起了摧殘臺灣民間信仰的「寺廟神昇天運動」，
企圖以日本神道教及其神社取代臺灣民間信仰的神祇與廟宇。「被其廢
棄之神像，有福德正神、開漳聖王、關聖帝君、三官大帝、天上聖母、
五穀神農大帝、義民爺、玉皇大帝、保生大帝、三山國王、大眾爺、齋
教龍華派開祖羅祖師等。其他祖公會、神明會等。[11]」臺灣同胞則針鋒
相對，借助傳統民間信仰表達對日本殖民統治的反抗，寄託對祖國大陸
的眷戀。臺南學甲慈濟宮每年農曆三月十一日都隆重舉行弘揚民族精
神、遙祭大陸祖廟暨列祖列宗的「上白礁祭典」，連綿 300 餘年，從不
間斷。該宮還有一塊「我臺人士祖籍均係中國移來」的石碑保存至今。
臺灣同胞就是這樣通過民間信仰來維繫與祖國大陸血濃於水的民族意
識和鄉土情節。

　　有臺灣學者以社會組織形態的觀點，將臺灣民間信仰分為個體性的

---

10 參見劉還月，《臺灣民俗誌》，洛城出版社 1986 年版，頁 97；[清]楊浚，《清水巖誌》卷四。
11 《重修臺灣省通誌》卷三，〈住民誌·宗教篇〉，頁 1007。

民間信仰與群體性的民間信仰（指地方社區或區域性人群之公眾的祭祀組織與活動）兩大類。群體性民間信仰又包含祭祀圈——「地方居民因共同的對天地神鬼之信仰而發展出來的義務性的祭祀組織」和信仰圈——「以一神為中心的區域性信徒之志願性的宗教組織」。[12]臺灣各類民間信仰廟宇多以主祀神為主，分別組成多種廟團或聯誼會等，以組織各信仰圈的建醮、進香、迎神等民間信仰活動。「臺灣有一些歷史悠久的廟宇發展成為進香中心，在各地有很多分香子廟，信徒常來進香，具有觀光廟的性質，譬如北港朝天宮、新港奉天宮、臺南天后宮、鹿港天后宮成為媽祖的進香中心，南鯤鯓代天府、荷婆崙的霖肇宮、水裡巷的福順宮是王爺的進香中心，松柏嶺的受天宮是玄天上帝的進香中心。[13]」而臺灣這些民間信仰宮廟和神祇的祖宮祖廟大多在閩南，都是閩南祖廟的子孫廟，臺灣與閩南民間信仰同屬一個信仰圈和祭祀圈。

自 1987 年 11 月臺灣當局開放臺胞赴大陸探親、觀光旅遊以來，隨著「探親熱」、「大陸熱」、「尋根熱」的不斷昇溫，臺灣各寺廟團體、神明會紛紛組織信徒，前來閩南進香朝聖、尋根謁祖，或捐資捐款，重修重建祖廟，掀起了一波又一波的媽祖、王爺、關帝、保生大帝、開漳聖王、清水祖師、三平祖師、臨水夫人等民間信仰宗教朝聖旅遊熱；到東山銅陵關帝廟掛香（刈香）的臺灣各地關帝廟多達 300 多座；每年都有 10 萬左右的臺胞信眾到莆田湄洲島媽祖祖廟進香朝聖；到白礁、青礁慈濟宮和泉郡富美宮、同安馬巷池王宮尋根謁祖的臺灣各地宮廟信徒絡繹於途；臺灣「法主公」諸宮觀信徒朝拜並重修德化石牛山石壺祖殿。廣大臺灣同胞對祖國故鄉根土文化的熱忱追尋，說明閩南民間信仰作為中華民族傳統文化的有機組成部分，具有強大的生命力，無疑是一股不可忽視的民族向心力和凝聚力，閩南與臺灣之間地緣、血緣及歷史文化上源遠流長的親密關係是任何人、任何力量都無法分割的，任何企圖使臺灣脫離祖國的離心傾向是包括臺灣同胞在內的海峽兩岸中國人共同反對

---

[12] 林美容編，《臺灣民間信仰研究書目‧臺灣民間信仰的分類》，頁Ⅸ。
[13] 林美容編，《臺灣民間信仰研究書目‧臺灣民間信仰的分類》，頁Ⅷ-Ⅸ。

的。

　　閩臺民間信仰宗教朝聖旅遊作為海峽兩岸一種民間文化交流，既是對外開放的必然產物，也是發展兩岸民間文化交流的客觀需要。因此，有必要有計劃有步驟地逐步恢復、修建一些對閩臺民間信仰歷史淵源有重大影響和有重大文物價值的宮觀廟宇，供臺胞回鄉探親尋根謁祖、晉香朝拜。這不但是當前發展宗教朝聖旅遊觀光事業的需要，也有利於增進海峽兩岸民間文化交流，加深同胞血脈親情。近年來，海峽兩岸民間文化交流得力於民間信仰者甚多。1994 年，由福建省考古博物館學會與臺南鹿兒門聖母廟聯合在臺舉辦規模空前的「媽祖信仰民俗文物展」，吸引百萬臺胞前往參觀；1995 年，東山銅陵關帝廟關帝神像等文物赴臺巡展，廣大信眾頂禮膜拜；1997 年，湄洲祖廟媽祖金身出巡臺島 100 天，臺島上下萬人空巷。此類民間信仰文化交流活動，有利於消除海峽兩岸人民思想認識方面存在的某些差距與隔閡。到湄洲媽祖廟朝聖的臺胞已超過百萬人次，其中有兩次由海上直航湄洲的大規模朝拜活動。1994 年 4 月「千島湖事件」後，臺灣當局禁止臺胞赴大陸觀光旅遊，而到湄洲祖廟拜媽祖卻無法限制。形成了海峽兩岸「官不通民通，民通以媽祖為先」乃至「宗教直航」的局面。另一突出事例是，1994 年 5 月，廈門金蓮陞高甲戲劇團叩開關閉 45 年之久的金門之行，這轟動一時的文化盛舉即以金門城隍爺誕辰慶典活動為契機[14]。

　　毋庸諱言，由於民間信仰的普化性、隨意性，民間信仰通常表現為良莠雜陳。民間信仰畢竟屬於民眾性的低層次宗教文化，不免包含某些荒誕、落後的因素和某些應革除的陋俗，帶有較濃厚的迷信和封建宗派色彩。如何正確對待海峽兩岸民間信仰文化交流中或多或少勢必與之俱來的消極負面影響，是個無法迴避的現實問題。宗教作為一種社會現象將繼續長期存在，因此必須貫徹落實宗教信仰自由政策，積極引導宗教與社會相適應，但決不能放任其自流。民間信仰從屬於宗教範疇，海峽兩岸民間信仰文化交流必須在宗教信仰自由政策的指導下進行，要有利

---

[14] 參見郭竇林，〈何日重相見　樽酒慰離顏〉，《廈門日報》1994 年 7 月 2 日。

於社會建設與社會進步。在海峽兩岸民間信仰文化交流中,有些農村城鎮濫修廟宇成風,神棍、巫師死灰復燃,甚至出現境外反動會道門組織等敵對勢力的滲透活動。針對這一情況,必須加強管理和宣傳教育。應當繼承和弘揚閩南民間信仰所蘊涵的中華民族傳統歷史文化合理內核,汲取精華,剔除糟粕,盡可能減少、消除海峽兩岸民間信仰文化交流中的消極負面影響,使海峽兩岸民間信仰文化交流與學術研究朝著健康的方向發展。

歷史上,閩南的區域範圍不一而同,除了泉州、漳州二府,還曾經包括興化府和龍岩州、永春州、大田縣。本書原則上以現行政區劃泉州、漳州、廈門三市為限,但在追溯淵源緣起時偶爾會有所越出。否則,不能很好地反映歷史原貌,對有些神祇難以作出合理的解釋。「閩俗好巫尚鬼,祠廟寄閭閻山野,在在有之。[15]」尤以閩南為甚。閩南人「敬神如有神在」,「寧可信其有,不可信其無」,簡直達到如癡如醉的地步。明代龍溪人張燮《清漳風俗考》云:「每梵宮有所修葺,金錢之施,不呼而滿。然多不媚道而佞佛,人家祈禳置場甚尊,膜拜甚虔,焚香作供甚備,然又不信僧而信巫,此其不可解者。」清道光《廈門誌》引述謝肇淛《五雜俎·人部》:「吳越好鬼,由來已久。近更惑於釋、道。一禿也,而師之、父之;一尼也,而姑之、母之。於是邪怪交作,石獅無言而稱爺,大樹無故而立祀;木偶漂拾,古柩嘶風,猜神疑偃,一唱百和。酒肉香紙,男婦狂趨。平日捫一錢,汗出三日,食不下嚥。獨齋僧建剎,泥佛作醮,傾囊倒篋,罔敢吝嗇。[16]」趙宋王朝因神設教,因此出現了一個全國性的造神運動。宋代是福建開發史上十分重要的時期,由於顏師魯、梁克家、曾從龍、莊夏和蔡襄、朱熹、真德秀等閩籍名宦的鼎力推崇褒舉,在朝野官民的互動作用下,閩南民間信仰中最著名的海神媽祖、醫神吳真人於是應運而生。閩南村社俚俗民間信仰,不少曾經國家誥封,列入官方祀典,地方名宦大儒虔誠致祭。民間信仰宮廟與宗祠曾

---

[15] [明]黃仲昭,《八閩通誌》卷五八,〈祠廟〉。
[16] [清]道光《廈門誌》卷十五,〈風俗記〉。

經長期作為閩南地方政治、經濟、文化的中心，在閩南和臺灣歷史發展
過程中起到了不可替代的顯著作用，沒有這些民間信仰宮廟是不可想像
的。「在沒有實施近代行政制度的時代裡，寺廟是一種具有權力與武力
的村落自治機關，在都市里就是各行會的自治機關。……臺灣一向就是
以一村必有一廟為原則，村落住民都是以廟的當然信徒自居。[17]」在閩
南又何嘗不是如此，每個村社都有各自的社廟、社火——有些分屬各個
角落，有的則為若干村社共有。民間信仰不僅與民眾日常生活習俗息息
相關，而且直接影響社會倫理道德觀念與價值取向。其中遺存、折射著
昔日輝煌的歷史記憶，實乃閩南民眾精神歸依所在，是一筆彌足珍貴的
非物質文化遺產。

　　閩南泉州、漳州二府各縣通常都有一兩種靈響卓著的神祇，諸如泉
州花橋慈濟宮「花橋公」、通淮關岳廟帝爺公和富美宮蕭阿爺，清溪（安
溪）城隍廟城隍和蓬萊清水巖清水祖師，南安鳳山寺郭聖王和羅溪坑口
宮田都元帥，惠安青山宮青山王，德化石壺祖殿法主公，晉江青陽石鼓
廟正順王和永寧、石獅城隍廟城隍公，同安馬巷元威殿池王爺和灌口鳳
山祖廟二郎神，廈門石獅王，金門牧馬侯和風獅爺，雲霄、漳浦的威惠
廟開漳聖王，平和三平寺三平祖師，東山銅陵關帝廟關帝爺，等等。關
帝、媽祖、保生大帝等神明則是閩南各地共同奉祀的，但其中又有所差
別，甚至有不同的稱呼。如媽祖有湄洲媽、溫陵媽、銀同媽之分，保生
大帝則有青礁慈濟東宮、白礁慈濟西宮乃至南宮、北宮之別。有時同樣
的稱呼，卻是完全不同的神明，如「帝爺公」一般指關帝爺，有時指玄
天上帝。聖王公通常指廣澤尊王郭忠福，有時指開漳聖王陳元光。但南
靖船場的赤坑頭聖王廟和龍水頂樓聖王廟，聖王公卻是開閩王王審知[18]。
還有各種各樣的社公、社媽，王公、王母，儡公、儡姑，恩主公、夫人
媽……因此，閩南民間信仰絕不僅僅是泉州、漳州二府所屬各縣民間信
仰的簡單相加。據統計，泉州市鯉城、豐澤、洛江三區共有民間信仰廟

---

[17] 林衡道著，馮作民譯，《臺灣的歷史與民俗》，青文出版社 1978 年版，頁 148。
[18] 參見林嘉書，《南靖與臺灣》，華星出版社 1993 年版，頁 323、339。

宇 310 多座；漳州市共有民間信仰廟宇 2806 座；廈門市共有民間信仰廟宇 1524 座，其中廈門島內 211 座。《閩南民間信仰》一書在全面反映閩南民間信仰概貌的基礎上，從中選擇最具代表性的宮廟和最有閩南特色、有專廟奉祀的神祇著重予以介紹。力圖從民間信仰的視野體現閩南與臺灣之間深遠密切的歷史文化淵源關係，展示民間信仰這一海峽兩岸人民共同的精神文化家園。

閩臺保生大帝信仰圈與慈濟祖宮祭祀圈的交叉重疊

　　有臺灣學者以社會組織形態的觀點，將臺灣民間信仰分為個體性的民間信仰與群體性的民間信仰（指地方社區或區域性人群之公眾的祭祀組織與活動）兩大類。群體性民間信仰又包含祭祀圈——「地方居民因共同的對天地神鬼之信仰而發展出來的義務性的祭祀組織」和信仰圈——「以一神為中心的區域性信徒之志願性的宗教組織」。[1]臺灣各類民間信仰廟宇多以主祀神為主，分別組成多種廟團或聯誼會等，以組織各信仰圈的建醮、進香、迎神等民間信仰活動。「臺灣有一些歷史悠久的廟宇發展成為進香中心，在各地有很多分香子廟，信徒常來進香，具有觀光廟的性質，譬如北港朝天宮、新港奉天宮、臺南天后宮、鹿港天后宮成為媽祖的進香中心，南鯤鯓代天府、荷婆崙的霖肇宮、水裡巷的福順宮是王爺的進香中心，松柏嶺的受天宮是玄天上帝的進香中心。[2]」其實這些臺灣民間信仰宮廟和神祇的祖宮祖廟大多在閩南，都是閩南祖廟的子孫廟，臺灣與閩南民間信仰同屬一個信仰圈和祭祀圈。保生大帝信仰圈與慈濟宮祖宮祭祀圈就是閩臺民間信仰的典型。

　　保生大帝生前生活於閩南，「介漳泉之間」，故宋人楊志《慈濟宮碑》贊曰：「西欲其來兮東欲其止，界兩州之間兮惟侯之里。唯兩州之人兮詔爾子孫，嚴奉祀以無斁兮何千萬祀？」[3]

　　方誌記載，「青礁，在三都，顏、蘇二姓宅焉。宋時，此鄉科第最盛，又吳真人所產處也。」[4]「白礁，與青礁相對，有吳真人祠，名曰西宮，而青礁曰東宮。泉人乞靈皆在西宮，故東宮香火不若西宮之盛。」[5]

1　林美容編，《臺灣民間信仰研究書目·臺灣民間信仰的分類》，臺北：中研院民族所 1991 年 3 月，頁IX。

2　林美容編，《臺灣民間信仰研究書目·臺灣民間信仰的分類》，頁VIII~IX。

3　[宋]楊志，《慈濟宮碑》，[清]乾隆《海澄縣誌》卷廿二，〈藝文〉。

4　[清]乾隆《海澄縣誌》卷一，〈輿地〉。

5　[清]乾隆《海澄縣誌》卷一，〈輿地〉。

　　清光緒年間，楊浚編纂的《白礁誌略》則云，有「南東北西」四座慈濟宮，而且具體說法也不太一樣：「青礁與白礁東西相對，青屬海澄，為神修煉處；白屬同安，為神飛昇處。」[6]「吳真人所建宮凡四，曰南東北西，以所向之方稱之。在白礁向南，為南宮。由白礁五里至院前，即青礁，一曰赤礁，向東，為東宮。由白礁十里至徐坑，向北，為北宮。再由白礁十里至後山尾，向西，為西宮。白礁乃坐化處，屬同安界；青礁乃煉丹處，屬海澄界。泉人多謁白礁，漳人多謁青礁。香火以南宮為盛，東宮次之。北宮寥落，西宮久圮。北、西二宮，亦屬海澄界。」[7]此說並非空穴來風，廈門海滄溫厝至今尚存清道光八年（1828）《重修北宮碑記》（殘碑）和道光十三年（1833）《慈濟北宮碑記》等碑刻遺存，是為明證。[8]

　　《白礁誌略》又曰：「紹興二十年，詔立廟白礁，即今之祖廟也。二十一年，鄉尚書顏定肅公師魯請於朝，復立廟祀青礁，即修煉處，今之東宮也。」[9]「宋紹興二十年庚午，詔立廟白礁。越年辛未，復詔立廟青礁。」[10]

　　該書所收清道光戊申年間青礁生員顏清瑩〈保生大帝傳文序〉也說，保生大帝乃「泉之同邑白礁紳士也。」「紹興辛未，頒立廟祀於白礁宮，以酬其功。然此大帝蛻身處也。我祖賜進士第出身、吏部尚書顏定肅公諱師魯，見大帝仁慈隱惻，顯蹟東山，奏請就地建廟奉祀。」[11]

　　以上記載不一，姑不置論。相同之處是，白礁慈濟宮和青礁慈濟宮香火最盛，青礁慈濟宮香火不如白礁慈濟宮。白礁慈濟宮和青礁慈濟宮開始都帶有明顯的地域色彩，而且頗具家廟的性質。青礁東宮一方重修

---

[6] [清]楊浚，《白礁志略》卷一。

[7] [清]楊浚，《白礁志略》卷一。

[8] 參見鄭振滿、丁荷生編纂，《福建宗教碑銘彙編》泉州府分冊，福建人民出版社 2003 年版，頁 1160、1165-1166。

[9] [清]楊浚，《白礁志略》卷一。

[10] [清]楊浚，《白礁志略》卷一。

[11] [清]楊浚，《白礁志略》卷二。

碑記載稱[12]：

> 青礁東宮祀保生大帝，漳之祖宮也。宮為漳之祖，或建或修，成之於顏氏，宮址岐山。岐山者，顏氏聚族之村也。顏氏董其成，而漳之人咸踴躍捐貲樂助焉者，敬其祖也。漳之宮，非漳人亦罔不踴躍捐貲樂助焉者，敬其神也。

白礁慈濟宮也有一方白礁王氏捐園碑記[13]：

> 原夫文圍崔巍，降翥鳳翻龍之勢；礁江瀚漫，開捧天浴日之齊。神廟以此稱雄，祖祠於焉著茫昧。如我社東門內後壁山一片山園，水抱峰回，如帶如礪，帝宮龍脈由此鍾英，祖祠案山藉茲羅列。登斯地也，洵大觀乎！特以江山佳麗，不無窀穸貪圖，僅謀一身一家之福，莫顧傷神傷祖之虞。今用賓欲為永遠之計，遂發誠敬之心，捐園三丘，立石為界，略資神燈油火，兼護祖宇門堂。雖云不多，豈無小補？普願仁人共襄義舉，不嫌論分計畝，佇看越陌連阡。庶塋域莫施其巧，松膏長繼其光，且帝宮獲享地靈之赫濯，而祖祠亦壯排闥之觀瞻矣。
> 乾隆歲次己亥臘月，白礁闔族家長公立。

宋人莊夏〈慈濟宮碑〉載稱[14]：

> 通天下郡邑，必有英祠，表著方望，納民瞻依。然威德所被，遠不過一二州，近不越境。其烈以靈而顯者，比比皆然。是惟忠顯英惠侯，宅於漳泉之界。自紹興辛未距今垂七十年，不但是邦家有其像，而北逮莆陽、長樂、建劍，南被汀潮，以至二廣，舉知尊事，蓋必有昭晰於冥漠之間而不可致詰者矣。

　　在宋代，吳真人的封號為「忠顯英惠侯」，已經形成廣被閩粵的信仰圈，超越了閩南地域和宗族血緣的範圍。由於漳、泉二州吳真人信徒

---

[12] 清光緒四年〈重修慈濟祖宮碑記〉，見鄭振滿、丁荷生編纂，《福建宗教碑銘彙編》泉州府分冊，頁1132。

[13] 參見鄭振滿、丁荷生編纂，《福建宗教碑銘彙編》泉州府分冊，頁1090-1091。

[14] [宋]莊夏，〈白礁慈濟祖宮碑〉，[清]乾隆《海澄縣誌》卷廿二，〈藝文〉。

經常為謁祖進香而爭執不休,因此以青礁東宮為漳州七邑善信謁祖進香之處,以白礁西宮為泉州五邑善信謁祖進香之處。這就在閩南保生大帝信仰圈內,分別以東宮、西宮為中心形成了兩個祭祀圈。

宋人楊志與莊夏所撰的兩方〈慈濟宮碑〉,均已不見原碑實物。因為白礁和青礁都在清初遷界範圍之內,二碑應當毀於此次大劫難。白礁和青礁兩座慈濟宮現存建築均為復界後重修,從二宮現存重修題緣碑記可見,其實分別以東宮、西宮為中心的兩個保生大帝祭祀圈並非畛域截然,涇渭分明:

白礁慈濟宮「自國初海濱寇警,人民內遷,前殿毀滅,僅存中、後兩殿,雖修葺輒更而捐資有限,前殿猶未復也。迨至庚午年間(康熙二十九年,1690),諸同志者見廟宇蛀壞,幾欲傾頹,僉議重修,兼復前殿。向外洋各處漳、泉人等諸善信鳩金重構,時咸踴躍輸資,共襄美舉,未有吝矣。」[15]

嘉慶四年(1799)四月重修白礁慈濟宮,海澄林有沱四十元,漳州林妙觀、林時春、王光明、王友良、王陽觀、胡避觀、林漢觀、王蜜觀、林威觀各捐銀六元。[16]

「嘉慶甲戌(1814)夏,白礁鄉族長募緣重修祖宮、拜亭之後,見正殿尤頹廢不堪」,鄉進士王珪璋請求臺灣嘉義人、福建水師提督、子爵王得祿捐俸倡首募緣。因此,嘉慶乙亥年重修白礁祖宮正殿的董事為信官楊繼勳、李尚華、林春茂,並非白礁王氏。[17]

嘉慶二十一年(1816)重修白礁慈濟宮,泉郡花橋宮董事、舉人黃振岩等暨眾弟子捐銀一千二百元。泉郡甲第宮捐銀一百六十元。泉郡桂壇宮捐銀一百三十元。內厝澳種德宮捐銀一百二十二元。杏林馬鑾社清鑾宮捐銀一百二十元。泉郡鼓浪嶼紫江宮、東西蔡福山宮、長泰美望宮、上園通奉大夫吳詒慶堂、棲柵潘能敬堂,各捐銀一百元、青礁王□水捐

---

[15] 清光緒四年〈重修慈濟祖宮碑記〉,見鄭振滿、丁荷生編纂:《福建宗教碑銘彙編》泉州府分冊,頁 1244。

[16] 參見鄭振滿、丁荷生編纂,《福建宗教碑銘彙編》泉州府分冊,頁 1115-1116。

[17] 參見鄭振滿、丁荷生編纂,《福建宗教碑銘彙編》泉州府分冊,頁 1135。

銀四十元、長泰北門廟捐銀十元、青礁林光萬捐銀四元……[18]捐款大戶除了泉郡和同邑、廈門宮廟，長泰美望宮、青礁王□水、長泰北門廟赫然在目。題名錄中還可以見到漳州府屬的青礁林試觀、林伍觀和長泰靈山宮。[19]

青礁慈濟宮壁有清康熙三十六年（1697）《吧國緣主碑記》[20]：

> 昔宋紹興辛未，尚書定肅顏公之始建祖東宮也，捐俸奏請，德雲懋矣。至淳熙己巳間，承事郎唐臣公復為恢廓其制，基址壯麗，費以鉅萬。蓋未嘗不歎其善述定肅公之志，而隆神庥於無窮也。辛丑播遷，廟成荒墟，公之子姓復捐募重建，營立殿閣，架構粗備，未獲壯觀。賴吧國甲必丹郭諱天榜、林諱應章諸君子捐資助之，一旦樂覩其成，煥然聿新，雖默鑒有神，啟佑無疆，然頌功德而揚盛舉者，當不在二公之下矣。

白礁慈濟宮大門及前殿點金柱刊有泉州府晉江縣人、清道光丙申（十六年，1836）科傳臚、翰林莊俊元所撰四副對聯。

中門：

> 保佑遍寰中，大道仍歸仙道；
> 生成周海內，帝心即是佛心。

左門：

> 玉案爐峰靈秀星羅福地，
> 龍車鳳輦旌旗雲擁行宮。

右門：

> 五老呈精聖蹟特鍾礁石，
> 三臺獻瑞靈光長匝神宮。

---

18 〈白礁祖宮重修捐題姓氏碑記〉，見鄭振滿、丁荷生編纂，《福建宗教碑銘彙編》泉州府分冊，頁 1137-1139。

19 〈祖宮重修捐題緣牌（碑）〉，見鄭振滿、丁荷生編纂，《福建宗教碑銘彙編》泉州府分冊，頁 1140-1141。

20 參見鄭振滿、丁荷生編纂，《福建宗教碑銘彙編》泉州府分冊，頁 1025。

前殿點金柱：

　妙造自然恒久而不已者道，
　保艾亦得天地之大德曰生。

其中中門楹聯與泉郡花橋慈濟宮門柱楹聯極為相似：

　保練入靈虛，大道原為仙道；
　生成周塵世，帝心即是佛心。

劉枝萬先生曾經概述臺灣民間信仰之主要功能、分類及其產生原因：「其卓越信仰，尤反映於守護神之功能面，較為明顯。……迨莊社發展，偶因細故，發生摩擦，導致分類械鬥，更須藉地緣關係，團結鄉黨，以拒外侮，於是崇祀鄉土神，此其六。……[21]」「在沒有實施近代行政制度的時代裡，寺廟是一種具有權力與武力的村落自治機關……[22]」如聞名遐邇的臺北迪化街霞海城隍廟，就是同安籍移民在道光年間「頂下郊拼」中，奉祖籍五鄉莊守護神退往大稻埕所建。然而，由於共同的信仰，臺灣各地保生大帝宮廟不同於開漳聖王或城隍爺等地域性神明，並未在漳泉分類械鬥或泉籍「頂下郊拼」中充當團結號召本府本邑民眾的精神領袖。

白礁慈濟宮和青礁慈濟宮都有「忠貞軍」子弟隨鄭成功東征，奉保生大帝「二大帝」神像入臺，分爐臺南學甲慈濟宮的傳說。其實從學甲慈濟宮「上白礁」祭典中學甲十三莊所扮演的角色，即可還原出由李勝迎奉入臺、奉祀於下社角之歷史原型。臺灣保生大帝廟宇信眾的漳泉籍貫及其對保生大帝祭祀圈傳統的歷史記憶，並不影響他們對「上白礁」祭典的認同，這確切無疑地公認臺南學甲慈濟宮為臺灣島內保生大帝廟宇的開基祖廟，以及白礁慈濟宮的祖宮地位。充分說明閩臺保生大帝信仰圈早已超越了宮廟地緣和宗族血緣的祭祀圈界限。

白礁鄉於 1957 年 4 月由同安縣劃屬龍溪縣。1960 年 8 月，龍溪縣

[21] 林美容編，《臺灣民間信仰研究書目》，劉枝萬序，頁 I。
[22] 林衡道著，馮作民譯，《臺灣的歷史與民俗》，青文出版社 1978 年版，頁 148。

與海澄縣合併為龍海縣（今龍海市），隸屬龍溪專區（今漳州市）。青礁原為海澄三都地，如今反而改隸廈門。白礁與青礁二地的行政區劃隸屬變更，致使保生大帝祭祀圈出現某些錯位現象。閩臺保生大帝廟宇信眾格於白礁、青礁行政區劃隸屬現狀，又因保存保生大帝祭祀圈傳統的歷史記憶與情感因素，往往作出同時並祀白礁、青礁慈濟宮的選擇。從而導致閩臺保生大帝信仰圈與慈濟祖宮祭祀圈的交叉重疊現象。

坊間有好事者編造諸如「上青礁[23]」之類荒誕不稽的傳說，或信口雌黃：「移居臺灣的漳州人仿白礁慈濟宮式樣，先後在臺灣建成 200 多座慈濟宮，白礁宮遂成為祖宮」[24]，均屬違背歷史常識與事實的拙劣之舉，實不足取，必須引以為戒。

---

[23] 〈閩臺文緣相承〉，http://news.cctv.com/special/C16295/20060817/102567.shtml。

[24] http://www.17u.com/destination/scenery_12658.html。

曾厝垵民間信仰形態考察

——以保生大帝宮廟群為中心

曾厝垵位於廈門島南部，山環水抱，東有胡邊山、曾山，東北有上李山、龍虎山，北有東宅山，西北有後厝山，西有獅山、胡里山，是個地理位置相對獨立的濱海村社，民間信仰形態亦頗為典型。茲將曾厝垵各社基本情況及其民間信仰宮廟製成下表[1]：

自然村	別名	主要姓氏	戶數	人口	宮廟	主　祀　神
曾厝垵社	曾西	曾	87	410	福海宮[2]	武烈尊侯、天上聖母、保生大帝
港口社	曾里	李	76	406	文靈宮	清水祖師、保生大帝、三元帥
上李社	五聯	李	33	152	九龍殿	池府王爺
前厝社	五聯	黃，雜姓	30	152		
後厝社	五聯	林	39	196	淨聖堂	保生大帝、天上聖母
東宅社	五聯	鄭，雜姓	54	255		
倉裡社	西里	黃	53	243	昭惠宮	黃聖帝（黃帝）、關帝
西邊社	西里	鄭、林	58	261	鷺峰堂	保生大帝、天上聖母
前田社	西里	黃，雜姓	50	245		
胡里山社	西里	王	19	94	慈安殿	玄天上帝（上帝公）

曾厝垵現屬思明區濱海街道辦事處，清代屬同安縣二十二都曾溪保[3]，民國屬禾山區（鄉），分曾厝垵、西邊、上李（今或訛稱上里）、港口、前厝、後厝、倉裡、前田、溪邊、下邊、東宅等11社。[4]增加溪邊、下邊二社，少了胡里山社。或說上李社又名溪邊社，因村前有溪流入海，故名。港口社位於上李社下游，又稱下邊社、下邊洋。曾厝垵社位於曾山西南麓，故又稱曾西；上李社位於上李山西南麓，西鄰東宅社，南鄰港口社，西南界前厝社和前田社；東宅社位於東宅山南麓，因與五

1　參見廈門市地名辦編，《廈門市地名錄》，1980年印行，頁74。戶口數位資料為1978年。主要姓氏、宮廟及主祀神，依據筆者田野調查資料。

2　曾厝垵社尚有奉祀「漂客」的陰廟「聖媽宮」，未列入。

3　[清]道光《廈門誌》卷二，〈分域略〉。

4　民國《廈門市誌》卷一，〈疆域誌〉，方志出版社1999年版，頁8；廈門市民政局編，《廈門市地名誌》，福建省地圖出版社2001年版，頁4、8。

通村東宅社同名，後改稱下東宅社；東、南、西分別與上李社、前厝社、後厝社為鄰。後厝社位於後厝山東南麓，位置靠後，故稱後厝，東、南分別與前厝社、西邊社為鄰；胡里山社在胡里山東邊，東接西邊社；港口社在曾厝垵社之北，故名「曾里」。胡里山社、西邊社、倉裡社、前田社位於整個村社的西部，故稱西里。位置最南邊的曾厝垵社與胡里山社瀕海，曾厝垵水域正當廈門港內港與外港交界，地理位置尤為衝要。

　　曾厝垵又稱「曾家澳」、「曾厝灣」，「澳」、「灣」指舟楫灣泊出入港口。明清以來，為商船泊地。「中左所，一名廈門，南路參戎防汛處。從前賈舶盤驗於此，驗畢，移駐曾家澳，候風開駕。」[5]明代漳州海澄月港出海船舶，需至廈門查驗，停靠曾厝垵避風候汛放洋。明末清初，為鄭氏軍港。南明永曆五年（清順治八年，1651），施琅因斬親兵曾德而遭鄭成功追殺，「走匿曾厝垵石洞中」。[6]至清末民初，曾厝垵社、港口社由後厝山上、下石門經西山社、太平岩，仍是通往廈門城內的商旅交通要道[7]。

　　南明重要人物王忠孝（1593-1666），字長儒，號愧兩，惠安縣沙格村人。明崇禎元年（1628）進士，初授戶部主事，隆武立，授光祿寺少卿，後擢左副都御史，協理院事，與鄭成功共事隆武帝。順治三年（1646）清兵入閩，隆武亡後與鄭成功合謀，忠孝鳩眾 5000 餘人於惠安、莆田一帶舉兵抗清。永曆二年（順治五年，1648）入廈依附鄭成功。（順治十年，1653），永曆帝敕授王忠孝為兵部右侍郎。康熙二年（1663）清軍克金廈，忠孝避居銅山（今東山）。康熙三年（1563）鄭經招忠孝同往臺灣，康熙五年四月二十八日卒於臺灣，享壽 74 歲。王忠孝在廈門寓居鄭氏控制的港埠要地曾厝垵，並應當地耆老之請作〈祭大道公文〉[8]：

> 某年，某月，某日，原任都察院左副都御史王忠孝，僑寓禾之曾厝安（垵）。歲比氛祲，俗尚祈禳。里人藉神意求某祝詞，其言

5 [明]張燮，《東西洋考》卷九，〈舟師考〉。
6 [清]江日昇，《臺灣外記》卷三。
7 參見拙文〈西山社福壽廟〉，《湖里文史資料》第 5 輯（2000 年 10 月）。
8 [明]王忠孝，《王忠孝公集》，江蘇古籍出版社 2000 年版，頁 57-58。

幻茫不足述，然耆老之請，弗敢違也。因答其意，而致言曰：

夫某學孔孟者也，孔子曰：非其鬼而祭之，諂也。見義不為，無勇也。又曰：務民之義，敬鬼神而遠之。明乎義可力行，神宜敬而勿諂也。

世人見義，誰為竭蹶趨者，獨於鬼神昵比如是。聞有道之世，鬼神不靈，非無神也，君子修德禮而明政行，小人遵法紀而安耕鑿，姦淫不作，饑飽以時，間有天劄，惟數是歸，誰後以不仁咎皇天者。

今則異是，醜虜亂中華，淫殺極矣。而號義旗逐虜者，仁不勝暴。敲膏擿髓，十室九空。亂政貧，貧致病。災冷之氣，人實為之。而以咎於天行，鬼不受也。

睢陽公有言：死願作厲以殺賊，則生為義漢，死為鬼雄。若有知，當先令虜人馬盡殪，而肯禍吾民耶？惠迪吉，從逆兇。修悖之關，休咎之門，人胡不思焉！

按《周禮·禮·用荒政》，其十一曰：索鬼神而祝之，三曰繪則禳，或王政所不禁乎？

夫吝而慢，人情也。今釀金以禳，應者恐後，焚香齋戒，奔走不倦，持此念也，破吝而怯慢，亦一日之祥也，神必福之。

王忠孝撰作〈祭大道公文〉時，尚未經永曆帝敕授為兵部右侍郎。他在祭文中表明了儒家宗師孔子敬鬼神而遠之、「敬而勿諂」的鬼神觀。雖未明確點名具體宮廟，但可知曾厝垵至遲明末已有奉祀大道公（保生大帝）的宮廟，曾厝垵民眾對大道公十分虔信崇敬。

倫敦大英圖書館藏有清乾隆三十四年（1769）抄本漳州民間道教科儀書《送船科儀》，亦作《送彩科儀》（編號 OR12693/15）。所列船舶由漳州海澄月港「下南」針路（航線）沿途所經各港必須祭拜的宮廟神靈中，海門是媽祖、大道[公]，古（鼓）浪嶼是天妃，而曾厝安（垵）則為舍人公。[9]既不是媽祖，也不是大道公。西邊社鷺峰堂主祀保生大帝，

9　參見[英]科大衛，《英國圖書館藏有關海上絲綢之路的一些資料》，海上絲綢之路與潮汕文化國際學術研討會論文，1994 年。楊國楨，《閩在海中》，江西高校出版社 1998 年版，頁80。

兩側陪祀舍人公與舍人媽，與《送彩科儀》「針路」所載吻合。曾厝埯社福海宮前殿左側神龕供奉大使、二使，閩南話「大使」、「二使」與「大舍」、「二舍」諧音，只是一音之轉，曾厝埯社福海宮的地理位置更便於船舶灣泊上岸朝拜。

歷史上，宮廟與宗祠作為村社政治、經濟、文化的中心，在地方上長期發揮著強大的影響力。民間信仰「祭祀圈」指「地方居民因共同的對天地神鬼之信仰而發展出來的義務性的祭祀組織」；「信仰圈」指「以一神為中心的區域性信徒之志願性的宗教組織」。[10]同治三年《重修啟明寺碑記》捐題名錄，不但有本鄉的倉裡社、曾厝埯社、港口社、前厝社、溪邊社和鄰近的麻灶社、店上社，甚至有（晉江）磁灶的香客。[11]可見位於港口社的佛教寺廟啟明寺不是港口社本社自己獨有的角落社廟，而是曾厝埯各村社共同擁有的公廟。

曾厝埯社福海宮現存《重修福海宮碑記》：

> 福海宮之作，建自遠代。相傳武烈尊侯坐石碑由海浮至本社口不去，鄉人異之，相與立廟，並祀天上聖母、保生大帝。其廟背山面海，神靈赫濯。廈地官商舟艦咸設醮祈安，每大彰報應。康熙、乾隆等年損壞，前後重修，備極巍煥。今則歷年久遠，風霜剝蝕，瓦木凋零，屬在蒙麻，共思鼎建。第非效鳩集之功，難成鳥鞏之壯。爰思閩廈舟楫以及外邦經營，未嘗不為神靈所庇佑，則捐資成美，宜有同心。彪因不敢憚津程修阻，遠涉重洋，負簿募緣。竊喜鴻恩庇佑，狐腋奏功，乘時結構，美哉！輪奐重新，神居攸奠。而凡諸捨金佈施者，神之福汝亦自申錫無疆矣。今當落成，謹將捐題名姓開列於後，全垂不朽云。
> 曾位珍、曾六觀各捐銀壹佰陸拾大員；曾舉薦捐銀壹佰貳拾大員；檳榔嶼龍山堂公捐蘋銀壹佰壹拾參大員；後保曾萬宰捐銀壹佰大員；曾拱照捐銀陸拾大員；曾茂林、曾四勳合捐青石大獅一對；復德號、曾進財、曾擇選、蔡塗觀，各捐銀肆拾大員；曾尚

10　參見林美容編，《臺灣民間信仰研究書目‧臺灣民間信仰的分類》，頁IX。

11　參見鄭振滿、丁荷生編纂，《福建宗教碑銘彙編》泉州府分冊，福建人民出版社 2003 年版，頁 1201-1202。

榮捐銀三拾貳大員；曾三元、曾毓奇、杜知光，各捐銀三拾大員；
曾天燈、曾力觀、邱杞格、邱四全、邱光成，各捐銀貳拾肆大員；
曾柔來、曾鋪觀、曾神催、曾煥玉、曾文炎、曾俊觀、曾東泰、
張曉觀、莊犁觀，各捐銀貳拾大員；曾桃觀捐銀壹拾陸大員；曾
進蓋、孫庚寅各捐銀壹拾肆大員；曾葵觀、邱根參、邱敦厚、蔡
昆唇、曾神祥、陶源號、陳尚觀，各捐銀壹拾貳大員；曾人潭、
曾金章、曾建舍、曾江城、曾所鬧、曾卓觀、曾蛟觀、曾聰敏、
曾明觀、曾進騰、曾進抱、蔡舉長、蔡茂林、李進科、林加利，
各捐銀拾員；曾合觀捐銀柒大員；曾瓊花、曾世濯、源美號、許
嶽來、義安號，各捐銀陸大員；曾天培捐牆頭石獅壹對；曾寬俊、
陳蓋觀、曾文獻，各捐銀伍員；曾媽塗、曾扶光、曾納觀、曾福
觀、曾在田、曾律呂、義興號、曾嘉謀、廈門曾雪、劉光前，各
捐銀肆員；曾佛賞、曾衛觀、黃春惠，各捐銀三大員；曾紹南、
曾謁觀、曾生文、曾長晏、曾昆山，各捐銀貳大員；曾有前捐銀
肆大員；曾唐觀、曾不觀、曾兜觀、邱養觀、張義觀、曾蔡琴、
鄭宗觀、曾尚觀、林星壽、曾路觀、黃四觀，各捐銀貳大員；曾
文美、陳春榮各捐白石龍柱壹對。合共計捐佛銀壹仟柒佰零陸員。
咸豐七年拾月穀旦董事曾擬生、曾性庇、曾旺來、曾性彪、曾媽
蔭、曾光月仝勒石。

　　福海宮原先主祀武烈尊侯，後來才「並祀天上聖母、保生大帝」。
福海宮宮門門柱與正殿點金柱有舊刊石刻楹聯：「福地靈通神麻昭樂
浦，海天清晏母德紹湄州（洲）」；「福地甫開資帝利，海邦攸甸仰坤儀」。
可知福海宮附祀天上聖母應當在保生大帝之先。福海宮正殿神龕現在供
奉保生大帝（左）和天上聖母（右），武烈尊侯神像則置於中龕案桌之
前。從功利性的角度看，天上聖母、保生大帝的地位與重要性已經超過
了武烈尊侯。但至今每年正月初一福海宮武烈尊侯出巡，照例要到曾厝
垵全村上年新婚及生男孩人家「賀喜」，該戶必須向武烈尊侯「送紅包」。
神明可以添加更易，武烈尊侯的功能雖然早已變化，但仍然頑強地保留
在村民的歷史記憶中。曾厝垵社是大鄉，居民主要姓曾，形成獨自的福
海宮武烈尊侯祭祀圈與信仰圈。胡里山社雖是小社，但清一色姓王，地

理位置相對獨立，自己形成水神玄天上帝祭祀圈與信仰圈。

倉裡社黃姓也獨自組成昭惠宮黃帝、關帝祭祀圈與信仰圈。乾隆二十三年十二月（1759年1月）所刊廈防分府示禁石刻，落款「倉裡鄉族眾房長」黃氏。內有「嘉禾里倉裡社」，「倉裡鄉」與「倉裡社」混用，是為大鄉。民國十年（1921）《重修昭惠宮增築前埕記》及捐題名錄，更是清一色的黃姓。因為同姓的緣故，包容了雜姓小社前田社和前厝社。

港口社文靈宮閩南話俗稱「膜壁宮」、「幕壁宮」，有輝綠岩石碑《文靈宮[重修碑記]》：

> 鷺江鸛山文靈宮崇祀清水祖師、保生大帝、三元帥爺，其聲靈赫濯，邇遐黎庶咸賴默佑。惟歷年久遠，廟宇傾頹，神像亦多蔫舊。交等不敢聽其棟折桷崩，於是四處捐題，重建興修，循其舊址，加以黝堊丹漆，俾輪奐增新，神光赫奕。謹將捐金樂助芳名勒石，以誌不忘焉。
> 望加錫：李清淵捐銀肆佰員，李天居捐銀貳佰貳拾員，李金盛捐銀壹佰員，李善受捐銀肆拾員，李善嘉捐銀三拾員，李贊良捐銀貳拾員，李安然捐銀貳拾員，李元狀捐銀貳拾員；李上建捐銀壹拾員；李金龍捐銀壹拾員；李善恩捐銀陸大員；李領從捐銀陸大員，李新遠捐銀貳大員，曾慶隆捐銀壹大員。
> 呂宋：前厝社黃騫官捐銀陸大員，上李社李網官捐銀陸大員，上李社李樓官捐銀陸大員，本社李郊官捐銀陸大員，劉阪社葉青田官捐銀肆大員，港口社李媽適官捐銀貳大員，浦南社葉華官捐銀貳大員，浦南社葉眼官捐銀貳大員，東宅社黃開官捐銀貳大員，上李社李擬官捐銀貳大員，上李社李選官捐銀貳大員，曾厝垵曾日開官捐銀貳大員，廈門鄭天成官捐銀貳大員，上李社李義官捐銀貳大員，呂厝社呂定發官捐銀貳大員，上李社紀尊官捐銀壹大員，上李社邱扡官捐銀壹大員，溪邊社鄭榮興官捐銀壹大員，上李社徐報官捐銀壹大員，上李社李追官捐銀壹大員，鐘（鍾）宅社鐘（鍾）劍官捐銀壹大員，金門古甯頭社李歲官捐銀壹大員，金門古甯頭社李炎官捐銀壹大員。
> 重修：甲子年二月廿九日。慶成：甲子年十月初九日。

同治三年歲次甲子陽月□□日，董事李布郊、李領交公立。

上李社與港口社主要居民姓李，共同形成港口社文靈宮清水祖師、港口社九龍殿池府王爺祭祀圈與信仰圈。文靈宮與昭惠宮同樣都附祀保生大帝，應是獨立旗號、自成體系的表現，以免混同、附屬於其他宮廟保生大帝祭祀圈與信仰圈。

西邊社鷲峰堂與後厝社淨聖堂都主祀保生大帝與天上聖母。西邊社鷲峰堂尚存重修碑記二方。清道光三年（1823）《重修鷲峰堂碑記》：

> 吾鄉建鷲峰堂以祀吳真君及列神，肇自宋代，中間興復不一，已登前記，無庸贅矣。迄今神德昭著，匪特垂庇一鄉，凡遠近外鄉仰神庥焉。道光壬午歲，族人因葺治已久，恐日就傾頹，公議鳩資重修，而諸親友知其事者咸踴躍助成，乃即舊規拆卸新築之。興工於癸未元正，凡四閱月而竣事，斯宮煥然一新焉。仰神道之靈，亦諸同人共襄之力。謹將捐資姓名勒石，以為向義者勸。
> 行商：金豐泰捐艮六十大元；金源發捐艮二十大元；職員：林紀園捐艮十六大元；吳宇宙觀二十大元；劉賽觀捐艮三十六元；劉學濟捐艮二十六大元；許榕軒、曾高玉各捐艮二十六元；黃廣觀、鄭成名各捐艮十六大元；林文德、林桃觀、東宅鄭弟子捐艮十二大元；監生陳思賢、林攀龍、林鎮道各捐艮十大元；黃願廉、洪扶觀、吳成泰各捐艮八大元；陳雙麒、陳江淮、鄭世遠各捐艮六大元；何賜觀捐艮五大元；蘇振興、蔡瑞禎、吳夢錦、張宗遠、金益盛、林長卿、陳鎮觀、柯鑾慶、劉學貞、湖里[山]社、溪邊社、鄭應夢、鄭光愛、鄭德臨各捐艮四大元；鄭園成、鄭澄濡各捐艮三大元；林松茂、黃瑱首、林迎宗、黃求觀、許象觀、鄭國顯、鄭添生、鄭國生、鄭德星、鄭希瑞、鄭希圍、鄭振江、鄭振江、鄭光助各捐艮二大元。總攬完成：鄭世興用去艮八十大元；成業用去艮壹百貳拾元。
> 道光三年陽月，董事鄭世興、鄭國成、鄭成業仝立。

民國十六年（1927）重修鷲峰堂碑記：

> 鄭進財捐大銀四千二百七十五元；鄭寶塔捐大銀二千一百六十五

元；鄭永魁捐大銀三百七十四元；王闊嘴捐大銀一百二十三元；
王雙喜捐大銀二十一元；共大銀八千九百四十六元；劉立捐大銀
五十元。

忠信司工料銀二千九百五十五元；魯司油漆工銀三百五十七元；
和尚司工料銀一千八百六十六元；開除什費工銀八十元；論司工
料大銀二千零八十八元；修理諸佛工銀五十九元；買厝地去大銀
二百元；買灰、紅毛灰銀三百九十八元五；修理輦蓋大銀二十元；
鋤宮埕草、水溝；打石牌（碑）大銀一十五元；扛石工大銀五百
一十五元六；開諸神禮金物、香，道士及演戲銀一百五十六元；
諸工紅包、吹班。

民國十六年重修，本社董事鄭俊鳳、鄭烏究仝立石。

　　西邊社也是大鄉，居民主要姓鄭，鷟峰堂保生大帝祭祀圈與信仰圈
也包容了東宅社鄭氏。後厝社居民主要姓林，前厝社與東宅社有部分居
民姓林，於是三社共同結成淨聖堂保生大帝祭祀圈與信仰圈。通過對曾
厝垵各社各宮廟遊神等民間信用民俗活動調查，並由各個宮廟的捐款名
錄得到印證，可以發現，曾厝垵民間信仰原則上以村社為單位，一社一
廟，以宗族姓氏為紐帶，基本上各自形成以某一宮廟為核心的神明圈與
祭祀圈，而信仰圈服則從於祭祀圈。

漳浦藍氏與閩南民間信仰

　　藍理（1647-1719年），字義甫，號義山，漳浦縣葛坑下尾（今屬赤嶺畬族鄉石椅村）人，《清史稿》有傳。相傳藍理年輕時與柯彩、陳龍、許鳳、吳田等人結拜兄弟，聚集九湖新塘許氏宗祠倫恩堂練武。後投入施琅將軍麾下，成為五員勇將，號稱「漳州五虎將」、「南五虎」。康熙二十二年（1683），藍理作為施琅將軍征臺先鋒，拖腸血戰澎湖，人稱「破肚總兵」、「破肚將軍」。為嘉勉藍理「平臺首功」，康熙帝先後兩次御書「所向無敵」、「勇壯簡易」，敕建牌坊於漳州府治嶽口街。藍理歷任宣化府總兵官，掛鎮朔將軍印。調定海、天津總兵，累官至福建陸路提督，加封左都督。其後又有藍廷珍、藍鼎元投效軍前，漳浦藍氏一門三傑。藍理將軍為首的漳浦藍氏與閩南民間信仰有著很深的緣份，藍理將軍造福漳州故里鄉党，也因此成為漳州民間崇敬信仰的神祇。

一

　　崇福宮位於漳州東門外浦頭港北岸，故俗稱浦頭大廟。崇福宮面臨浦頭港，坐北向南，面積約 322 平方米，由前殿、天井、兩廊、正殿組成。正殿面闊三間，進深三間，懸山頂。崇福宮始建於明萬曆年間（1573-1620），或說始建於宋淳熙四年（1177）。崇福宮主祀關帝，有別於官府敕建的武廟，是民間崇祀商界武財神的關帝廟。

　　舊時宮廟，是地方社會基層的政治、文化與經濟中心。官憲告示、鄉黨公禁，往往勒碑於宮廟，通告周知。依傍宮廟，列肆成市。神誕廟會，演戲觀劇，名為娛神，其實娛眾。浦頭大廟廟口東側，有清道光十一年（1831）漳州府龍溪縣正堂禁宰耕牛碑；廟西牆外有明萬曆十年（1582）「大廟碼頭」碑和清道光十二年告示遵守「各港渡船募雇出海舵水駕駛往來運載客貨」之成約的「廈關稅行公啟」碑；乾隆十年（1745）龍溪縣正堂關於「溪邑各渡口」船隻載客運貨規定的「奉憲嚴禁」碑。崇福宮左廊並有紀事石碑「峕康熙乙亥（三十四年，1695）募緣重建，

清出本廟周圍巷地闊三尺乙寸，廟後無設門窗。立石誌之。」

　　康熙四十五年（1706），藍理將軍陞任福建陸路提督。藍理將軍衣錦還鄉，於翌年捐貲拓脩漳州崇福宮（俗稱浦頭大廟），並題贈「江漢以濯」匾。藍理將軍所題原匾已佚，現崇福宮大殿正中懸掛的「江漢以濯」匾為里人張如南重書。藍理在定海總兵任上，曾為普陀山南天門大觀蓬題書「山海大觀」。藍理將軍還曾在武夷山留下「虎嘯」題書，均為斗大鉅幅摩崖石刻。泉州崇福寺也有藍理將軍康熙辛卯年（五十年，1711）題書的「松灣古地」鉅幅石刻。康熙庚寅年（四十九年，1710）春正月，藍理在福建陸路提督任上，還曾為戍臺名將甘國寶的伯母黃氏撰寫祝壽文。[1]筆蹟端莊遒勁，不乏文彩。據說里人張如南重書的「江漢以濯」匾，頗有幾分神似藍理將軍筆蹟。足以顛覆「藍理學書法」之類民間傳說中目不識丁武夫蠻將的不經臆測。因此，對藍理將軍的才能與功績，亦應重新評價。

　　說者常言藍理年輕時浪跡江湖，流落州府坊市間，曾寄身浦頭大廟，過著「五人三條褲」的艱難歲月，此舉乃答謝神恩。其實不然，藍理將軍在疏浚漳州府治龍溪縣商埠浦頭港，拓寬新行街的同時，還捐築九龍江西溪堤岸，疏濬詩浦港，拓脩詩浦正順廟，造福漳州桑梓百姓。

　　九龍江是漳州的母親河，舟楫之利所繫，漳郡城區的發展興盛尤與西溪航運休戚相關。九龍江西溪亦稱九溪、西江。因位於城南，通常稱為南門溪。西溪原環抱漳州府城，「從詩浦溪上流分而出者為田裡港。舊港絕小，自戊申（康熙七年，1668）以後，洪水時至，[田裡]港岸崩陷，西溪之水遂從此（田裡）港直下，匯出陳洲之上，入於大溪。而詩浦舊溪沙壅，繞城之水甚微。諸紳士以有關形勢，募眾填築，尋圮。康熙四十六年，陸路提督、郡人藍理慨然引為己任，捐貲數千金築之（詩浦港岸），填塞堅固。從此，西溪之水繞而抱城。[2]」

　　清初禁海遷界，直接導致漳州海澄月港衰落，漳州的出海港口轉移到府治的鹽魚市浦頭港。浦頭港原稱浦頭溪，地處漳州老城東南隅三里

---

[1] 蘇馨、湖柳，〈屏南發現平臺名將藍理祝壽文〉，《福建日報》2007 年 1 月 8 日。

[2] [清]光緒《漳州府誌》卷四，〈山川〉。

處的浦頭溪，小船可延伸至城區東門街（今新華東路）通廣橋，港岸東起城郊土坪村渡船頭，西至西浦渡（詩浦村），長里許。往昔港域開闊，水位尚深，可通航大小木帆船。

　　浦頭港自古以來就是九龍江西溪河道上航運的中心樞紐，明清時期，漳州府城出海港口主要是浦頭港，河運貨物多在浦頭港集散。漳州及其週邊地區的貨物人員進出，大多從水路通過浦頭港這條古河道，通向沿海口岸。因河運之船皆為平底木船，到下游水深浪大，不適宜航行，必須到這裡轉駁赴廈門，再運往臺灣。銷往九龍江流域的商品，也先運至浦頭，再轉運各地。大致路徑是，在九龍江西溪浦頭港乘船，經石碼、月港，過廈門港出海；浦南一帶則沿北溪乘船，至廈門經金門出海。可以說，浦頭港是聯內通外的要道，是古漳州龍溪的出入咽喉。

　　康熙四十五年（1706），藍理任福建陸路提督，駐節泉州。藍理將軍下令脩築泉州新橋，在閩南漳泉的安海、沙溪、塗嶺、石碼等地倡建行鋪千間，大開街衢，便民貿易。藍理將軍在漳州提督行署料理軍務的同時，修建漳州學宮，脩江東橋，築浦頭港、田裡港。召募工匠，籌集款項以改建浦頭街。他從城外東直街的巷口段（今新華東路中段）闢新道稱新路巷，而後建新街，稱新行街，直通浦頭港碼頭。新行街內形成錫箔、棉紗、煙草、繩纜和木屐、木桶等行業。漳龍汀各地客貨雲集漳州浦頭港，浦頭溪日聚千帆，四通八達。沿岸有鹽魚市、蟶仔市、杉行、米市、粉街、雜貨行等批零交易市場。漳州古城四廂，東門（文昌門）最為繁榮，民諺故云「東門金、南門銀、西門馬屎、北門胡蠅（蒼蠅）」。[3]

　　詩浦正順廟位於漳州市區東南隅詩浦村，主祀廣應聖王謝安，附祀玄天上帝。建於明萬曆年間，清嘉慶、咸豐間二次重修擴建，1993 年再次維脩。該廟建築面積 196 平方米，由前殿、天井、兩廊和正殿組成，正殿面闊三間、進深三間、懸山頂。殿中現存明萬曆丙午（三十四年，1606）紀年長方形大型石香爐和「功施普佑」匾（原匾已廢，現為後人

---

[3] 〈漳州老街坊老地名也有一處「洗馬河邊烏衣巷」〉，《閩南日報》2015 年 10 月 27 日。

仿製）。有清嘉慶己卯（二十四年，1819）和咸豐七年（1857）重修石刻楹聯，光緒十二年（1886）龍溪縣右堂關於在「詩浦保不得縱容滋事」示禁碑一方。前殿外牆兩角嵌有康熙三十三年（1694）「正順廟」題刻和康熙四十九年（1710）「永安宮」題刻各一方。其中「永安宮」題刻記云：「提督軍門藍大老爺喜捨緣田大小田園一片，並修水閘一口，奉祀上帝王公香火一年糧銀二錢五分。康熙四十九年三月立。」永安宮原在正順廟北左側，已廢。此為藍理修築田裡港之旁證。

二

　　藍理戎馬一生，與媽祖信仰結下了不解之緣。閩南民間至今流傳著許多藍理有關媽祖的傳說，如：夜宿漳浦官潯靈慈宮，媽祖托夢善人何連穩，囑託關照「大人」（按指藍理），烏石拜媽祖；銅山宮前媽祖廟六媽顯靈，湧泉濟師；澎湖馬公港媽祖宮祭拜媽祖，答謝神佑。[4]康熙二十九年（1690），藍理任浙江舟山總兵，駐節定海，因此鼎建定海天妃宮。康熙四十二年，藍理調任津門，重修天妃宮。

　　宋、元、明三代朝廷對海神媽祖的推崇，一般採用褒封和諭祭形式。自清康熙，始創御賜匾額形式（宋、元、明各曾賜廟額一次，事與題匾不同），其中流傳最廣、影響獨大的當推雍正四年（1726）頒賜的「神昭海表」匾。[5]

　　康熙六十年，臺灣朱一貴起事，佔領全臺。藍理堂侄孫藍廷珍（1663-1729）與福建水師提督施世驃分別提師入臺鎮壓，效法鄭成功，從鹿耳門港登陸進攻，一舉奏效。雍正四年正月十七日，繼任福建水師提督藍廷珍以清廷歷次對臺用兵獲勝皆由媽祖神助為由，奏請賜匾，雍正帝遂御書「神昭海表」四字，敕令藍廷珍複製三方匾額，分別懸掛於

---

4 參見王雄錚主編，《漳州掌故大觀》，漳州市圖書館 2001 年印行；西月，〈藍理與媽祖的故事〉，《閩南日報》2009 年 8 月 6 日。

5 參見蔣維錟，〈清代御賜天后宮匾額及其歷史背景〉，《莆田學院學報》2005 年第 4 期。

湄洲媽祖廟和廈門、臺灣兩處媽祖行宮[6]：

> 福建水師提督藍，以康熙六十年克復臺灣，叨神顯助，至雍正四年題請匾聯疏文。題為神功顯著，仰懇睿鑒，特加恩褒事。
>
> 切照顯靈效順，具見盛世之徵祥，申錫追封，彌彰聖朝之鉅典。閩省有湄洲，屹立大海島嶼中。建廟宇崇祀天妃寶像，其英靈昭著，歷代褒封，昭然可考。迨我朝康熙十九年，佐助前提督臣萬正色克復金、廈兩島。二十二年，佑相前靖海將軍臣施琅奏捷澎、臺。種種靈應，護國庇民，俱蒙聖祖仁皇帝覽奏敕封，欽差致祭，發隆祀典。
>
> 緣廈島、臺灣二處，俱屬閩海要地，各有創建廟宇，供奉天妃寶像，仰賴神庥。六十年，臺匪倡亂，臣同前任提臣施世驃親統水陸官兵，配駕商哨船隻，前往討逆。維時六月興師，各士卒感佩聖祖仁皇帝深仁厚澤，踴躍用命。但恐頻發颱颶，因而致祝垂庇。果荷默相，波恬浪息。且凡大師所到各處，井枯甘泉倏爾騰沸，足供食用。再如六月十六日午，臣等督師攻進鹿兒門，克復安平鎮，正及退潮之際，海水加漲六尺。又有風伯效順，俾各舟師毋庸循照招路，魚貫而行，群擠直入。至十七、十九等日，會師在七鯤身，血戰殺賊。時值炎蒸酷暑，其地處在海中，乃係鹽潮漲退之所，萬軍苦渴異常，臣復仰天祈禱。適當潮退，各軍士遍就鯤身坡中扒開尺許，俱有淡水可餐。官兵人等，無不駭異，咸稱若非聖祖仁皇帝天威遠被，曷致有神靈效順若此。切擬分平臺灣南北二路後，即欲繕疏題請追褒。不虞施世驃身歿軍前，臣時躬處海外，末由陳奏。幸於雍正三年十一月內趨赴闕庭，叩觀天顏，面奏神功靈驗，請乞賜贈匾聯，以誌不朽。隨蒙聖主諭臣，於回任後繕疏題請。茲臣合就遵旨，備敘情由具題，仰懇我皇上特沛殊恩，賜給匾額聯章，俾臣製造，懸掛湄洲、臺、廈三處廟宇。再，天妃靈神實水師之司命，仍請恩加敕部詳議，追封先代，聖德彌彰而神功愈顯。將見鯨鯢永遁，海宇共慶昇平，波浪長恬，商漁咸歌樂業矣。臣謹繕疏題請，伏乞聖主睿鑒賜給，敕部詳議，追封施行。為此，具本謹題請旨。

6　《天后顯聖錄·奏疏》。

同年十二月二十日，藍廷珍為此上《謝恩疏文》[7]：

題為恭報懸掛天妃神祠御書匾額日期事。雍正四年七月初三日，承準禮部劄開，為頒發御書匾額事。祠祭清吏司案呈，雍正四年五月十一日，內閣交出天妃神祠匾額御書「神昭海表」四字。應將「神昭海表」四字交與福建提塘送往，並知照水師提督，敬謹製造、懸掛可也。為此，合劄前去，查照施行。等因。到臣承準此。續於本年九月十二日，據臣家人林世雄在京齎捧御書「神昭海表」四字到廈，臣即郊迎至署，恭設香案，望闕叩頭訖，隨敬謹恭摹，召匠繪成匾式。遵照原題，應懸掛湄洲、廈門、臺灣三處天妃神祠，將恭摹字樣並繪成匾式，分送臺灣總兵臣林亮、海壇總兵臣朱文，召匠製造，擇吉敬謹懸掛去後。所有廈門天妃神祠，臣遵即製造匾額，擇吉於本年十二月十一日敬謹懸掛。又於十二月十三日，準臺灣總兵林亮諮稱，「臺灣天妃神祠御書匾額遵即製造完竣，業經擇吉於本年十一月二十八日，會同臺灣文武官員恭迎至祠，敬謹懸掛。合將日期諮復。等因。」續於十二月十七日又準海壇總兵臣朱文諮稱，「湄洲天妃神祠御書匾額，遵即製造完竣，經擇吉於本年十二月十一日，親率屬員恭迎至祠，敬謹懸掛。合將日期諮復。等因。」各到臣。準此。竊照神靈效順允協，盛世祥徵，宸翰特頒，彌昭聖朝鉅典。閩省有天妃英靈彰著，歷代褒封，昭然可考。康熙六十年間，臺匪倡亂，臣同前任提臣施世驃親統水陸官兵前往討逆。維時六月興師，各士卒感佩聖祖仁皇帝深仁厚澤，踴躍用命。但恐時值颶颺頻發之候，臨行虔祝垂庇，果荷顯靈默相，處處效順。經臣而奏請，乞賜贈匾聯，以誌不朽。業蒙我皇上特頒御書「神昭海表」四字。臣奉到，隨即恭摹製造匾額，擇吉敬謹懸掛廈門天妃神祠。仍繪成匾式，分送臺灣總兵臣林亮、海壇總兵臣朱文循照，召匠製造，擇吉敬謹懸掛臺灣、湄洲二處天妃神祠去後。茲準各諮報懸掛日期前來，具見宸翰輝煌，神功有赫，允垂億萬年盛典。行將鯨鯢永遁，海宇其（共）慶昇平，波浪長恬，商漁咸歌樂業矣。所有敬謹懸掛天妃神祠御書匾額各日期，理合繕疏題報，伏乞皇上睿鑒施

7 《天后顯聖錄‧奏疏》。

行。為此具本，謹具奏聞。

學界曾因媽祖何時被賜封「天后」而爭論不休，有主張在康熙年間者[8]。雍正四年，福建水師提督藍廷珍兩次奏疏為媽祖請封賜匾，均稱媽祖為「天妃」，證明至雍正四年底媽祖尚未被賜封「天后」。

三

在廈門，曾經有過一處與藍理有關的民間信仰祠廟。

為悼念康熙二十二年澎湖吼門之役陣亡將士，三十年後，藍理於廈門萬石岩中岩建祠立碑並捐金置產。「澎湖陣亡將士之靈」碑高 2.12 米，寬 0.84 米。藍理為澎湖陣亡將士祠捐金置產摩崖石刻，楷書豎刻，字幅高 1.82 米，寬 1.61 米，位於中岩寺大雄寶殿右側巖石上：

> 提憲藍公於萬石中巖建澎湖鏖戰從征奮勇死事將士之祠，捐金置產，以崇祀典，勒諸「玉笏石」，用昭永久。其辭曰：
> 天錫忠勇，虎奮龍驤。倡愾犂艖，血戰拖腸。戡定澎臺，四海威揚。帝獎魁功，元戎授鉞。提封全閩，推恩壯烈。建祠崇俎，妥侑憑依。浩氣轟雷，英魂霄碧。風車雲馬，聲聞殺賊。捐置祀田，蒸嘗永錫。凡列征行，歿存戴德。肘金腰玉，滿牀貯笏。銅柱峴碑[9]，巖瞻鉅匹。
> 計開：一、田一丘，受種貳斗，坐後浦社口。
> 　　　一、田一丘，受種壹斗，坐本社澳下。
> 　　　一、田一丘，受種三斗，坐本社溪西。
> 　　　一、田一丘，受種貳斗，坐本社雲頭。
> 　　　一、田二丘，受種三斗，帶灌註一口，坐劉厝下。
> 以上田共六丘，受種壹石壹斗，季載租玖石，係後浦社李諱廥甫契賣藍府，施入中巖將士壇香燈。其田係李家承佃，每年定限貳石，付李家完糧、種子諸費，勒石不朽。

8　王見川，〈臺灣媽祖研究新論——清代媽祖封「天后」的由來〉，《世界宗教文化》2013 年第 2 期。

9　為征臺主帥靖海將軍施琅而立於同安的牌坊，上刻「續光銅柱」、「思永峴碑」。

康熙五十三年二月□日，重興中巖末衲果□立石。

漳州崇福宮（浦頭大廟）左軒供奉藍理將軍全身戎裝神像，並有檀越祿位石碑：

大清乾隆庚申二月穀旦立
檀越藍公諱理神位
浦頭崇福宮住持供奉

浦頭港鹽魚市有霞東書院，據稱原為康熙四十五年藍理任福建陸路提督時創建的行館。時人蔡世遠[10]塑文昌像以祀，故又稱文昌宮。乾隆年間，文華殿大學士、四庫全書總裁、鄉賢蔡新告老歸隱後講學於此。道光元年（1821）重修，後來成為漳州府郡東廂社學。可能因其原為藍理將軍行館的緣故，文昌宮右軒同樣設有藍理將軍戎裝坐像及牌位。文昌宮藍理神像及檀越祿位顯係模仿崇福宮復製。

漳州鄉賢、廈門大學歷史學系教授葉國慶先生曾撰聯備贊藍理「修我武廟」：「修浦頭溪維護海航，築田裡港造福鄉黨。[11]」正因為藍理將軍造福漳州龍溪故里鄉黨，才成為漳州民間崇敬信仰的神祇。藍廷珍奏請雍正帝御書「神昭海表」，頒賜湄洲、廈門、臺灣天妃宮懸掛，此舉在媽祖信仰傳播史上佔有重要的地位，則遠遠超出了閩南民間信仰的範疇。

---

10 蔡世遠（1681-1732），字聞之，別字捫齋，又稱梁村先生，漳浦下布人。康熙四十四年舉人，康熙四十八年進士。歷任翰林編修、翰林侍講、詹事府少詹事、內閣學士兼禮部右侍郎、禮部左侍郎，卒諡文勤。
11 《漳州浦頭關帝廟資料彙編》，浦頭大廟理事會1997年編印，頁20。

灞頭龍鳳宮連海外

泉州師範學院的張家瑜副教授曾經撰文介紹灞頭龍鳳宮。[1]但只是從保護家鄉文物古蹟，弘揚惠安鄉土民俗的角度出發，恐怕沒有到灞頭龍鳳宮進行深入的田野調查，尚未涉及灞頭龍鳳宮最具歷史價值所在，即灞頭鳳阿連氏與海外僑胞及臺灣同胞的密切關係。本文對此略作稽考補充。

一、鳳阿連氏與灞頭龍鳳宮

灞頭溪是哺育惠北子民的母親河，相傳「灞頭」得名於灞頭溪及其攔溪水壩。灞頭溪發源於惠北塗嶺鎮西北部海拔 602 米的吊船山，流經今塗嶺鎮、南埔鎮、前黃鎮、山腰街道和普安高新技術開發區，幹流長 23.32 公里，流域面積達 86.42 平方公里，中下游的主河道長 15.5 公里，上下落差達 37.2 米，兩岸有 4.6 萬畝耕地，超過泉港區耕地面積的 60%，沿岸棲息著 22.2 萬人口。舊時灞頭溪由 99 條源流彙集而成，故有 99 曲之稱，沖流而下的泥沙淤積成寬闊的灞頭溪平原。先民曾經在下龍尾橋旁攔截建設水壩，也就是今天「灞頭」的由來。近年當地發掘出土的一些清代墓誌銘，均寫作「灞頭」，而非「壩頭」。唐代，因灞頭溪流域人口日漸稠密，晉江縣衙在鼇塘鋪增設一個官署，作為晉江縣分縣，治理今天的惠安、泉港等地，即今古縣。宋太平興國六年（981）析晉江縣北東鄉十六里置惠安縣，領三鄉，轄十八里。

灞頭原是沿海港口，海水甚至侵入到今塗嶺鎮福廈公路亭腳橋和龍頭嶺下，灞頭也因濱海而被稱為「灞頭洋」，現在還有頂阪洋、中洋、北洋的地名叫法。沿灞頭溪從上游到下游形成多個避風澳，有塘頭澳（南埔鎮塘頭村）、阪頭澳（南埔鎮文阪村、山頭宮一帶）和龍田澳等避風澳口，從地形上來看，龍田澳是古時最大的一個避風澳。

---

[1] 張家瑜，〈龍鳳宮〉，載張新聯主編，《泉港名勝古蹟》，中國文史出版社 2002 年版，頁 76-79。灞頭地處惠北，原隸屬惠安縣山腰鎮，現屬泉州市泉港區前黃鎮。

灞頭溪後面聳立著一座山，山雖不高，綿延圓潤，宛如一隻俯飛的鳳凰，因此被稱為「鳳阿山」。鳳山村村民介紹說，從割林村朝對面看，鳳的背脊主峰正位於連氏家廟的背後，鳳冠在離連氏家廟僅 200 米的地方，為一塊鉅大的巖石（現已被開採破壞）；龍鳳宮後面的山形恰似鳳凰左邊的翅膀，灞頭中學旁邊的虎上山則成為鳳的右翅；鳳尾正位於鳳陽林場的地方，山形地勢宛若天成，方圓三公里的形態組合構成一隻展翅俯飛的鳳凰。

南宋寧宗嘉泰年間，連釗，字兆欽，自僊遊縣香田里前壇保（今蓋尾鎮前連村）遷入泉州惠安縣，居七都曾佔尾，為灞頭鳳阿連氏開基始祖。連氏背倚鳳阿山卜居灞頭區域（即今前黃鎮鳳山村），後部分村民拆遷鳳阿山東南側，故命名為鳳陽。灞頭連氏燈號「鳳阿」，宗祠係「鳳穴」，後取「鳳」字為村名，共計六個：鳳南、鳳北、鳳陽、鳳山、鳳林、鳳安。鳳安古稱澳兜，據說村前門口坑一片原為港灣，是一個良好的避風澳頭，故名澳兜。清乾隆年間，先祖由灞頭遷入安居，改稱安兜，由於灞頭連氏屬鳳阿衍派，又稱鳳安。泉港灞頭現有 22 個自然村由連氏聚居：劉上、石埕、下墩、後厝、西吳、劉山、烏邊、刘林、田墩、蔡（漈）頭橋、安兜、社塘、前埔、埭中、朝林、下坑內、北洋、中洋、頂阪、後宅、外坑及鄰近的嶺口村，人口計有二萬餘人。

惠安方誌記載，「北宋靖康年間，里人連大德在惠安九都（今山腰鄉灞頭）溪上建造漈頭橋。[2]」或說「仁壽橋位於惠安縣北面，又名平樂橋，俗稱漈頭橋。宋靖康元年（1126），連大德建造。[3]」灞頭鳳阿連氏在這片土地上辛勤勞作，繁衍生息，蔚為旺族。

查閱舊誌，「漈頭橋，在縣七都，證果、真如二溪水之會於下盧溪者，南行出橋下。宋靖康中，里人連大德創有亭，曰豐樂庵，曰仁壽。[4]」可知仁壽橋原名平樂橋，由於橋旁建築水壩，因此俗稱灞頭

---

[2] 惠安縣地方誌編纂委員會，《惠安縣誌·大事記》，方誌出版社 1998 年版。

[3] 泉州市方誌委編，《泉州市誌》，社會科學出版社 2000 年版，卷九〈交通〉，第二章、陸路，二、古橋。

[4] [明]嘉靖《惠安縣誌》卷三，〈橋樑〉。

橋、溪頭橋。宋靖康年間，里人連大德創建豐樂庵仁壽亭，才改稱仁壽橋。

「證果東溪，郡誌，發源定光寺後山，過橫山橋為下盧溪，與真如之水會而南流，至林田溪、古縣溪、陂頭橋，入添崎港。林田即龍田，陂頭即瀾頭也。[5]」瀾頭溪是林田溪、古縣溪仁壽橋段的俗稱。

明萬曆年間，葉春及於惠安知縣任內，在山腰瀾頭村開鑿鴞鳩圳。「決七都之蔡埭者，入六都之崇福。……餘所決者，瀾頭其流，名曰鳴（鴞）鳩，凡十里。[6]」

七都「面海背山，山自十都，如綴旒然。虎石之左，其水東馳，右而三五其緣。水自社塘而西，有香林瀾。虎石社塘間，下而西折者，瀾頭諸山。又下為塔山，又下南之海。[7]」

葉春及《惠安政書》卷五〈版籍考〉「六都圖」可見古縣、下龍尾、溪古、鴞鳩圳等地名，「七都圖」可見龍陂、瀾頭、古樓、鴞鳩圳等地名。「六都表」可見古樓埔瀾頭村有鳳阿學。

瀾頭龍鳳宮坐落在瀾頭鳳山村的下墩自然村，位於泉港區境內的瀾頭溪東岸，土名「溪古」。龍鳳宮前敬字亭碑銘云：

> 蒼頡作書，闡天地之靈秘，而文章流通宇宙，愚魯因之而睿知，貧賤以之而富貴。至於人情之僉藏，世事之紛糾，莫不由是而底定。則片紙隻字，貴為上天所珍惜，學人君子不可不深加敬畏者也。況敬之為字，集之成經，以此推之，一字一經也。敬錄。
>
> 我族念切斯文，爰擇清靜之所，以為敬字之亭。願子子孫孫勿替引之，庶大振上黨家聲，而簪纓奕世乎。時在清道光歲在戊申端月穀旦，里人公立。

---

[5] [明]葉春及，《惠安政書》二，〈地里考〉，福建人民出版社1987年版，頁31。
[6] [明]葉春及，《惠安政書》二，〈地里考〉，福建人民出版社1987年版，頁33。
[7] [明]葉春及，《惠安政書》五，〈版籍考〉，福建人民出版社1987年版，頁131。

二、灞頭龍鳳宮與海外華僑

灞頭龍鳳宮右軒有兩塊字蹟略顯漫漶的舊石碑，頗能說明灞頭鳳阿連氏與海外僑胞的密切關係，迄今尚未得到應有的關註。1957 年春花月（二月）勒立的「重修龍鳳宮」碑載稱：

> 清康熙年間，邑庠生鳳梧連公卜地於鳳阿之麓，興建龍鳳宮，世祀天妃、開閩王、太保諸神聖。歷朝迭經修茸，丹楹彩壁，華麗炫目。第物換星移，風雨頻侵，殿廡廊簷又將傾頹。賴神恩遠被，僑胞感其靈應，遂捐脩告竣。斯時也，仰瞻宮宇，畫棟雕樑，龍蟠鳳舞，足以助山川之壯麗，揚聖神之英武。僑屬連泉法、丁祥、玉法、河金、養元、神法、□□、良瑄等董其事。為勒芳名，以垂不朽。

灞頭龍鳳宮由庠生連鳳梧（1635-1704）始建於清康熙年間，主祀媽祖天妃和開閩王、太保公。在閩南民間信仰宮廟中，合祀媽祖天妃與開閩王「唐公」是比較少見的。1957 年，以董事朝林連阿周、後宅連永水等人為首，共 70 人樂捐 3152 元。捐款人除了劉春法、唐銀春、蔡生山、劉黃霜、林良花、鍾錢興等六人，其餘均為連姓。舊時，祠堂和寺廟是基層社區最重要的政治、經濟、文化乃至軍事中心。灞頭龍鳳宮可以視為灞頭鳳阿連氏宗祠「連氏家廟」之外的另一座連氏家廟。石碑末尾記載：「石叻鳳阿連氏公會諸全人重捐 393 元」，使捐款總數達到 3545 元。接著載明，「上款寄交灞頭前房主事連泉法轉交連河金開支」。與其說「神恩遠被，僑胞感其靈應」，還不如說是僑胞信仰之虔誠，及其對家鄉灞頭感情之深厚。

「石叻」是馬來語 Selat 的音譯，意為「海峽」。華僑原稱新加坡岌巴港水道為「石叻門」，由此稱新加坡為「石叻」或「叻埠」。

1957 年，正值「反右」的年頭。當時，「總路線」、「大躍進」、人民公社「三面紅旗」風風火火，山雨欲來風滿樓。灞頭偏處惠北一隅，民風淳樸，並不富裕，山高皇帝遠，鄉民缺乏政治敏感性，依然我行我

素，動用海外宗親資源，向新加坡僑胞發動捐款，大張旗鼓地重修了這座象徵「封建迷信」的灞頭龍鳳宮。這方石碑十分難得地為我們留下了那個時代罕見的歷史記錄。

灞頭龍鳳宮還有一方 1982 年元月立的「龍鳳宮修建錄：華僑樂捐芳名勒石紀念」碑，記載善信 60 人共捐款 16,450 元。1957 年主持重修龍鳳宮的連泉法、連河金等人，仍是「文革」結束後重修龍鳳宮的主要人物。

民國年間，灞頭連氏已知遷居新加坡者如下表[8]：

名諱	原籍	名諱	原籍	名諱	原籍	名諱	原籍
德春	鳳山	通選	灞頭	庵客	嶺口	順昇	鳳北
復德	鳳山	順益	灞頭	錫英	鳳南	順益	鳳北
玉昆	鳳山	裕玉	鳳陽	德宗	鳳南	福金	鳳北
進枝	鳳山	玉來	鳳陽	金宗	鳳南	福富	鳳北
河泉	鳳山	秋法	鳳陽	榮才	鳳南		
重城	鳳山	世美	嶺口	興坤	鳳北		

1957 年，灞頭鳳阿連氏在新加坡還有「石叨鳳阿連氏公會」的宗親會組織。灞頭鳳阿連氏旅居新加坡，何止區區 22 人。

三、灞頭龍鳳宮與臺灣

據灞頭鳳阿連氏族譜記載，清康熙年間，六舍宗敏公長房派連據，六舍宗敏公四房派連濱（字輝爽），去臺灣未回。已知灞頭鳳阿連氏遷臺家族如下表[9]：

姓名	曾用名	性別	原籍	居住地
秋元		男	鳳林	花蓮市
世坤		男	鳳山	南投縣
鳳生		男	鳳山	屏東縣
良鷗		男	坑內	臺南縣
琦	金春	男	鳳林	桃園縣

---

[8] 參見拙編，《福建連氏誌》，海風出版社 2010 年版，頁 68。

[9] 參見拙編，《福建連氏誌》，海風出版社 2010 年版，頁 68。

叔輝	寶春	男	坑內	臺中市
桂法		男	古縣	斗六市
茂全		男	鳳陽	嘉義市
文澤	成章	男	鳳山	高雄市
力行		男	鳳山	臺中市
力仁		男	鳳山	臺北市
瑞金		男	鳳林	彰化市
敏	金才	男	鳳南	嘉義縣
龍輝	送英	男	坑內	臺北市
錦坤		男	鳳林	臺北市
國材		男	鳳南	板橋市
文安		男	鳳安	桃園縣
錫雄		男	鳳山	屏東市
耀輝	木春	男	坑內	臺北市
錫疇		男	鳳山	臺北市
鳳良		男	鳳山	雲林縣
明輝	春城	男	坑內	臺中縣
為霖		男	鳳林	桃園縣

　　1992 年 3 月，臺灣省苗栗縣竹南鎮中港龍鳳宮組團到大陸尋根，輾轉來到灞頭龍鳳宮，尚未落坐就問在場的接待人員：「這座龍鳳宮有規定什麼物件不能上供拜祭的嗎？」接待人員說：「我們這座龍鳳宮，鵝和鴨是不能用來上供祭拜的。」臺灣同胞馬上歡呼起來，總算找到真正的祖廟！因為苗栗縣竹南鎮中港龍鳳宮是從大陸分香的，也有不能用鵝和鴨來上供祭拜的規定。但是來大陸找了多座龍鳳宮，均無此禁忌，這雖然只是一個由傳說而形成的習俗，卻是灞頭龍鳳宮獨特的規矩。

　　灞頭龍鳳宮流傳著一則「偷來神像建廟宇」的傳說[10]：

　　宋朝時，灞頭外坑村有個小商販，一次從莆田忠門買好魚脯（或說販酒麴去忠門賣），返回時，突然烏雲密佈，雷聲轟鳴，大雨傾盆。他躲進不遠處一座小廟避雨，向廟裡的開閩王和太保公神像祈禱，保佑一路平安，生意順暢。回到家，本來要賣三五天的魚脯一天就賣完了，小商販認為是小廟的神明保佑。之後，他每次到莆田進貨，都不忘到小廟燒香。有一次，小商販心想，神明這麼靈驗，如果能請回家奉祀該多好啊！他向神明祈禱，「二位神明如果願意讓我請回家鄉奉祀請賜『三信

---

[10]　參見灞頭龍鳳宮理事會等編印，《灞頭龍鳳宮誌》，2003 年 9 月。

杯』。」果然如願，於是他扯下神帳，小心裹好兩尊神像，放進簍筐，挑起來就往碼頭趕。這一舉動被不遠處一個放羊的小孩看到，回家告訴大人，村裡人馬上追趕。小商販眼看所乘渡船快被追上，便將兩尊神像偷偷從船邊放下海。追趕上來的村民搜遍全船，沒有發現神像，只好作罷。小商販以為兩尊神已經沉入海裡，懊悔不已。渡船繼續航行，突然船邊出現一隻鵝和一隻鴨，一直跟著船遊。待到沙格村碼頭上岸時，小商販下意識一看，鵝和鴨神奇地變回那兩尊神像出現在碼頭，他喜出望外，趕緊將其請進簍筐帶回家，供奉在祖廳神龕。後來，又將神像移到「劉宮社」小廟敬奉。清康熙年間，瀨頭連氏村民新建一座宮殿，把瀨頭溪對面山上一座行將傾頹宮廟的媽祖、文武尊王神像與開閩王、太保公合祀在一起，名為龍鳳宮。

　　2012 年 5 月，連氏宗親在漳州市長泰縣連氏大酒店聚會。有一家一百多年前遷到臺灣苗栗的連氏宗親，不知祖上從何而來。連吉村三兄弟說，他們看到遷臺先祖墳墓碑上刻著「鳳阿」，原先以為是地名，在地圖上怎麼也找不到。後來他們在中華連氏宗親聯誼會網頁上看到關於鳳阿瀨頭連氏和瀨頭龍鳳宮的文章，得知「鳳阿」是泉港瀨頭連氏的「燈號」，聽說連氏宗親聚會的消息，於是專程趕來長泰連氏大酒店參加活動。2013 年 8 月，連吉輝專程回到泉港瀨頭，終於了卻了他 60 週歲前完成尋根謁祖的心願。

　　連吉村三兄弟所在的苗栗縣竹南鎮中港里，也有一座供奉媽祖和開閩王、太保公的龍鳳宮。《中港龍鳳宮增建記》載稱：

> 本宮位於中港民生路一〇一號，主祀聖母媽祖，配祀開閩王、太保元帥等。神蹟靈昭，為時已久。
>
> 溯自清道光初年，有閩南西河人氏渡臺，隨奉聖母神像三尊，因遇風暴，登陸本地暫住，緣識連十一，相認同鄉。未幾，他去不返。連十一虔誠篤敬，將留下神像於現址搭建小屋奉祀，名為「同功廟」。道光十一年，連十一經商獲利，返閩攜眷回航時，又遇風暴，聖母顯靈庇護，化危為安。連十一為叩謝神恩，與謝掌田等人士奉請聖母神尊前往湄州（洲）進香，同時並依聖筊指示往

> 福建省惠安縣灞頭「龍鳳宮」迎請開閩聖王、太保元帥神尊反（返）
> 臺安奉。

中港龍鳳宮傳說，清道光十一年（1831），連十一在中港經商獲利，返閩攜眷回航時遇風暴，同行船隻全數遇難。獨連十一所乘船隻脫險，聖母顯靈庇護，化危為安。連十一為叩謝神恩，與謝掌田等人奉請聖母神尊前往湄洲進香，同時並依聖筊指示往福建省惠安縣灞頭龍鳳宮迎請開閩聖王、太保元帥神尊返臺安奉，奈何此舉為廟祝所阻，無法如願。連十一再滯留數天，趁廟祝不在時，暗中將二尊神像帶回船上，但仍被廟祝所悉，上船強行索回，倉惶中連十一將二尊神像捆綁在一起，擲入海中，開閩聖王竟變作一隻白鵝而太保元帥變成一隻白鴨，在海中遊來遊去，俟廟祝回去後，此白鵝、白鴨始復原為神像，當時氣氛至為緊張。松了一口氣後，隨即啟航，返抵苗栗中港。故今本宮醮神祭祀不得以鵝、鴨作為牲禮，緣由於此。

中港龍鳳宮這則傳說與灞頭龍鳳宮的傳說大同小異，可能是因為苗栗縣有不少媽祖廟懸掛「與天同功」御匾的緣故，閩南話「同功」與「唐公」諧音，因此中港龍鳳宮訛稱「同功廟」。中港龍鳳宮這則傳說，寄託著灞頭鳳阿連氏遷臺移民對祖籍地的歷史記憶。

國家圖書館出版品預行編目資料

連心豪臺灣史研究名家論集 / 連心豪　著者.-- 初版. –
臺北市：蘭臺, 2021.06
面 ；　公分. -- (臺灣史研究名家論集 ; 3)
IISBN 978-986-06430-4-6(全套：精裝)

1.臺灣研究　2.臺灣史　3.文集

733.09　　　　　　　　　　　　　　　110007832

臺灣史研究名家論集 3

連心豪臺灣史研究名家論集

著　　者：連心豪
主　　編：卓克華
編　　輯：沈彥伶、陳嬿竹
封面設計：塗宇樵
出 版 者：蘭臺出版社
發　　行：蘭臺出版社
地　　址：台北市中正區重慶南路 1 段 121 號 8 樓之 14
電　　話：(02)2331-1675 或(02)2331-1691
傳　　真：(02)2382-6225
E—MAIL：books5w@gmail.com 或 books5w@yahoo.com.tw
網路書店：http://5w.com.tw/、https://www.pcstore.com.tw/yesbooks/
　　　　　https://shopee.tw/books5w
　　　　　博客來網路書店、博客思網路書店
　　　　　三民書局、金石堂書店
經　　銷：聯合發行股份有限公司
電　　話：(02) 2917-8022　　　傳 真：(02) 2915-7212
劃撥戶名：蘭臺出版社　　　帳號：18995335
香港代理：香港聯合零售有限公司
電　　話：(852)2150-2100　　　傳真：(852)2356-0735
出版日期：2021 年 6 月 初版
定　　價：新臺幣 30000 元整（套書，不零售）
ISBN：978-986-06430-4-6

《臺灣史研究名家論集》

這套叢書是研究台灣史的必備文獻！

這套叢書是兩岸台灣史的權威歷史名家的著述精華，精采可期，將是臺灣史研究的一座豐功碑及里程碑，可以藏諸名山，垂範後世，開啟門徑，臺灣史的未來新方向即孕育在這套叢書中。展視書稿，披卷流連，略綴數語以說明叢刊的成書經過，及對臺灣史的一些想法，期待與焦慮。

三編

尹章義、林滿紅、林翠鳳、武之璋、孟祥瀚、洪健榮、
張崑振、張勝彥、戚嘉林、許世融、連心豪、葉乃齊、
趙祐志、賴志彰、闞正宗

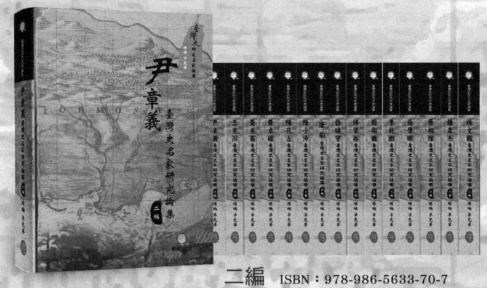

二編 ISBN：978-986-5633-70-7

臺灣史名家研究論集二編（精裝）NT＄：30000

尹章義、李乾朗、吳學明、
周翔鶴、林文龍、邱榮裕、
徐曉望、康　豹、陳小沖、
陳孔立、黃卓權、黃美英、
楊彥杰、蔡相輝、王見川

一編 ISBN：978-986-5633-47-9

臺灣史研究名家論集（套書）定價：28000

王志宇、汪毅夫、卓克華、
周宗賢、林仁川、林國平、
韋煙灶、徐亞湘、陳支平、
陳哲三、陳進傳、鄭喜夫、
鄧孔昭、戴文鋒

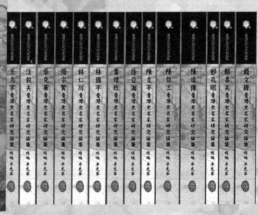

100台北市重慶南路一段121號8樓之14
TEL：(8862)2331 1675　FAX：(8862)2382 6225

E-mail：books5w@gmail.com
網址：http://5w.com.tw/